CONSTANTIN .960

REMARQUES
SUR
L'EXPOSITION
DU CENTENAIRE

PAR

Le Vte E. M. DE VOGÜÉ

DE L'ACADÉMIE FRANÇAISE

PARIS
LIBRAIRIE PLON
E. PLON, NOURRIT ET Cie, IMPRIMEURS-ÉDITEURS
10, RUE GARANCIÈRE
—
1889
Tous droits réservés

REMARQUES

SUR

L'EXPOSITION DU CENTENAIRE

L'auteur et les éditeurs déclarent réserver leurs droits de traduction et de reproduction à l'étranger.

Ce volume a été déposé au ministère de l'intérieur (section de la librairie) en novembre 1889.

DU MÊME AUTEUR

A LA LIBRAIRIE PLON

Syrie, Palestine, Mont Athos, voyage aux pays du passé, 3ᵉ *édition*. — Un vol. in-18, illustré d'après des photographies par J. Pelcoq. Prix : 4 fr.

Souvenirs et Visions. — Mariette-Bey en Égypte — Cortez au Mexique — Le Jubilé de la Réformation à Genève — Prague et les Bohémiens — L'Exposition de Moscou et l'art russe — Dans la steppe du Donetz — En Crimée. — Un vol. in-18 : 3 fr. 50.

Le Roman russe. Un vol. in-8°. Prix : 7 fr. 50.
— *Le même ouvrage*, 2ᵉ édition. Un vol. in-18. Prix : 3 fr. 50.

A LA LIBRAIRIE CALMANN LÉVY

Histoires orientales. — Un vol. in-18. Prix : 3 fr. 50.
Le Fils de Pierre le Grand. — Un vol. in-18. Prix : 3 fr. 50.
Histoires d'hiver. — Un vol. petit in-8°. Prix : 5 fr.

PARIS. TYPOGRAPHIE DE E. PLON, NOURRIT ET Cⁱᵉ, RUE GARANCIÈRE, 8.

REMARQUES

SUR

L'EXPOSITION

DU CENTENAIRE

PAR

Le Vte E. M. DE VOGÜÉ

DE L'ACADÉMIE FRANÇAISE

PARIS

LIBRAIRIE PLON

E. PLON, NOURRIT et Cie, IMPRIMEURS-ÉDITEURS

10, RUE GARANCIÈRE

—

1889

Tous droits réservés

AVANT-PROPOS

On trouvera dans ce volume les cahiers d'un étudiant à l'Exposition universelle de 1889. Nos grandes expositions sont des Universités temporaires; elles invitent chacun de nous à suspendre ses études habituelles, pendant un semestre, pour prendre sa part de l'enseignement encyclopédique offert à tous par tous. Dès le premier jour, je me suis inscrit à la riante école du Champ de Mars; j'y ai pris des notes sur les nouveautés qui sollicitaient mon attention. Si je les réunis aujourd'hui, ce n'est pas avec l'illusion de les voir survivre à l'objet évanoui qu'elles décrivaient. Mon ambition sera satisfaite si quelques honnêtes gens y retrouvent leurs propres impressions, durant la courte période où l'on aime encore à feuilleter ses carnets de route, au retour d'un voyage qui a laissé de bons souvenirs.

Heureux, s'il a jamais existé, l'homme qui possède un savoir assez étendu pour parler avec compétence de sujets si variés. Qu'il ait en outre une longue vie au service de son dessein, et sa place sera marquée parmi les docteurs insignes, entre Aristote, Bacon, M. Larousse et M. Bouilhet. Puisque tout me défendait ces grandes visées, j'ai pensé qu'il fallait publier ce journal tel qu'il s'est fait, sans autre plan que celui d'apprendre; je n'ai pas cherché à atténuer le contraste et la mobilité des sentiments qui l'ont dicté. Il rappellera mieux ainsi les phases que notre humeur a traversées, depuis l'inauguration jusqu'à la clôture : l'enthousiasme du début, les jugements plus calmes par la suite, le contre-coup des événements qui agitaient la vie nationale, enfin les soucis permanents qui ont ressaisi nos pensées, quand le bel intermède près de finir cessa de les accaparer tout entières. En gardant sa liberté d'allures, — le lecteur dira peut-être son décousu, — le journal aura quelques chances de conserver un reflet fidèle de l'Exposition; les rencontres amusantes y troublaient à chaque pas les réflexions sérieuses, qui se reprenaient plus loin à de nouveaux objets.

Si l'étudiant a mal compris les expériences auxquelles on l'initiait dans ce vaste laboratoire, il accepte d'avance toutes les critiques, il ne défend aucune de ses erreurs : elles doivent être si nombreuses! Pour les parties techniques, pour les questions de science ou d'art, j'eusse voulu mettre un point d'interrogation après chaque phrase. Surtout je voudrais deviner, pour la rayer sans balancer un instant, la phrase qui aurait le malheur de blesser un intérêt respectable ou de méconnaître un effort méritoire. C'est toujours à craindre en pareille matière, et la plus séduisante théorie ne vaut pas le dommage que l'on cause à un honnête travailleur. Mais ce désaveu préventif ne s'applique pas aux deux derniers chapitres. Là, j'explique peut-être très mal ce que je sens très bien au fond de l'âme; si je me trompe, c'est avec une conviction sincère. Puisse-t-elle faire pardonner la franchise de mon langage à ceux qui entendraient avec tristesse ce que je crois être la vérité!

REMARQUES

SUR

L'EXPOSITION

DU CENTENAIRE

I

AUX PORTES. — LA TOUR.

15 juin 1889.

Voici le moment de l'année où se réveille le nomade qui dort en chacun de nous; depuis le petit nomade, celui qui déménage à la Celle-Saint-Cloud, jusqu'au grand nomade que les paquebots emmènent autour de la planète. Chacun fuit son logis et sa peine accoutumée; un instinct obscur nous pousse à chercher un coin de monde inconnu; nous l'imaginons charmant, et il le sera un instant, parce que la figure des choses n'y est pas encore associée aux vieux soucis que nous y portons. Oui, ce serait l'heure d'aller revoir si d'aventure l'Orient ou la Russie n'ont pas changé. Mais à quoi bon partir cette année? Le monde est venu à nous. Des dieux bienfaisants ont réduit la grosse boule et l'ont roulée sur les bords de la Seine; ils ont échantillonné l'univers sous nos yeux. Du temps où les Juifs erraient et ne possédaient que cinq sous, il y en avait un qui faisait perpétuellement le tour du monde avec cette somme. Pour ces mêmes cinq sous, chacun peut refaire aujourd'hui l'itinéraire éternel d'Isaac Laquedem, des Invalides au Champ de Mars, dans les wagonnets de M. Decauville.

Ce sera donc là que nous irons voyager durant l'été du Centenaire. Comme autrefois sur des routes plus lointaines, je recueillerai au jour le jour mes notes de voyage, pour les amis inconnus qui voudront bien me suivre. S'ils réclament un cicerone complet, technique, informé, qu'ils ne lisent pas plus avant; ils ne trouveraient point ici leur homme. Je vais promener à travers cette encyclopédie mes curiosités et mes ignorances, tâchant de rassasier les unes et d'éclairer un peu les autres. Le jour de la fermeture arrivera, et nous n'aurons peut-être rien vu de « ce qu'il faut voir », comme disent les guides; mais, en fait de guides, je préférerai toujours la méthode d'Hérodote et de Montaigne, qui est de n'en avoir pas, à celle de Bœdeker et de Murray. Les aspects pittoresques, les souvenirs que fait remonter une vision du pays parcouru jadis, les impressions des foules, et surtout les idées latentes sous les formes sensibles, voilà ce qui nous arrêtera, ce qui ne nous laissera peut-être pas le temps de regarder aux vitrines. L'Exposition n'est si amusante que parce qu'elle est un immense magasin d'idées.

On a quelque peine à s'y reconnaître tout d'abord.

Les grandes lignes du plan matériel sont simples et facilement saisissables; celles de l'architecture intellectuelle ne se dégagent pas si aisément. Nous avons tous éprouvé, aux premières visites, cette sensation du trop-plein dans l'œil et dans l'esprit; il semblait que la pupille ne fût pas assez large pour recevoir et distinguer tant d'images, le cerveau pas assez solide pour résister à des pressions trop fortes, trop multiples. Remettons à plus tard les jugements d'ensemble. Entrons là sans parti pris d'aucune sorte, comme on pénètre dans un musée où sont réunis les témoins d'une époque mal connue. Au cours de notre enquête, nous aurons quelque chance de découvrir, l'un après l'autre, les traits généraux qui constituent la physionomie de cette époque. Il faudra bien l'essayer; partis pour faire le tour du monde, nous ferons avant tout le tour de France et le tour du siècle. On nous y a conviés expressément, en ouvrant l'Exposition du Centenaire. Elle ne serait qu'un divertissement puéril, si l'on n'en prenait pas occasion pour se livrer à cet examen de conscience.

Dès maintenant, et sans préjuger nos découvertes futures, une première inspection nous permet d'affirmer ceci : l'Exposition n'est pas seulement une revue rétrospective, elle est le point de départ d'une infinité de choses neuves. De là sa supériorité sur ses aînées, son attrait énigmatique et irrésistible. Dans ce chaos monumental qui a surgi du Champ de Mars, dans ces édifices de fer et de tuiles peintes, dans ces machines qui obéissent à un nouveau pouvoir dynamique, dans ces campements d'hommes de toute race, et surtout dans les nouvelles façons de penser que suggèrent de nouvelles façons de vivre, on aperçoit les linéaments d'une civilisation qui s'ébauche, l'œuf du monde qui sera demain. L'Exposition est toute une ville. Je crois que nous devons observer les villes du présent comme les archéologues observent les villes du passé. Ils sont arrivés à bien connaître et à reconstituer les plus anciens états sociaux, en partant de ce principe : l'homme imprime à la coquille où il vit son caractère personnel; elle trahit les moindres particularités morales de l'habitant; la pierre fossile ne moule pas avec plus de fidélité les organes délicats de l'insecte qui s'y était posé. Pompéi, Nuremberg, gardent l'empreinte et livrent les secrets des mœurs romaines, des mœurs féodales; une ville anglaise, italienne, orientale, nous révèle l'Anglais, l'Italien, l'Oriental, plus vite et plus sûrement que de gros traités d'histoire ou de philosophie.

Dans notre Paris, cette puissance de représentation est pour ainsi dire photographique. Quand vous passez sur un des ponts qui donnent accès au grand caravansérail, regardez à gauche : la cité d'autrefois est ramassée sous vos yeux dans son harmonieuse unité, avec tous les organes d'une vie complète : la maison de Dieu, la maison du roi, la maison du juge, l'hôtel du seigneur, le logis du bourgeois, la boutique du marchand. C'est un tableau admirable, mais un tableau de musée; l'esprit y domine la matière, comme sur le visage d'un mort; car la plupart de ces formes achevées, d'un sens si clair, sont des formes mortes, désormais impropres à nos besoins actuels. Ingrat et imbécile serait celui qui la contemplerait, la chère cité, sans amour et sans vénération; nous lui devons la tendresse qu'on a pour l'aïeule. A qui viendrait cette folle pensée, demander à l'aïeule de redevenir jeune et de seconder nos travaux?

Tournons la tête, regardons à droite : tout est changé dans la ville des années récentes, et surtout dans la ville d'aujourd'hui, l'Exposition. Qu'on amène sur ce pont un passant ignorant de notre histoire; il se refusera à croire que la même race d'hommes a construit ces deux moitiés de notre capitale; tout au moins il taxera notre chronologie d'inexactitude, il supposera entre ces deux mondes des siècles omis et des dynasties oubliées, comme nous le faisons pour l'obscure Égypte, quand nous y rencontrons côte à côte des monuments trop dissemblables. Dans la cité naissante, tout est confus, moralement inachevé; faute d'accoutumance, l'esprit prévenu la condamne en bloc; cependant nous sentons que la vie s'est transportée là, qu'elle ne rétrogradera plus, et qu'il faut l'aimer aussi, cette créature incomplète, d'un autre amour, comme on aime l'enfant d'une venue incertaine. Elle nous étonne et nous contriste d'abord, parce que sa beauté est mal dégagée, et surtout parce que son âme ne se déclare pas encore. Il faut chercher l'absente. Vaine recherche! dira-t-on. Et que faisons-nous donc, quand nous nous penchons sur le berceau d'un nouveau-né, pour épier l'éveil de l'âme? Nous ne nous effrayons pas des retards, car nous avons la certitude qu'elle illuminera ce petit animal inconscient, comme elle avait jadis illuminé l'aïeule; et pourtant nous sommes impatients d'en surprendre les premières révélations. C'est avec ces sentiments naturels et contradictoires que nous interrogerons la ville de fer, la ville cosmopolite et savante bâtie par nous à notre ressemblance.

Avant d'aller plus loin, je devrais peut-être donner place à un préambule obligé pour quiconque exprime sa pensée sur l'Exposition. Je trouverais sans difficulté dans les casiers de notre imprimeur les deux clichés entre lesquels on a le choix.

Cliché numéro un. — L'Exposition du Centenaire de la Révolution française (ne craignez pas de redoubler les *r*) nous montre les bienfaits de cette révolution réalisés dans un épanouissement magnifique. La galerie des machines et la tour Eiffel étaient en germe dans la Déclaration des droits de l'homme. Seul l'accord fécond de la liberté et de la démocratie pouvait enfanter ces merveilles, seul le régime républicain pouvait donner ce grand spectacle au monde. — Citoyens, des urnes vous attendent au sortir du Champ de Mars; si vous êtes satisfaits de ce que vous avez vu, aux urnes pour la République !

Cliché numéro deux. — L'Exposition (que nous voudrions bien avoir faite) a avorté, parce qu'elle était associée à la commémoration des plus mauvais jours de notre histoire. Ce n'est qu'une vaste fête foraine, indigne de la France; elle n'offre rien de neuf, et le goût du laid s'y étale. Cependant l'effort qu'elle atteste nous apprend ce dont notre peuple serait capable sous un bon gouvernement, monarchie ou Empire. — Peuple, ne te laisse pas distraire par l'Exposition; aux urnes pour la monarchie ou l'Empire !

Il y aurait un grave inconvénient à développer l'une ou l'autre de ces thèses : la moitié des lecteurs me fausseraient compagnie. Le bon sens public est si las de voir mêler la politique où elle n'a que faire ! Écoutez les propos de la foule qui envahit le Champ de Mars; les uns s'instruisent, les autres s'amusent, tous admirent; on vante M. Berger, M. Alphand, M. Contamin, M. Eiffel; personne ne pense à l'ingénieux abbé Sieyès, ni aux continuateurs qui travaillent aujourd'hui dans sa partie, pour grossir le carton où s'entassent nos constitutions. Personne ne s'avise d'établir un rapport quelconque entre nos crises d'épilepsie politique et la saine dépense de labeur d'où est sortie l'Exposition. Si l'on interrogeait sur la genèse de cette grande œuvre un de ses ouvriers d'élite, savant ou ingénieur, j'imagine qu'il répondrait à peu près ceci :

« Nous célébrons une révolution scientifique et industrielle qui est, à cette heure, le facteur le plus considérable de l'histoire générale. Elle a été lentement préparée dans les cabinets d'étude, par plusieurs générations d'hommes de génie, jusque sous le couperet de la guillotine par un Lavoisier, au bruit du canon de l'Empire par un Laplace. Elle a passé dans le domaine des applications pratiques grâce au groupe saint-simonien, qui comptera dans le gouvernement effectif de ce siècle plus que tous les pouvoirs officiels. Le mouvement a pris naissance durant les années pacifiques de la monarchie parlementaire; il s'est développé avec une rapidité prodigieuse sous le second Empire, autoritaire et belliqueux. Après un désastre où l'on croyait voir sombrer notre fortune, au milieu de l'anarchie tranquille et tempérée où nous vivons, il a continué et accéléré son œuvre de transformation universelle. Les politiques de toute couleur, lorsqu'ils prétendent aider ou diriger ce mouvement, nous font l'effet de castors qui maçonneraient leurs digues sur la chute du Niagara. Étant la fonction maîtresse du siècle, il est supérieur à tous les accidents de la vie nationale, de la vie européenne. A intervalles périodiques, le monde du travail ressent le désir de marquer une étape et de constater ses progrès; de là nos Expositions toujours agrandies, comme la toise où un enfant robuste mesure sa croissance. Chaque fois le gouvernement du quart d'heure nous impose son écusson et ses étiquettes; il rattache notre entreprise aux idées, aux souvenirs qui lui servent d'enseigne. Rien de plus naturel. Comme nous avons besoin du gouvernement, quel qu'il soit, nous lui chantons l'antienne qui lui plaît. Si un autre prenait sa place, il n'y aurait pas un boulon de moins ou de plus dans nos charpentes. Celui d'aujourd'hui est en mauvaise passe, semble-t-il; je crois bien qu'en nous appelant sur les chantiers il voulait recommencer l'expédient des ateliers nationaux et bénéficier d'une superbe réclame électorale. Si cela lui réussit, tant mieux pour lui! Nous nous sommes emparés de l'idée des politiciens; la France nous a suivis, elle nous a apporté toute sa bonne volonté, tout son génie. Il en est résulté cette création incomparablement belle, qui n'appartient à aucun parti, mais à nous, à la France, à tous. L'Europe ne l'a pas compris : il y a tant de choses que l'Europe ne comprend pas! »

Ce sceptique, — pour ma part, je l'appellerais un croyant, — serait au moins dans le vrai sur un point. L'Exposition est très belle, c'est chose jugée par acclamation. On a eu mille fois raison de la faire à l'image de la France, sérieuse en dessous et gaie en façade, avec son labeur du matin et sa fête du soir. La réussite dépasse toutes les espérances. Notre peuple s'est pris de passion pour ce miroir où il se reconnaît si bien, il y court avec entrain, avec amour. Il éprouve là de naïves jouissances d'orgueil; pour douze sous, pendant quelques minutes, le commis de boutique ressent les mouvements altiers d'un Nabuchodonosor, et ses yeux goûtent des voluptés que ne connurent point les yeux d'Héliogabale. Des physiologistes judicieux voient avec inquiétude cette débauche quotidienne du sensorium parisien; ils se demandent par quoi l'on remplacera l'enchantement de chaque soir, et comment on réhabituera à l'ennui normal une foule grisée par ces sensations néroniennes. Il est certain que nos concitoyens sont soumis depuis quelques mois à un régime d'hypnotisations successives; le ravissement magnétique est devenu leur état constant, avec une série d'objets stupéfiants : la chromolithographie d'un militaire, la Tour, les fontaines lumineuses... Qu'inventerons-nous après cela? Enfin, la difficulté des lendemains de fête n'est pas nouvelle, le proverbe l'atteste, et ce n'est pas un motif pour se priver de fêtes. *Carpe diem*, prends ce jour de joie, pauvre travailleur du faubourg; tu l'as bien gagné, toi qui as fait ces merveilles avec ta peine.

Des prophètes chagrins ont un autre souci. Ce faste vaniteux et cette clameur de plaisir ramènent leur pensée aux menaces de l'Apocalypse. Sous la rumeur joyeuse de Babylone, ils entendent la trompette du sixième ange, celui qui déchaîne à l'Orient, sur le grand fleuve, l'armée innombrable, les cuirassiers aux cuirasses d'hyacinthe et de soufre; ils voient rompre les sceaux et sortir le cheval noir, avec le cavalier qui tient la balance et fait renchérir le pain. Sans remonter si loin, d'autres se remémorent l'ivresse pareille de 1867, la veillée folle du grand deuil; ils nous rappellent que ces violents accès de joie présagent le plus souvent de sinistres renverses; ils constatent que par delà notre horizon illuminé de feux électriques, le ciel est noir partout, gros de nuages où s'amasse la foudre. Je n'y contredis point. Les signes donnent raison aux pessimistes; il est fort possible que les temps soient proches et le réveil sérieux. Mais nous n'y pouvons rien. S'il faut se battre demain, il n'est guère dans notre tempérament de jeûner et de revêtir le cilice avant d'aller se battre.

Loin qu'elle hâte les catastrophes, l'Exposition devrait plutôt les conjurer, puisqu'elle est garante de notre humeur pacifique et laborieuse. Elle aura du moins ce bon effet de donner à notre pays plus de confiance en lui-même. Certes, il faut rabattre de ces bouffées d'orgueil qui nous montent à la tête; il y a quelque danger dans l'infatuation qui nous gagne depuis deux mois, depuis que nous avons dressé notre génie tout vivant sur cette place, où nous pouvons mesurer sa puissance et son universalité. On ne saurait trop redire à la France, si fière de sa force intellectuelle et industrielle, qu'il y a d'autres forces dans le monde, forces brutales, forces morales aussi. Le moment viendra d'en faire le calcul, dans notre examen final, et de marquer celles qui nous manquent. Je crois bien qu'alors nous emploierons un langage plus exact, dicté par les leçons que nous aurons reçues de la science, durant notre voyage. La science nous aura enseigné qu'il n'y a qu'une seule force susceptible des applications les plus diverses; toute machine qui ne se prête pas à ces transformations de l'énergie unique est condamnée, comme arriérée et imparfaite. Les lois du monde physique n'étant que la figure des lois du monde moral, dans ce dernier aussi la force est une; sagement distribuée, elle doit animer le cœur pour tous les offices de la vie. Mais dans cet ordre d'idées, il est préférable de rendre à la force son beau nom romain, vertu, et d'appeler ses métamorphoses des transformations de vertu.

Notre vertu de travail pourra en offrir un exemple. Je m'explique. Le jour de l'inauguration, je me trouvais dans la foule qui inondait le Champ de Mars; ce jour-là, elle n'avait qu'une âme, une âme excellente, cette foule gaie, souple, vibrante, si facilement remuée et conquise par la claire vision d'une grande chose. Le coup de canon de l'ouverture retentit : je pensai alors aux pressentiments des pessimistes, à l'autre coup de canon, dans la note grave, qui peut appeler demain tous ces hommes au rendez-vous de la mort. Il me parut, — les pessimistes vont rire de ma naïveté, — qu'à ce moment, en pleine fête du travail, ce peuple était *accordé* au diapason voulu pour toutes les exigences de la patrie, et qu'il se porterait où il faudrait, comme il était venu là, du même élan, si la voix grave lui commandait un changement de front, — un changement de cœur. Ayez donc confiance en ce peuple, vous tous qui lui demandez d'avoir confiance en vous.

Mais nous causons à la porte, et le temps presse. Entrons par l'un des guichets, donnons nos *tickets*, puisque c'est le terme officiel; je n'aurais jamais cru que la langue française fût si pauvre et le mot *billet* si insuffisant. L'élégante perspective de gazons, d'eaux et de fleurs s'étend devant nous, entre les dômes polychromes des palais et le labyrinthe des pavillons multicolores. Où irons-nous d'abord? Où va la foule, au gros morceau, à la grande attraction, à la tour Eiffel ou tour en fer. Par une opération populaire bien connue des philologues, les deux consonances glissent insensiblement l'une dans l'autre et préparent de cruels embarras aux biographes de l'avenir, qui hésiteront sur la véritable étymologie.

LA TOUR.

Depuis quelques années, elle remuait obscurément dans les cerveaux des ingénieurs, cherchant à naître. En différents lieux, dans l'ancien et dans le nouveau monde, les ingénieurs la rêvaient, la calculaient sur le papier. Quelques-uns l'essayèrent, en pierre à Washington, en bois à Turin. Comme ils se sentaient les maîtres et les vrais triomphateurs de ce temps, ils voulaient avoir leur colonne Trajane. L'érection de la Tour n'est qu'une des conséquences du mouvement qui a porté un ingénieur à la première magistrature de notre pays, au lieu d'y guinder un avocat. Il n'y a rien d'occasionnel dans ces manifestations diverses et logiques d'un même fait social : la prédominance momentanée d'une des applications de l'esprit humain, celle qui prime les autres à cette heure par la puissance de l'effort et la grandeur du succès.

L'approche de l'Exposition universelle hâta l'éclosion d'une idée qui travaillait tant de gens. Un constructeur parisien fit prévaloir son projet. Il souleva d'abord l'incrédulité générale. Le mot de Babel vint sur toutes les lèvres. J'ai l'intime persuasion qu'il faut attribuer pour une bonne part à ce mot l'adoption du projet. Nous ne savons pas nous-mêmes à quel point nous sommes possédés par ces grandes images mystérieuses de la première histoire, qui emplissent depuis le berceau tout l'horizon de notre esprit. Qu'on les révère ou qu'on les nie, elles tyrannisent toutes les imaginations; elles obsèdent parfois ceux qui nient plus fortement encore que ceux qui révèrent. A l'annonce d'une tour de 300 mètres, un frémissement de plaisir courut toutes les loges maçonniques; le libraire Touquet tressaillit, et l'apothicaire Homais exulta. Ces gens étranges ont l'esprit ainsi fait que, dans chaque nouvelle conquête de la science, ils ne voient qu'un défi à la source de toute science. La Tour leur apparut d'abord comme un blasphème réalisé, une bonne mystification dirigée contre les curés, la revanche du vieil échec des maçons de Sennaar. Il avaient voix prépondérante au chapitre : la Tour fut décrétée.

Les âmes pieuses s'émurent; elles ont la piété timide, le respect du sens littéral, la défiance des nouveautés hardies; elles commencent d'ordinaire par se voiler la face devant une invention, au lieu d'y planter leur bannière. Mais l'émotion fut surtout vive dans le monde des artistes et des lettrés; le monument dont on nous menaçait serait forcément très laid, puisqu'il différerait de ceux auxquels nous sommes habitués. La spontanéité de ce raisonnement ne peut échapper à personne. On se rappelle la protestation imposante qui circula dans tous les bureaux de rédaction; elle demandait que l'on ne déshonorât pas « le Paris des gothiques sublimes, le Paris de Jean Goujon et de Germain Pilon ». Le malheureux père de la grande fille tenait tête à l'orage comme il pouvait. Il publia une réponse où il priait ses adversaires d'attendre le vu des pièces pour le condamner. J'ai gardé le souvenir de cette lettre, parce qu'elle citait, en lui empruntant des arguments généraux, un écrivain fort étonné alors de se trouver dans l'affaire. Cet écrivain éprouva d'abord quelque confusion, comme Ismaël lorsqu'on dressa sa tente contre celles de tous ses frères; il a ressenti depuis quelque contentement du hasard qui avait jeté son nom dans les fondations de la Tour.

Nous les vîmes creuser, ces fondations, avec le secours des caissons à air comprimé, dans l'argile profonde où les premiers habitants de Grenelle poursuivaient le renne et l'aurochs. Bientôt les quatre pieds mégalithiques de l'éléphant pesèrent sur le sol; de ces sabots de pierre, les arbalétriers s'élancèrent en porte-à-faux, renversant toutes nos idées sur l'équilibre d'un édifice. La forêt de tôle végétait, grandissait, ne disant aux yeux rien qui vaille. A une certaine hauteur, le levage des matériaux devint très difficile; des grues se cramponnèrent aux montants; elles grimpaient le long des poutres comme des crabes aux pinces démesurées; elles puisaient à terre les pièces qu'elles emportaient et distribuaient là-haut, orientant leurs volées dans tous les azimuts. On jeta le tablier de la première plate-forme; toute cette charpente paraissait alors une énorme carapace qui ne donnait ni l'impression de la hauteur, ni celle de la beauté. Cependant les grandes difficultés étaient vaincues; cette première partie de l'œuvre avait posé au constructeur les problèmes les plus ardus ; il faudrait entrer dans les explications techniques pour montrer avec quelle fertilité d'invention ils furent résolus. Le second étage s'acheva à moins de frais, en six mois. Ce carré long, juché sur cette arche trapue, n'ajoutait encore rien à la valeur esthétique de l'amas de métal.

A partir de la deuxième plate-forme, la grêle colonne fila rapidement dans l'espace. Le travail de la construction échappait à nos regards. Les brumes d'automne dérobaient souvent le chantier aérien ; dans le crépuscule des après-midi d'hiver, on voyait rougeoyer en plein ciel un feu de forge, on entendait à peine les marteaux qui rivaient des ferrures. Il y avait ceci de particulier qu'on n'apercevait presque jamais d'ouvriers sur la Tour ; elle montait toute seule, par l'incantation des génies. Les grands travaux des autres âges, ceux des pyramides par exemple, sont associés dans notre esprit à l'idée de multitudes humaines, pesant sur les leviers et gémissant sous les câbles ; la pyramide moderne est élevée par un commandement spirituel, par la puissance du calcul requérant un très petit nombre de bras ; toute la force nécessaire à son édification semble retirée dans une pensée, qui opère directement sur la matière. Il suffisait de peu de monde, et l'on ne s'agitait guère sur le chantier, parce qu'on n'y donnait jamais un coup de lime ni un coup de ciseau ; chacun de ces ossements de fer, — au nombre de 12,000, — arrivait parfait de l'usine et venait s'ajuster sans un raccord à la place prescrite dans le squelette ; depuis des années, la Tour était assemblée dans la tête du géomètre et réalisée sur le papier ; il n'y avait qu'à dresser le dessin infaillible, coulé en fonte.

C'était là, à tout le moins, ce que les mathématiciens appellent une « démonstration élégante ».

Enfin, un beau matin de ce printemps, les Parisiens qui regardaient pousser la vierge maigre, — il y a toujours des Parisiens pour regarder chaque jour une chose qui se fait jusqu'à ce qu'elle soit faite, — virent le fût débordé par un entablement. Un campanile pointa sur cette dernière plate-forme; au sommet, notre drapeau déploya ses couleurs; le soir, quand elles disparurent, on aperçut à leur place une escarboucle géante, l'œil rouge du cyclope qui dardait son regard enflammé sur tout Paris. La Tour est achevée! crièrent les voix de la renommée. — Achevée, j'hésiterais à me servir de ce mot, on verra pourquoi. Disons que l'immense piédestal était terminé.

Dès qu'on put juger l'ensemble du monument, les opinions hostiles commencèrent à désarmer. Il y avait dans cette montagne de fer les éléments d'une beauté neuve; difficiles à définir, parce qu'aucune grammaire d'art n'en a encore donné la formule, ils s'imposaient aux esthéticiens les plus prévenus. On admirait cette légèreté dans cette force, le cintre hardi des grands arcs, les courbes redressées des arbalétriers, qui semblent s'arc-bouter à leur base pour se relever ensuite d'un coup de reins et filer jusqu'aux nues d'un seul élan. On admirait surtout la logique visible de cette construction, la convenance des parties avec le résultat à atteindre. Il y a dans toute logique traduite aux yeux une beauté abstraite, algébrique, celle qui arrachait des cris d'enthousiasme à Benvenuto devant un squelette humain. Enfin, le spectateur était persuadé par ce qui maîtrise invinciblement les hommes : une volonté tenace, écrite dans la réussite d'une chose difficile. Seulement on s'accordait à critiquer le faîte, à le trouver inachevé. Ce couronnement chétif et compliqué ne continuait pas les lignes si simples. Quelque chose manquait là-haut.

Quand les barrières s'ouvrirent, quand la foule put toucher le monstre, le dévisager sous toutes ses faces, circuler entre ses piles et grimper dans ses flancs, les dernières résistances faiblirent chez les plus récalcitrants. Il se trouva qu'au lieu d'écraser l'Exposition, comme on l'avait prédit, la porte triomphale encadrait toutes les perspectives sans rien masquer. Le soir, surtout, et les premiers jours, avant que les guinguettes eussent empli de leur bruit le premier étage, cette masse sombre montait au-dessus des feux du Champ de Mars avec une majesté religieuse. Je la regardais souvent, alors; pour la juger par comparaison, je me rappelais les impressions ressenties devant ses sœurs mortes, les constructions colossales des vieux âges qui dorment au désert, en Afrique, en Asie. Je dus m'avouer qu'elle ne leur cédait en rien pour la suggestion du rêve et de l'émotion. Ses aînées ont sur elle deux avantages : le temps, qui délivre seul les lettres de grande noblesse; la solitude, qui concentre la pensée sur un objet unique. Donnez-lui ces tristes parures, elle rendrait l'homme aussi pensif. Elle a d'autres prestiges: ses trois couronnes de lumière suspendues dans l'espace, la dernière si haute, si invraisemblable, qu'on dirait une constellation nouvelle, immobile entre les astres qui cheminent dans les treillis du sommet. A défaut de la longue tradition de respect, patine idéale aussi nécessaire aux monuments que la patine des soleils accumulés, la Tour a la séduction de ces milliers de pensées qui s'attachent à elle au même instant, le charme des femmes très regardées et très aimées. Il y a dans ces sept millions de kilos de fer une aimantation formidable, puisqu'elle va arracher à leurs foyers les gens des deux mondes; puisque, dans tous les ports du globe, tous les paquebots mettent le cap sur l'affolante merveille.

Avant de remuer les exotiques, cette aimantation agit sur la population parisienne. Avec quelle unanimité ce peuple a adopté sa Tour! Il faut entendre les propos vengeurs des couples ouvriers arrêtés sous l'arche. Tout en écarquillant les yeux, ils s'indignent contre « les journalistes » qui dénigrèrent l'objet de leur culte. Un jour de l'autre semaine, je me trouvais dans la galerie de sculpture, devant le plâtre de M. Thiers. Un passant s'approcha, un homme d'âge, aux favoris grisonnants; le visage et le costume indiquaient un cultivateur aisé, quelque gros fermier qui venait exposer ses fromages à l'alimentation; en tout cas, ce visiteur était étranger à Paris, car il me demanda de lui nommer la tête si connue, surmontée du toupet légendaire. Je ne sais trop pourquoi, j'eus un bon mouvement pour le petit homme de plâtre : — « C'est M. Thiers, le libérateur du territoire; on va précisément lui ériger une statue, et si vous voulez souscrire votre pièce de 5 francs, il faut l'adresser à tel ou tel journal. » Mon interlocuteur resta de glace à cette ouverture; il toisa l'historien national de son regard de paysan, défiant et lassé.

— « Ah!... fit-il. Mais, monsieur, est-ce qu'on ne va pas élever une statue à M. Eiffel? Ce serait bien à faire, d'élever une statue à M. Eiffel... » J'ai rapporté le mot, parce qu'il m'a paru caractéristique d'un état d'esprit.

Déconcertés par l'acclamation passionnée qui proclame la beauté de la Tour, ses adversaires cherchent une revanche et lui reprochent son inutilité. En quoi consiste l'utilité d'un monument? Ce thème métaphysique nous entraînerait loin. La pyramide de Chéops a fort bonne renommée, on se pâme devant elle depuis quatre mille ans. A quoi sert-elle? A recouvrir la vanité d'un cadavre de Pharaon. Nous jugerions sévèrement celui qui demanderait à quoi servent la colonne Vendôme et l'Arc de triomphe; ces chers joyaux ont leur raison d'être au plus profond de notre cœur. Je ne crois pas établir une comparaison sacrilège pour eux, si je dis que la science et l'industrie avaient, elles aussi, le droit légitime de glorifier leurs victoires par un monument triomphal. La Tour se défend par un double symbolisme, d'une signification considérable. Elle symbolise l'un des phénomènes les plus intéressants dans l'Exposition, la transformation des moyens architectoniques, la substitution du fer à la pierre, l'effort de ce métal pour chercher sa forme de beauté. L'étude de l'art nouveau qu'on voit poindre viendra à son heure, quand nous aurons poussé plus avant nos visites; mais la Tour est le témoin de son avènement. Elle symbolise en outre un autre caractère dominant de l'Exposition : la recherche de tout ce qui peut faciliter les communications, accélérer les échanges et la fusion des races. De l'aveu même de son inventeur, elle ne devait être à l'origine qu'une gigantesque pile de pont. Ayant mené à bien des travaux similaires, dans de moindres dimensions, l'ingénieur voulut s'assurer qu'on pourrait, le cas échéant, élever des piliers qui permettraient de franchir les précipices et les bras de mer. A le prendre dans sa véritable destination, ce colosse immobile est un engin de mouvement, un trait d'union entre les montagnes naturelles, la botte de sept lieues du petit Poucet. Je lui accorderais encore une utilité qui fera sourire les utilitaires. Chaque jour, des centaines de milliers d'hommes passent sous les arches et se hissent à leur sommet; ils trouvent là une impression grandiose, un élargissement de l'esprit, à tout le moins une sensation de plaisir et d'allégement. Chaque gramme du fer qui compose cette masse est déjà payé par une bonne minute pour un être humain. N'est-ce pas là une utilité qui en vaut bien d'autres?

Mes lecteurs n'attendent pas une description détaillée du corps de la Tour. A peu d'exceptions près, tous l'ont déjà gravie ou la graviront. La grande ruche est en pleine activité. Plusieurs villes ont surgi dans ses entrailles, avec leurs commerces variés, leurs mœurs spéciales, leurs désignations géographiques. On mange au premier étage, on imprime au second, on s'ébahit au troisième. Du haut en bas, c'est un va-et-vient perpétuel d'insectes dans les fils de la toile d'araignée. Les cages des ascenseurs s'élèvent le long des poutres ou plongent dans le gouffre, paradoxes inquiétants qui narguent les lois de la pesanteur. Victor Hugo nous manque pour concentrer dans l'âme d'un Quasimodo la vie intérieure de la Tour. Il nous manque aussi, pour en décorer le faîte, ce qui lui eût paru la destination providentielle du pylône. A défaut de Quasimodo, je gagerais que déjà, dans quelque brasserie du ventre de la Tour, grandit un petit Rougon-Macquart.

Je suis allé chercher sur le sommet les impressions que les reporters des journaux m'avaient prescrit d'y recevoir. Pour quelques-unes, mon journal m'avait trompé, je l'ai constaté avec étonnement. Il disait qu'on était surpris tout d'abord par l'arrêt du mouvement de Paris, par l'immobilité des foules dans les rues et au pied de l'édifice. Comme moi, mes compagnons furent unanimes à remarquer l'accélération de ce mouvement, la hâte fiévreuse du peuple de Lilliput. Les piétons paraissent courir, en jetant la jambe avec des gestes d'automates. Un instant de réflexion fait comprendre qu'il en doit être ainsi; notre œil juge les hommes, d'une hauteur de 300 mètres, comme il juge habituellement les fourmis, d'une hauteur d'un mètre et demi; le rapport est à peu près le même. Qui ne s'est demandé quelquefois : Comment de si petites bêtes courent-elles si vite? — La comparaison est exacte de tout point, car l'agitation de ces multitudes d'atomes évoluant en sens contraires paraît, à cette distance, aussi inexplicable, aussi bizarre que les allées et venues d'une fourmilière en émoi; ce que l'observateur des fourmis pense de leur société, le phénomène optique conduit tout naturellement l'esprit à le penser de la vie parisienne, de la vie sans épithète.

Mon journal disait encore que l'oscillation est sensible par les grands vents. J'ai questionné le gardien du phare : « On sent parfois, me répondit-il, un peu de *ballant*, quand l'air est très calme; il n'y en a jamais quand il vente ; le vent cale la Tour. » A cela près, tout ce qu'on a dit sur la beauté du panorama est justifié. Le jour, on peut préférer à cette vue urbaine les vastes et pittoresques horizons qui se déroulent sous un pic des Alpes ; le soir, elle est sans égale dans le monde.

L'un de ces derniers soirs, je m'attardai là-haut assez avant dans la nuit. J'étais resté seul dans la cage vitrée, toute pareille à la dunette d'un navire, avec ses chaînes, ses cabestans, ses lampes électriques fixées au plafond bas. Pour compléter l'illusion, le vent faisait rage cette nuit-là dans les agrès de tôle. On n'entendait que sa plainte dans le silence, et de loin en loin la sonnerie du téléphone, appelant au-dessus de ma tête la vigie du feu. Il ne manquait que l'Océan sous nos pieds. Il y avait Paris. Le soleil se coucha derrière le Mont-Valérien. La forteresse qui commande notre ville descend à mesure qu'on s'élève dans la Tour ; du sommet on l'aperçoit rasée sur le sol, dans le nid de verdure des collines environnantes. La nuit tomba ; ou plutôt, du ciel encore clair à cette hauteur, on voyait les voiles de crêpe s'épaissir et venir d'en bas ; il semblait qu'on puisât la nuit dans Paris. Les quartiers de la cité s'évanouirent l'un après l'autre : d'abord les masses grises, confuses, des maisons d'habitation ; ensuite les grands édifices, signalés dans notre histoire ; les églises surnagèrent quelques instants, demeurées seules avec leurs clochers ; elles plongèrent à leur tour dans le lac d'ombre. Quelques clartés s'allumèrent, bientôt multipliées à l'infini ; des myriades de feux emplirent les fonds de cet abîme, dessinant des constellations étranges, rejoignant à l'horizon celles de la voûte céleste. On eût dit d'un firmament renversé, continuant l'autre, avec une plus grande richesse d'étoiles. Étoiles de joie, étoiles de peine; l'effroi venait au cœur à la pensée que chacune d'elles décelait le drame d'une existence humaine, si petite dans le tas commun, tragique et remplissant le monde pour celui qui la subit sans la comprendre. Le regard errait des astres d'en haut à ceux d'en bas, ceux-là plus mystérieux, ceux-ci plus attachants, car nous devinons ce que chacun d'eux éclaire. Et les uns comme les autres, en haut, en bas, accomplissaient la même tâche, le travail éternel de tous les êtres, qui est de continuer la vie. — Pourquoi cet épouvantable effort sur tout le pourtour de cette sphère? Se peut-il concevoir comme l'opération purement réflexe d'un univers maniaque? — Non. La tâche doit s'accomplir pour quelque chose et par Quelqu'un.

Soudain, deux barres lumineuses s'abattirent sur la terre. C'étaient les grands faisceaux partis des projecteurs qui roulaient au-dessus de ma tête : ces rayons dont nous apercevons chaque soir quelque fragment, jouant devant nos fenêtres, dans notre petit coin de ciel, comme les lueurs d'une foudre domestiquée. Vus de leur source, les deux bras de lumière semblaient tâtonner dans la nuit, avec des mouvements saccadés, ataxiques, avec des frissons de fièvre qui les dilataient en éventail ou les resserraient en pinceau; on eût juré qu'ils cherchaient sans direction quelque chose perdue, qu'ils s'efforçaient d'étreindre dans l'espace un objet insaisissable. Ils fouillaient Paris au hasard. Par moments, leurs extrémités se conjuguaient, pour mieux éclairer le point qu'ils interrogeaient. Ils se posèrent successivement sur d'humbles maisons, des palais, des campagnes lointaines. Je ne pouvais me lasser de suivre leur recherche, tant elle paraissait volontaire et anxieuse. Un instant, ils tirèrent de l'ombre un bois montueux, avec des taches blanches sur le devant; c'étaient les sépultures du Père-Lachaise, doucement baignées dans cette clarté élyséenne. En se repliant, ils s'arrêtèrent sur Notre-Dame. La façade se détacha, pâle, mais très nette. Dans les tours réveillées, je crus entendre une voix dolente. Elle disait :

« Pourquoi troubles-tu notre recueillement, parodie impie du clocher chrétien? En vain tu te dresses au-dessus de nous dans ton orgueil : nous sommes fondées sur la pierre indestructible. Tu es laide et vide; nous sommes belles et pleines de Dieu. Les saints artistes nous ont bâties avec amour; les siècles nous ont consacrées. Tu es muette et stupide; nous avons nos chaires, nos orgues, nos cloches, toutes les dominations de l'esprit et du cœur. Tu es fière de ta science; tu sais peu de choses, puisque tu ne sais pas prier. Tu peux étonner les hommes; tu ne peux leur offrir ce que nous leur donnons, la consolation dans la souffrance. Ils iront s'égayer chez toi, ils reviendront pleurer chez nous. Fantaisie d'un jour, tu n'es pas viable, car tu n'as point d'âme. »

La Tour n'est pas muette. Le vent qui frémit dans ses cordes de métal lui donne une voix. Elle répondit :

« Vieilles tours abandonnées, on ne vous écoute plus. Ne voyez-vous pas que le monde a changé de pôle, et qu'il tourne maintenant sur mon axe de fer? Je représente la force universelle, disciplinée par le calcul. La pensée humaine court le long de mes membres. J'ai le front ceint d'éclairs dérobés aux sources de la lumière. Vous étiez l'ignorance, je suis la science. Vous teniez l'homme esclave, je le fais libre. Je sais le secret des prodiges qui terrifiaient vos fidèles. Mon pouvoir illimité refera l'univers et trouvera ici-bas votre paradis enfantin. Je n'ai plus besoin de votre Dieu, inventé pour expliquer une création dont je connais les lois. Ces lois me suffisent, elles suffisent aux esprits que j'ai conquis sur vous et qui ne rétrograderont pas. »

Comme la Tour se taisait, les deux grands faisceaux remontèrent, avec un de ces brusques frissons que j'avais déjà observés; la vibration des molécules lumineuses se changea en ondes sonores, une voix pure s'éleva du fluide subtil :

« Choses d'en bas, choses lourdes, vos paroles sont injustes et vos vues courtes. Vous, pieuses tours gothiques, pourquoi défendez-vous à votre jeune sœur de devenir belle? Quand les maîtres maçons vous sculptaient, si l'on eût transporté à vos pieds un Grec d'Athènes, il eût dit de vous ce que vous dites d'elle aujourd'hui. Il vous eût traitées de monstres barbares, d'insulte aux lignes sacrées du Parthénon. Pourtant, votre beauté s'est fait reconnaître, à côté de celle qu'on admirait avant vous. Souffrez donc qu'il en naisse une autre, si le temps est venu. Surtout ne refusez pas une âme à qui la cherche. Vous avez pris la vôtre aux basiliques, qui la tiraient des catacombes. Si des arceaux de fer doivent vous l'enlever, sachez subir la loi qui commande aux formes de passer. Soyez maternelles à ce monde troublé; il suit son instinct en se précipitant dans d'autres voies où il retrouvera ce qu'il y avait d'impérissable en vous.

« Et toi, fille du savoir, courbe ton orgueil. Ta science est belle, et nécessaire, et invincible; mais c'est peu d'éclairer l'esprit, si l'on ne guérit pas l'éternelle plaie du cœur. Ton aînée donnait aux hommes ce dont ils ont besoin : la charité et l'espérance. Si tu aspires à lui succéder, sache fonder le temple de la nouvelle alliance, l'accord de la science et de la foi. Fais jaillir l'âme obscure qui s'agite dans tes flancs, l'âme que nous cherchons pour toi dans ce monde nouveau. Tu le possèdes par l'intelligence; tu ne régneras vraiment sur lui que le jour où tu rendras aux malheureux ce qu'ils trouvaient là-bas : une immense compassion et un espoir divin. »

Voilà ce que j'ai cru entendre sur la Tour. On y est sujet au vertige; cette nuit était faite pour le rêve, on aurait à moins un instant d'hallucination. Pour y couper court, je commençai à redescendre la longue spirale de l'escalier qui s'enfonçait dans les ténèbres. En m'arrêtant au premier palier, je reportai encore une fois mes regards sur le sommet. Les deux bras lumineux s'étaient relevés dans l'espace, ils continuaient leurs évolutions. Pendant une minute, sur le ciel noir dont ils semblaient toucher les bornes, il me sembla qu'ils traçaient une croix éblouissante, gigantesque *labarum*. Le signe de pitié et de prière était dressé sur la Tour par cette lumière neuve, par la force immatérielle qui devient là-haut de la clarté. Durant cette minute, la Tour fut achevée; le piédestal avait reçu son couronnement naturel.

II

L'ARCHITECTURE. — LES FEUX ET LES EAUX. — LE GLOBE.

L'ARCHITECTURE.

1er juillet.

L'Exposition nous montre des directions nouvelles dans l'architecture. C'est un indice artistique et social de si grande conséquence qu'il faut s'y arrêter quelques instants.

Il n'y a qu'une voix sur la stérilité de notre siècle en architecture. Dans son rapport sur l'Exposition de Londres, le comte L. de Laborde écrivait déjà, il y a trente ans : « C'est un problème inexplicable pour les étrangers que la nullité de l'architecture française depuis la révolution de 1789, chez un peuple qu'ils sont habitués à considérer, depuis huit cents ans, comme l'initiateur et le chef de file... Comment expliquer qu'une société entière, que les découvertes de la chimie et de la physique jettent dans un courant d'innovations, de bouleversements à tourner la tête, à rendre fou, au lieu de demander aux arts les innovations les plus excentriques, au lieu de repousser ce qui sent le vieux, la copie, la redite, ne se plaise que dans l'imitation la plus servile de tous les styles usés par les siècles? » — Depuis la Révolution jusqu'à nos jours, on a essayé tous les styles, l'égyptien et le néo-grec, le néo-gothique et le moresque ; nous avons eu le style de la Restauration, — voir la Bourse, — le style Louis-Philippe, — ne rien voir, — le style du second Empire, — voir le nouvel Opéra, — le style de la troisième République, — voir le Trocadéro. Copies fidèles de l'antique ou assemblages luxueux d'éléments composites, nos monuments attestaient la science de nos artistes et l'absence d'invention. On a restauré les reliques du passé avec une perfection inconnue aux époques créatrices, comme il convenait à un siècle de critique savante; les rares talents d'un Viollet-le-Duc se sont dépensés à des restitutions.

Cette stérilité surprend d'abord, si on la compare à la glorieuse fécondité de la peinture, proclamée par les collections du Champ de Mars. L'anomalie apparente s'explique, dès qu'on réfléchit aux conditions particulières des deux formes d'art. La richesse de notre peinture provient d'une variété infinie d'efforts individuels, et de quelques sentiments généraux très développés dans notre temps, comme le sentiment de la nature, le sentiment de l'histoire. En architecture, l'individu ne peut rien; c'est un art collectif et symbolique, l'art social par excellence; il ne trouve des types nouveaux que pour traduire un état social définitivement assis, des besoins universels devenus conscients. Temple grec ou amphithéâtre romain, cathédrale gothique ou donjon féodal, palais du marchand florentin ou de la monarchie centralisée, tous les édifices significatifs échappent à la fantaisie individuelle; ils sont l'expression la plus fidèle et la plus générale des tendances dominantes dans la vie d'un peuple à un moment de son histoire. Notre siècle ne pouvait pas avoir une architecture qui lui fût propre, parce qu'il n'a pas atteint, à travers toutes ses expériences, un état social avéré, manifeste pour tous. Les critiques d'art sont d'accord sur ce point. M. Vitet le développait avec sa grande autorité. Il disait : « Le doute, le scepticisme, l'indifférence, ne peuvent rien engendrer... Mais soyez bien certains que, s'il se manifestait dans la société un de ces grands faits que l'architecture a la propriété de réfléchir, une forme nouvelle apparaîtrait aussitôt. »

Cette forme commencerait-t-elle à poindre? Il y a des raisons de le penser, puisque l'Exposition révèle l'avènement d'un art tout nouveau, l'art de la construction en fer. Entendons-nous bien. Ce n'est pas d'hier que l'on a commencé à couvrir de vastes espaces avec des vitrages, supportés par des piliers et des arcs de fonte. Dans les usines, dans les grands ateliers, dans les halles, dans les gares, dans tous les centres de travail et de mouvement où la vie populaire a ses foyers les plus actifs, le fer s'est insensiblement substitué au bois et à la pierre; il fournit presque seul la charpente de nos maisons. Mais les fils de Tubalcaïn avaient déjà mis leur marteau dans toutes les œuvres vives de notre société, qu'on les ignorait encore dans les loges où l'on dispute le prix de Rome. Cette révolution s'accomplissait humblement, au-dessous et en dehors de l'art officiel; l'art dédaignait une architecture industrielle, faite pour servir des besoins grossiers. Pourtant, comme ces besoins étaient les plus intenses et les plus caractéristiques de notre époque, on pouvait prévoir que l'art deviendrait un jour leur tributaire, et qu'il ne sortirait de sa langueur qu'en se mettant à leur service. La réconciliation de l'ingénieur et de l'artiste avait été essayée depuis longtemps par deux précurseurs : par Henri Labrouste, qui appropria le fer à la construction de la bibliothèque Sainte-Geneviève et de la Bibliothèque nationale, qui donna la théorie de l'art nouveau dans son *Traité d'architecture;* par M. L. A. Boileau, le constructeur de l'église Saint-Eugène, l'auteur de l'*Histoire critique de l'invention en architecture* et d'autres ouvrages. Depuis un demi-siècle, M. Boileau prédit avec un sens vraiment prophétique tout ce que nous voyons se réaliser aujourd'hui. Son œuvre mériterait plus d'attention et de justice; on y rencontre à chaque page des aperçus d'une philosophie profonde, tels que celui-ci : « L'histoire nous montre la succession des phases (de l'architecture) dans toutes les civilisations. Si l'on s'en tient à la civilisation moderne, inaugurée par le christianisme, on voit que le sentiment qui a prédominé pendant le moyen âge marque dans la série une première phase; que cette phase a été suivie, à partir du seizième siècle, par une seconde que le raisonnement envahit, et que la mise en pratique des découvertes fournies par l'avancement des sciences et l'essor qu'il donna à l'industrie caractérise la troisième phase que nous traversons. Il ressort de l'examen de la force d'impulsion des trois manifestations de l'activité humaine, que, par la puissance de son intuition, le sentiment, qui agit en premier lieu, a pu résoudre des problèmes scientifiques et économiques dont il a fallu trouver plus tard la démonstration rationnelle [1]. »

[1] L. A. BOILEAU, *Les préludes de l'architecture du vingtième siècle.* Bau Iry, éditeur.

Les idées et les essais pratiques des précurseurs n'étaient guère connus du grand public : pour nous tous, la révélation datera de l'Exposition de 1889. Cendrillon s'est fait reconnaître de ses sœurs sur le Champ de Mars; l'architecture industrielle, avec le fer pour moyen, a désormais une valeur esthétique. Elle n'est pas arrivée à ce résultat sans tâtonnements; rien n'est plus philosophique et plus instructif que les efforts du fer pour chercher sa forme de beauté, dans la série des palais qui figurent « l'Arc de triomphe renversé ».

Voici d'abord le Dôme central, avec son luxe lourd et voyant. Ici le fer s'est trompé, parce qu'il a suivi les vieux errements de construction et de décoration, parce qu'il a subordonné ses propres convenances à celles de la pierre qu'il remplaçait. Certes, il y a des choses excellentes dans ce dôme; l'armature de l'intérieur est élégante; à l'extérieur, nous trouvons déjà l'alliance du métal et de la brique, qui sera l'un des traits constitutifs des nouvelles méthodes. Mais l'imagination de l'artiste est visiblement obsédée par les magnificences de l'Opéra, ces mauvaises conseillères; elle s'efforce d'en reproduire les motifs principaux, les niches, les acrotères, les surcharges de fonte ciselée; au dedans et sur la façade, le zinc d'art est déchaîné, avec ses écussons emblématiques entre les grosses dames nues; sur ces écussons, des locomotives, des machines compliquées, des dieux, des bestiaux, des républiques, le symbolisme facile des concours agricoles; trop de reliefs, trop de couleurs, trop d'ors. Pour son coup d'essai, le fer a voulu être somptueux; il n'est qu'endimanché, le rude ouvrier, et sous sa défroque seigneuriale, je n'aperçois plus la seule beauté que j'attends de lui, une musculature puissante et flexible.

Faisons quelques pas : nous entrons dans la galerie des machines. On a épuisé les formules de l'admiration devant cette nef haute de 45 mètres, longue de 400. Encore faut-il savoir pourquoi elle est si belle ; parce que le fer, renonçant à lutter avec la pierre, n'a cherché ses moyens d'expression que dans sa propre nature, dans sa force, sa légèreté, son élasticité ; parce qu'il a résolument sacrifié la quincaillerie décorative et s'est rappelé cette loi fondamentale de l'esthétique : la beauté n'est qu'une harmonie entre la forme et la destination. Évidemment, ceux qui ont assemblé ces fermes ne se sont pas préoccupés d'imiter tel ou tel type réalisé avant eux avec d'autres matériaux et pour d'autres usages ; ils ont consulté les propriétés du fer, calculé ses résistances ; s'étant assurés de ce qu'on pouvait demander au métal, ils ont modifié l'arc en tiers-point et créé une ogive nouvelle, avec des inflexions et un allongement d'une incomparable élégance. Des combinaisons savantes leur ont permis de diminuer jusqu'à l'invraisemblance le poids et le volume de la charpente. Il en est résulté un vaisseau dont l'immensité est le moindre mérite ; sans un ornement sur sa nudité sévère, par la seule hardiesse de ses lignes et la logique de son anatomie, le palais des machines rend les yeux contents, il intéresse l'esprit aux problèmes difficiles qu'on soupçonne derrière cette simplicité. N'est-ce pas là l'impression que doivent produire les grandes œuvres architecturales ? De plus, ce palais consacre une révolution dans les principes de l'art du bâtiment ; la construction en pierre réclamait de tous ses éléments une immobilité absolue ; le fer est plus vivant, plus nerveux en quelque sorte : il exige la liberté de ses mouvements intimes. Les constructeurs en ont assuré le jeu par un appareil ingénieux, ces rotules d'acier qui rappellent les articulations des membres humains. Une plus grande stabilité garantie par plus de liberté, cela mène la réflexion très loin, s'il est vrai, comme on l'a toujours cru, qu'il y ait des correspondances cachées entre l'état social et l'architecture.

On dispute déjà sur les mérites respectifs de l'architecte qui a dessiné ce palais, de l'ingénieur qui a calculé la portée des fermes. Ces discussions sont toujours intempestives, à propos d'un monument ; les plus fameux ont été des ouvrages collectifs et souvent anonymes. Dans le cas actuel, ces distinctions indiscrètes entre les ouvriers prouvent une entière méconnaissance de ce qui fait le prix et la nouveauté de l'œuvre. Elle n'a réussi, et l'on n'en réussira désormais de pareilles, que par la collaboration de l'architecte et de l'ingénieur. Il faut mettre sur le même plan M. Dutert, M. Contamin, et leurs aides principaux dans chaque spécialité. Je ne voudrais même point que pour les différencier on se servît de ces mots : l'artiste, le savant, l'industriel. Mieux vaudrait dire que le *chef-d'œuvre* est dû aux travaux combinés des divers *métiers*, en rendant à ces termes la noble plénitude de leur vieux sens. On pardonnera ces subtilités de langage, si l'on concède que le choix des mots préjuge ici des théories d'ensemble d'où peuvent dépendre la stagnation ou le renouvellement de l'art [1].

---

[1] « Pendant tout le moyen âge et assez avant dans le seizième siècle, métier et art avaient une seule et même qualification... L'idée d'un art et d'une industrie distincts, d'un art élevé et d'une basse

La Tour et la galerie des machines nous enseignent ce que peut le fer, réduit à ses seules ressources. Mais l'emploi exclusif de ces grands réseaux métalliques ne répond qu'à des besoins exceptionnels; pour beaucoup d'autres usages, le fer doit recourir à des matériaux auxiliaires. C'était un nouveau problème de déterminer le choix et les conditions esthétiques de ces alliances. On s'est appliqué à le résoudre dans les deux palais jumeaux des Beaux-Arts et des Arts libéraux, et l'on est revenu à la plus ancienne tradition hellénique, le mariage du bois et de la terre cuite peinte, tel que nous le retrouvons dans les premiers temples de Métaponte, mais en remplaçant le bois par le fer. La réussite est éclatante. Ici, le goût le plus sûr et le plus inventif a dirigé la collaboration du fondeur, du potier et du céramiste. Je ne sais ce qu'il faut le plus louer dans ces édifices : la juste répartition du fer et de la brique, inspirée, semble-t-il, par la structure du corps humain, avec ses os visibles sous la chair; l'ornementation légère et sobre, dont la terre cuite et l'émail font seuls

industrie, d'un art qui anoblit l'homme et d'une industrie qui le dégrade, n'était venue à personne durant tout le moyen âge, pas plus qu'elle n'avait eu cours dans toute l'antiquité; on s'échelonnait sans se scinder; on se mesurait, on ne se classait pas. » — (LABORDE, *Rapport de* 1856.) — Je voudrais faire de plus longs emprunts à cet excellent rapport, que M. de Laborde intitulait si bien : *De l'union des arts et de l'industrie*, et qu'il résumait dès la première page dans cet énoncé : « L'avenir des arts, des sciences et de l'industrie est dans leur association. » Je suis heureux de placer sous l'autorité de ce maître les idées que je dois me borner à indiquer en quelques lignes; je renvoie les personnes curieuses de ces questions à ces deux volumes, dont on n'a guère tenu compte; elles y trouveront, développées à l'avance, toutes les directions de l'art moderne.

les frais; la polychromie discrète, où prédominent deux tons : le bleu doux du fer, le rose tendre de la brique. Maintenue dans ces gammes, la coloration des surfaces métalliques justifie la prédiction de Beulé : « Si un jour nous reprenons le goût des édifices peints, nous ne mériterons point le nom de barbares; nous aurons reconquis, au contraire, un héritage auquel nous avions renoncé, une beauté que nous avions perdue [1]. »

Tout d'abord, on a remarqué dans cet ensemble les dômes de tuiles vernissées, heureux emprunt fait aux vieux maçons de l'Iran. Nos premières reconnaissances en Asie centrale, et en particulier les belles découvertes de M. Dieulafoy, auront une influence sensible sur le renouveau architectural. Ces coupoles d'émail, qu'on dirait colorées aux reflets de l'azur céleste où elles montent, je les admirais, l'an dernier, sur les médressés des Tamerlanides et sur les mosquées en ruine de la frontière persane; il me sembla que j'en rapportais le mirage, lorsque, en rentrant dans Paris, je les revis déjà posées sur les palais des Arts. Il ne reste qu'à mêler aux dessins géométriques, un peu secs, les fleurs et les arabesques de là-bas, pour donner aux Parisiens les visions d'Ispahan et de Samarcande. Les dômes ne sont pas le seul exemple de cette adaptation habile de l'art oriental, qui n'est pas une imitation. Pour décorer le cintre de quelques portes, la terre cuite s'est approprié l'encadrement habituel des porches de mosquées, la colonnette de marbre ou de faïence tordue en spirale; pour déguiser la monotonie prosaïque des boulons, on les a dorés et ciselés en têtes

---

[1] *Histoire de l'art grec.* — *La polychromie.*

de clous arabes, sur le voussoir de l'entrée principale. Mais ces éléments orientaux sont fondus dans un arrangement occidental; ce qui est bien de notre pays, du pays de Limosin et de Palissy, ce sont les médaillons, les frises, les cartouches, où la céramique intervient avec une délicatesse toute française de relief et de couleur. Les moindres détails décèlent une pensée inventive; entre autres, ces plaques de poterie ornementée encastrées dans les caissons à jour des piliers de tôle.

Si l'on tirait le palais des Beaux-Arts de l'amoncellement du Champ de Mars, où la valeur particulière de chaque édifice est noyée dans l'effet général de kaléidoscope, si on l'isolait sur une éminence, — par exemple à la place du morne et pesant Trocadéro, je gage que tous les yeux seraient frappés par la bonne grâce et la nouveauté du monument. — Monument! On jugera peut-être le mot bien gros pour ces constructions temporaires. Il ne faut rien exagérer, et je ne prétends pas qu'on ait érigé là le Parthénon de l'avenir. Je crois simplement que l'exacte histoire, quand elle racontera le règne du fer et l'instant où il s'inquiéta de plaire, mentionnera avec honneur, à côté du grand squelette où MM. Dutert et Contamin ont dégagé les lois anatomiques du métal, les créations originales où M. Formigé l'a habillé. Comme dans la vision d'Ezéchiel, cet habile homme a fait croître la chair et tendu une peau sur les ossements arides, il leur a soufflé l'esprit de vie, l'esprit de l'art.

Je prévois l'objection : Comment fonder un principe d'art sur des bâtisses éphémères que le tombereau du démolisseur emportera dans quelques mois? — Ceci n'est pas entièrement prouvé; il est question de conserver les palais au Champ de Mars ou de les déménager ailleurs; comme ce vaste pavillon de la République Argentine, signalé aux promeneurs par les cordons de rubis et d'émeraudes que la lumière électrique allume dans ses cabochons de verre; un vaisseau va le transporter de toutes pièces par delà l'Océan, pour faire longtemps encore l'orgueil de Buenos-Ayres. Mais quel que soit le sort des palais de l'Exposition, il faut bien reconnaître que les constructions en fer auront ce double caractère d'être mobiles et relativement peu durables. — Et si c'était précisément là le caractère probable de l'architecture à venir?

Ces dômes légers me rappelaient par leur aspect ceux que je vis naguère en Asie : par leur destination, ils me rappellent plus fortement encore la tente de feutre où le Turcoman nous recevait, sur l'emplacement des cités ruinées. Sans aller si loin, vous pouvez la voir en maint endroit de l'esplanade, cette aïeule de toutes nos demeures, abritant le Peau-Rouge, le Lapon, l'Africain. Si je comprends bien l'histoire de l'habitation telle qu'elle se déroule sous nos yeux, de la hutte lacustre à la galerie des machines, l'homme a fait un long effort pour donner à sa maison des proportions toujours plus vastes et une stabilité toujours plus grande. Les sociétés adultes ont pesé sur le sol avec leurs monuments de pierre, qui se promettaient une durée indéfinie. Mais voici qu'au terme de l'effort, par une de ces ironies dont l'histoire est pleine, le cercle où nous tournions se referme; le dernier degré de la civilisation rejoint le premier; l'instinct nomade se réveille sous d'autres formes. Petite tente de peaux au début, colossale tente de fer au déclin, mais toujours des tentes ; les deux ne diffèrent que par les matériaux et les dimensions. Celle-ci, comme celle-là, doit abriter les multitudes en mouvement; non plus un peuple pastoral, mais un peuple ouvrier qui se presse dans les gares, qui erre d'atelier en atelier, qui n'a le plus souvent, au sortir de l'usine, que des foyers précaires et changeants. Même pour les classes favorisées de la fortune, la demeure héréditaire et l'établissement à long terme deviennent l'exception, dans cette circulation incessante des personnes et des biens. Telle ville, où les rares étrangers ne trouvaient qu'une auberge il y a cent ans, compte aujourd'hui plusieurs hôtels dans chaque rue et voit passer chaque année une population flottante. Ne dit-on pas que les Américains de toute condition, ces chefs de file dont nous prenons les mœurs, vivent de préférence dans les grands caravansérails, comme le marchand d'Asie dans les cellules communes du khân? Et comme le coffre de cyprès où ces marchands portent tout leur avoir, une valise suffit au moderne Occidental pour y serrer ses valeurs mobilières, des vagabondes aussi! Oui, c'est l'humeur transformée du vieil Orient qui nous revient avec son génie artistique, et ce sont bien de mobiles tentes de fer qu'il faudra désormais pour loger les troupeaux d'hommes agités de cette humeur.

Voilà des prévisions désagréables aux gens casaniers et puissamment installés sur la terre. Je déplore avec eux l'instabilité croissante du foyer; mais il y a peut-être quelque part le dessein arrêté de nous rappeler une ancienne leçon, trop vite oubliée au sommet des civilisations opulentes; cette leçon enseigne aux voyageurs, engagés dans le court voyage, qu'il est vain de s'attacher à la terre et d'y faire d'âpres établissements. Peut-être aussi touchons-nous à un de ces moments de l'histoire, — ce ne serait pas le premier, — où la poussière humaine est soulevée en tourbillons rapides, parce qu'il faut la pétrir pour reconstruire à nouveau; à un de ces moments où le vanneur secoue son crible sur l'aire, parce qu'il a besoin de mêler et d'unifier les hommes pour faire circuler quelque vérité parmi eux. « Il remue tout le genre humain », disait Bossuet, qui avait remarqué l'effet concerté de ces grands mouvements. Je lisais, il est vrai, et pas plus tard qu'hier, sous la signature d'un des derniers grands maîtres de l'Université, qu'en matière d'histoire « on ne parle pas des enfantillages de Bossuet ». C'est une opinion officielle, je la respecte, elle m'ébranle; et pourtant ce pauvre homme, — c'est Bossuet que je dis, — avait un regard de quelque étendue sur les affaires du monde. Tout en admirant les palais de fer et les triomphes scientifiques de l'Exposition, je ne puis m'ôter de l'esprit que le *Discours* pour le Dauphin, écrit sans doute aux chandelles, est encore la meilleure histoire à lire sous nos lampes Edison.

LES FEUX ET LES EAUX.

On m'excusera si je ne cherche pas de transition pour passer de Bossuet aux fontaines lumineuses. Avec un peu de subtilité la chose souffrirait arrangement, car il aimait les allées superbes où les jets d'eau ne se taisaient ni jour ni nuit, dans les jardins de M. le Prince. Mais il est plus simple de dire qu'après l'étude attentive et les pensées sérieuses du matin, le soir nous doit le délassement quotidien. Il apporte l'indulgence et l'illusion. Sur ces toitures vitrées, le crépuscule a jeté un glacis d'argent; comme il s'assombrit, des lueurs naissent sur tout le pourtour de l'enceinte; froides et blanches d'abord, bientôt avivées par les ténèbres tombantes, elles courent le long des façades et ruissellent en nappes jaunes dans les parterres. Les fleurs se réveillent, avec des tons plus pâles, sous l'essaim des lucioles qui brillent entre les massifs et au ras des gazons; d'autres fleurs, artificielles, mettent leur mensonge dans le feuillage des magnolias, pétales de verre animés par l'arc incandescent. Les frontons se confondent en un seul palais, au reflet des feux qui les éclairent; les édifices répréhensibles se transfigurent et s'harmonisent; les lignes d'une architecture idéale surgissent, gravées au trait sur le fond noir par un burin lumineux. Vu ainsi, le Trocadéro réjouit l'œil qu'il affligeait. Le dôme des industries a donné le signal de l'illumination; des guirlandes de perles électriques s'enroulent autour de sa coupole, les lampes de l'intérieur rayonnent à travers la large baie, par où le regard fuit dans la claire perspective de la travée principale; les nuances heurtées se fondent, le fer se dore, et l'on n'a plus d'objections contre ce dôme, à l'heure où il devient le foyer central de la féerie. A l'arrière-plan, la haute croupe du palais des machines barre l'horizon; son vitrage tamise une clarté diffuse; entre les arceaux et sous les cintres, on voit tourner les soleils des phares et trembler leurs faisceaux; l'énorme bâche semble la grande serre des régions planétaires, où le jardinier élève de petits astres pour les semer dans le ciel de nuit. Les projecteurs lancent leurs éclairs, épandus en pluie de poussière bleuâtre ou ramassés en pinceaux aigus; ces rayons perdus errent et palpitent avec de rapides évolutions, inquiets de l'étoile qui les a oubliés dans l'espace. Le gaz, ce condamné, agite sur son pavillon des panaches de flamme, défiant la lumière nouvelle; ses rampes s'étagent aux flancs de la Tour. Elle s'embrase au-dessus de tous les feux; et le peuple affolé, qui reflue sous les arches incendiées, se demande si les cyclopes veulent remettre à la forge, d'un seul bloc, la charpente chauffée soudain au rouge vif.

Ce peuple cherche plus et mieux, la fête suprême des yeux qu'il vient demander chaque soir aux fontaines. Voyez-les, ces milliers d'extatiques, attendant depuis de longues heures, en rangs pressés, autour des bassins. Le trafiquant levantin, le soldat arabe dont on aperçoit çà et là le burnous blanc dans un groupe, doivent se croire reportés aux joies paisibles de leur pays. Car c'est encore un retour aux instincts des Orientaux, ces grands amoureux de l'eau. Le commerçant de la rue Saint-Denis, après avoir fermé son livre de caisse, reprend les habitudes du vieux Turc, de ce contemplatif qui peut veiller toute une nuit, accroupi devant la vasque éclairée par un lampion, comptant les gouttes de la source où s'égrène son rêve; et les Parisiens, assis autour de leurs fontaines, rappellent à s'y méprendre les populations du Bosphore un jour de fête, quand elles se rangent tout entières sur la ligne des quais et s'y incrustent, les jambes pendantes au fil de l'eau, pour s'abîmer jusqu'au soir dans les voluptés que leur apportent le miroitement et le clapotis des flots ensoleillés. — Un cri monte de la foule : les gerbes ont jailli, illuminées par le feu invisible, mariant dans leurs combinaisons changeantes toutes les nuances du prisme, nouant les écharpes de l'arc-en-ciel qui se déchirent en l'air et retombent pulvérisées, cascades de gemmes et de diamants. Les premiers jours, des trépignements et des bravos saluaient chaque métamorphose; on était encore en France. Peu à peu, le silence s'est imposé, l'hypnotisme opère ses effets, les habitués se refont, comme il convient ici, l'âme placide du parfait fakir.

Heureux progrès, si l'on songe qu'à défaut de cette sorcellerie charmante, la plupart de ces hommes iraient s'abêtir aux désolantes inepties du café-concert! Qui sait, d'ailleurs, si la fontaine lumineuse, aujourd'hui simple objet d'agrément, ne sera pas pour le peintre et le savant l'occasion de pensées, d'expériences fécondes ? Il est à croire qu'ils en retireront quelque profit pour la théorie des couleurs, l'étude des phénomènes de réfraction et les autres parties de l'optique. Le divertissement des badauds amènera un Helmholtz ou un Chevreul à réfléchir sur des problèmes imparfaitement résolus, à chercher de nouvelles applications de leurs connaissances. Pendant que nous souhaitons, souhaitons d'emblée un Goethe qui nous donne la transcription intellectuelle de ce spectacle : un livre où sa raison étudiera les principes abstraits, les lois profondes cachées dans les choses comme cette lumière dans les galeries souterraines; et des poèmes où son imagination les transmuera en formes sensibles, en fantaisies éblouissantes comme ces gerbes d'eaux enchantées.

Pour le quart d'heure, — constatons ici ce qui nous apparaîtra partout, — c'est l'ingénieur qui est le poète, un poète en action. Celui de ce département, M. Bechmann, a eu l'obligeance de me conduire dans son petit enfer et de m'en montrer le mécanisme. On a déjà lu partout l'explication du système ; on sait qu'il est fondé sur la découverte d'un physicien suisse, Coladon. Cet observateur avait remarqué qu'une chute d'eau dévie et entraîne, en l'absorbant, le rayon de lumière qu'elle reçoit horizontalement. La loi demeure efficace pour un jet perpendiculaire éclairé par en bas. L'application, très simple en somme, fut d'abord essayée en Angleterre. D'où un inconvénient : les personnes qui ont vu les fontaines lumineuses de l'autre côté de la Manche, — où c'était beaucoup mieux, naturellement, — tiennent ici le rôle fâcheux du voisin de stalle qui a vu Rachel à la Comédie française, et qui ne vous permet pas de prendre plaisir au jeu d'une autre interprète. Qu'elles se rassurent : ces mêmes Anglais sont venus installer et manœuvrer à Paris les mêmes appareils, sous le grand bassin circulaire ; leur chef envoie les commandements, de la tourelle où il médite les combinaisons de couleurs. Deux fils électriques portent une dérivation de sa pensée à l'équipe française, établie sous le bassin supérieur et sous le groupe décoratif de M. Coutan.

Il suffit de traverser les deux chantiers pour apercevoir la différence des deux races. Les Anglais ont tout apporté de chez eux, jusqu'aux charpentes ; ils se sont installés les premiers, à leur mode, refusant de rien changer aux machines qui leur avaient réussi une fois ;

ils font leur besogne avec calme et ponctualité, sans erreurs et sans innovations. Les Français, placés dans un local qui offrait des conditions d'installation moins favorables, ont révolutionné les appareils; ils les ont allégés et modifiés; ils ont dû inventer des perfectionnements de la méthode, pour que la lumière agît sur les filets d'eau déversés par les figures du groupe. Au dernier moment, ils étaient en retard, aux prises avec les fontainiers. Les Anglais disaient: « Il est impossible que vous soyez prêts et que vous réussissiez par ces moyens. » L'ingénieur répondait: « Impossible n'est pas français. » Le jour de l'inauguration, on improvisa ce qui manquait, on accrocha les fils au clavier de manœuvre du contremaître anglais, on lui tira sa pensée, et le soir, à l'heure dite, les eaux françaises s'étaient débrouillées, elles jaillissaient à l'unisson des étrangères.

Je les regardais au fond de leur souterrain, ces braves ouvriers, faisant les apprêts de la féerie dans la chaleur et dans les ténèbres. Comme leurs frères de la mine de houille, bien qu'avec moins de peine, ils allaient extraire pour les autres hommes de la lumière et de la joie qu'ils ne verraient pas. Un timbre retentit, des chiffres passèrent au tableau d'ordre; dans les réflecteurs en entonnoir, des rayons aveuglants s'allumèrent, aussitôt ravis dans les cheminées par les miroirs inclinés qui les renvoyaient aux orifices. Des plaques de verre bleu, rouge, jaune, glissaient sur nos têtes; on se serait cru dans le four central du globe, où les Kobolds élaborent les pierres précieuses et fondent les cristaux. Ils se précipitèrent sur les leviers, les bons gnomes du service des eaux de la Ville, et leur poussée fit jaillir là-haut l'éruption de saphirs, de grenats et de topazes. On éprouve là des tentations horribles de toucher à contre-temps un de ces leviers ; on déroberait ainsi, par un subterfuge purement mécanique, la juste toute-puissance de l'artiste et du poète ; on ordonnerait pendant une seconde les sentiments d'une multitude humaine. Car d'habiles gens nous certifient que les raies du spectre déterminent nos humeurs ; le violet attriste, disent-ils, comme le rose égaye. D'où il suit qu'en poussant un de ces ressorts on accomplirait cette opération divine, réjouir les cœurs des hommes, ou ce maléfice diabolique, les plonger dans le chagrin.

En sortant du souterrain, nous nous rendîmes à la tourelle des commandements. Le magicien anglais les donne sur une table qui rappelle de très près un piano, avec ses deux claviers. Une ligne de boutons électriques correspondant à la gamme des verres colorés : ce sont les touches blanches ; derrière, un rang de leviers correspondant aux robinets des jets d'eau ; ce sont les touches noires. Le système actuel, qui nécessite la transmission des ordres aux intermédiaires placés sous les bassins, n'est que l'enfance de l'art ; avec des simplifications qui ne dépassent pas le génie d'un mécanicien ordinaire, un seul homme pourra actionner directement, de la tourelle, les robinets d'eau et les plaques de verre ; il jouera sa symphonie de couleurs, comme le pianiste joue sa symphonie de sons.

Je cherchais plus haut ce que pouvaient attendre des fontaines lumineuses les gens sensés qui travaillent à l'avancement des sciences. Je prie ceux-là de ne pas lire plus avant : je voudrais ajouter quelque chose pour la consolation des jeunes décadents. Il faut bien le reconnaître, plusieurs de leurs idées favorites prennent corps dans cette tourelle; par exemple, la transposition des moyens d'un art à l'autre, l'équivalence des impressions reçues par nos différents sens. Et l'équité me contraint à avouer que M. J.-K. Huysmans fut prophète, en certains chapitres de son livre : *A rebours*. Le gentleman qui manœuvre aujourd'hui les fontaines, d'après quelques formules empiriques, est à ses successeurs probables ce que le maître de solfège est au compositeur inspiré. Quand l'habitude et l'éducation auront instruit les yeux à associer ces sensations nouvelles, quand la rétine affinée distinguera, dans la gamme chromatique des couleurs en mouvement, les vibrations que l'oreille perçoit dans celle des sons, il se rencontrera peut-être un Chopin ou un Liszt qui ravira les âmes avec des mélodies visuelles. Puisque nous rêvons, flattons jusqu'au bout les désirs décadents. Les arts connexes se concerteront dans cette musique totale de l'avenir : sous les bosquets de lotus plantés au bord des fontaines, des orchestres cachés de harpes et de luths feront entendre en sourdine les vieux motifs wagnériens; des chœurs psalmodieront les proses classiques de M. Stéphane Mallarmé, et les gerbes harmonieuses seront parfumées d'essences rares. A travers leurs buées opalines, les doux hallucinés contempleront en souriant, sur les hauteurs voisines de Passy, la maison agrandie où les disciples de M. le docteur Blanche attendront les générations coutumières de pareilles délices.

LE GLOBE.

Entrons rendre visite à la Terre, notre mère. On en montre la figure au millionième, dans un pavillon spécial de l'Exposition. Il convient d'y aller jeter un regard d'ensemble, avant d'étudier dans le détail les différents exemplaires des hommes qu'elle porte et les divers travaux par lesquels ces hommes l'ont embellie.

On ne saurait trop féliciter MM. Villard et Cotard de leur intelligente entreprise. Si nous nous accordons quelque avantage certain sur nos aînés, c'est que nous savons un peu de géographie; c'est tout au moins que beaucoup d'entre nous ont la curiosité de cette science. Il y faut pousser nos enfants. Quand nous leur laisserons la Terre, elle sera plus que jamais inhospitalière et rude à ceux qui auront la faiblesse de la mal connaître. Ah! que je voudrais voir tous les garçonnets de France venir et revenir souvent dans le pavillon de la grosse boule! A cet âge, on apprend plus en un instant, par une sensation aiguë et singulière, que par les longues heures d'ennui dépensées sur les livres. Les cartes planes exigent de l'enfant un effort disproportionné à son intelligence; ses yeux ne croient qu'aux apparences, et l'apparence menteuse des cartes contredit les explications qu'on lui donne. Sur nos mappemondes, le détail lui échappe. Ici, tout est joie et vérité pour ces jeunes imaginations : la forme, le mouvement du globe, l'immensité des océans, les lignes rouges des grands voyages, les découvertes de villes et de pays qu'on refait soi-même, en marchant vraiment de son petit pas! Rien n'est plus propre à jeter dans ces cervelles la première graine de la vocation qui fait les Bougainville ou les Dupleix. Rien ne leur donnera des idées plus chaudes, plus vivantes, des notions plus utiles, plus nettes. Et que de grands enfants, parmi les hommes, qui trouveront ici mêmes profits et mêmes plaisirs!

On monte dans l'ascenseur; il vous dépose sur le pôle nord. Avec son diamètre de 12^m,73, la Terre a déjà très bon air. Elle tourne... quelquefois. Quand ce lent mouvement de rotation fait défiler sous les pieds du spectateur « les grands pays muets » dont parle le poète, la première impression est saisissante. Voilà donc celle qui nous roule avec dédain, telle que l'évoquaient les belles strophes de la *Maison du berger* :

> Je suivais dans les cieux ma route accoutumée,
> Sur l'axe harmonieux des divins balanciers.

On va sourire, et me répondre que cette planète est en carton. — Qu'on se rappelle, dans un autre ordre d'idées, l'impression auguste que nous reçûmes tous des armées en fer-blanc de l'*Épopée*; on comprendra qu'un très petit artifice, associé à de grandes images intérieures, peut toujours exciter une émotion chez le plus sceptique. Je regardais mes voisins; une gravité majestueuse se peignait sur le visage de quelques-uns; ils se sentaient devenir soleils. Mais le démiurge préposé au mouvement du monde se repose le plus souvent, assis sur sa chaise sous le pôle austral. Il faut faire alors ce que faisait jadis le soleil, tourner autour de la planète récalcitrante. Une galerie en spirale amène le voyageur, après plusieurs révolutions, aux antipodes de son point de départ, sous le vague profil de la terre Louis-Philippe. Durant le parcours, des réseaux diversement colorés lui permettent de suivre les grandes lignes de navigation, de chemins de fer, de télégraphes, les itinéraires des explorateurs fameux. Des groupes de clous lui indiquent les principaux gisements des métaux dont ces clous ont la couleur. Comme je marquais ma surprise de ce qu'on n'eût pas fait saillir le relief des montagnes, il me fut répondu que le Gaurisankar, le plus haut pic de l'Himalaya, aurait 8 millimètres de saillie à l'échelle. Ce serait trop humiliant pour les Alpes et les Pyrénées.

Le long des murs, une suite de pancartes donne en gros chiffres, sur des tableaux de statistique comparée, ces renseignements que tout le monde est censé savoir, qu'on ignore toujours, et où l'on puise d'un seul regard tant d'idées. J'y vois que la Chine a 13 kilomètres de chemins de fer, et l'Union américaine 242,000; je comprends sans autre commentaire la marche actuelle de la civilisation autour de ce globe. Je regarde le chiffre du mouvement commercial pour l'Angleterre; il est double de celui que l'Allemagne et la France réunies alignent au-dessous, supérieur aux chiffres additionnés de tous les peuples extraeuropéens, si l'on défalque de ces derniers les colonies britanniques; ces quelques nombres suffisent pour m'expliquer l'histoire et la politique de l'Angleterre. Un autre tableau me rappelle qu'il y a près de 500 millions de bouddhistes, le tiers de l'humanité; cela augmente ma considération pour le Bouddha de bronze qui sourit dans le vestibule des Arts libéraux.

Cela m'enhardit aussi à présenter une requête aux

créateurs du globe : j'aimerais qu'au lieu d'être posé sur ce modeste socle de tôle, il fût porté par un éléphant, que porterait une tortue. Mais je n'insiste pas, mon vœu est d'exécution difficile; et puis, on n'aurait qu'à me demander qui porterait la tortue. En revanche, j'insisterais pour trouver à l'entrée la reproduction de quelque ancienne sphère terrestre; par exemple, la célèbre mappemonde de Martin Béhaïm, conservée au musée de Nuremberg, et qui nous montre l'univers des gens de 1492, au moment où Colomb s'embarquait. Ce jalon historique devrait être ici, de même qu'on devrait figurer ailleurs le mannequin anatomique sur lequel travaillait Harvey, à côté de celui qui sert aux élèves de Claude Bernard et de Broca. Ces témoins apprendraient aux découragés que les pauvres modernes, si facilement sacrifiés aux anciens, ont fait en trois ou quatre siècles, dans la connaissance exacte du monde et de l'homme, dix fois, vingt fois plus de chemin qu'on n'en avait fait durant six mille ans.

A peine quelques vides, quelques incertitudes sur notre sphère. L'Afrique se défend encore : on marche un instant devant sa zone équatoriale sans rencontrer un nom. Un peu de patience; savez-vous bien que sur ce globe, depuis trois mois qu'il est en place, on a déjà remanié deux fois l'Afrique, pour la tenir au courant des dernières investigations? Ce qui saisit le regard, tout d'abord, et raffermit le courage, c'est le solide réseau où la terre est prisonnière, rails, fils télégraphiques, sillages de navires; c'est la direction constante de ces veines et de ces artères, rapportant ou puisant la vie au cœur de ce grand corps dans la petite Europe, au cœur de l'Europe dans la France, au cœur de la France dans ce minuscule Paris, qui couvre un centimètre carré. Un seul coup d'œil montre tous les efforts de la nature et tous les efforts de l'histoire conspirant à centraliser la vie sur ce point. Soyons modestes, ne le disons pas trop : Marseille n'aurait qu'à être jalouse, sans parler des autres! Observons plutôt les dernières mailles du filet, qui tendent à s'accrocher ailleurs, et resserrons les mailles chez nous. — Mais j'oublie d'épuiser mes réclamations. Je voudrais voir en Asie l'itinéraire de Marco-Polo, à côté des voyages plus récents; le Vénitien a tracé la route d'où ses successeurs ne se sont guère écartés. J'ai demandé l'indication des gisements de pétrole, si curieux dans leur disposition annulaire autour du globe. On m'a promis le pétrole. Je m'arrête. Que de choses j'aurais encore à réclamer sur la Terre!

Qu'on ne se récrie pas sur mon faible pour ce grand joujou. Par des moyens très puérils, je l'accorde, il suggère des pensées graves, rectifie des erreurs et consolide des certitudes. A ceux même qui n'ont pas la passion de la planète, je dirai qu'aucun théâtre ne peut leur offrir une source de jouissances aussi abondante. Qu'ils écoutent le public. On n'imagine pas combien l'homme livre le fond de son âme, en présence de la Terre, comme elle fait apparaître la diversité des esprits. Vous entendez là actuellement tous les dialectes, ce qui ne manque pas de couleur locale; et tous les discours sont à retenir. Des visiteurs se donnent un but. Les aventureux refont la route d'un grand navigateur : les uns s'embarquent résolument avec Dumont d'Urville, d'autres préfèrent La Pérouse. Une société s'était attachée aux pas de M. Bonvalot; accroupis sur le bord du balcon, les explorateurs fouillaient les replis du Pamir, et ils échangeaient des vues sur cette contrée. D'aucuns proposent au gardien des rectifications, d'après les dires d'un ami qui a voyagé. Il est instructif de suivre du haut en bas les familles qui accomplissent leur périple. Après quelques expériences, on peut établir la moyenne des connaissances géographiques d'une famille française en 1889. Elle part du pôle, non sans avoir disputé sur la possibilité d'y naviguer. La Sibérie l'étonne par son étendue; et ce nom seul communique un petit frisson aux dames. Elle est déçue par l'exiguïté du Japon : une personne lui trouvait la forme d'une pieuvre. Devant le Tonkin, les opinions politiques s'accusent. La Chine effraye, l'Afrique attire, l'Australie laisse indifférent. Aux pays peu fréquentés, on cherche une ville vaguement située dans la mémoire; on tient conseil, des membres de la famille se détachent en reconnaissance de divers côtés. Deux points entre tous accaparent l'attention : Panama et Sainte-Hélène. On s'attriste à l'isthme, on s'apitoie à l'île : « Ce pauvre Napoléon ! » — Et l'indignation se réveille contre l'Anglais, vivace, injurieuse. La proportion des eaux surprend, elle arrache cette exclamation : « Que d'eau ! que d'eau ! » Le Pacifique surtout a un succès d'épouvante. En le traversant dans sa plus grande largeur, des femmes hâtent le pas, elles ressentent un léger malaise. Et l'on voit la famille s'arrêter avec soulagement devant un récif de l'archipel des Amis.

Ainsi l'humanité circule autour du globe, drôle ou touchante. Lors de ma dernière visite, un ménage monta dans l'ascenseur. L'homme, sur le déclin de l'âge, tirait la jambe; sa femme l'aidait. — « Pour un vieux gabier, c'est honteux de monter là dedans », disait-il. Quand nous passâmes sur le balcon, je me rapprochai de l'ancien matelot. Les Océans ne l'étonnaient pas, lui. Son œil éteint se dilata pour embrasser ces étendues vertes qui sentaient la mer. Il le connaissait, ce globe, il l'avait vu tourner plus d'une fois sous ses pieds nus, cramponnés aux échelles des haubans. Il refaisait à sa compagne le récit des longues routes d'autrefois; elle les connaissait aussi, son cœur inquiet les avait souvent apprises sur la carte du port. Le gabier expliquait d'un ton docte les escales lointaines, les pays risibles où l'on ne mange pas notre pain, où l'on ne boit pas notre vin. Sa voix en parlait avec mépris, son regard les cherchait avec tendresse. Il s'éloigna lentement, de son pas boiteux, en retournant la tête vers l'hémisphère où il y avait le plus de mer.

III

LE PALAIS DE LA FORCE.

15 juillet.

Rentrons dans la galerie des machines, non plus pour en considérer la structure, mais pour observer ce qu'on fait dans la maison de fer. Accoudons-nous au balcon de l'étage supérieur ou prenons place sur l'un des ponts roulants, et regardons au-dessous de nous.

Si quelque parfait désœuvré vient d'aventure flâner en ce lieu, j'imagine que cet inutile brûleur d'oxygène y ressentira un léger malaise en faisant retour sur lui-même, tant la loi universelle du travail se révèle ici visible et vivante. Partout où tombe le regard, dans les profondeurs de l'immense vaisseau, les machines sont en travail. D'une extrémité à l'autre, les arbres de couche tournent sous nos pieds; on dirait les moelles épinières de cet organisme. Comme un réseau de nerfs, les courroies de transmission s'en détachent; elles communiquent une même vie aux milliers de membres qui s'emploient à des tâches diverses; les bras mécaniques façonnent les métaux, tissent les étoffes, préparent les aliments, allument les lampes; ils cousent, impriment, gravent, sculptent, ils se ploient à toutes les besognes, aux plus pénibles et aux plus délicates. Du poste élevé où nous sommes, on ne distingue pas le détail de leurs opérations; on ne saisit que le mouvement confus de cette foule d'automates; bielle ou piston, chaque individu y poursuit son dessein particulier, dans le bruit et l'affairement collectif de la masse. C'est comme un dédoublement de la foule humaine qui circule sur ces huit hectares et remplit tout l'espace vide entre les emplacements des machines; à certains jours, le regard se promène sur dix mille personnes, plus peut-être. Ce spectacle évoque dans la mémoire d'anciennes images, les miniatures naïves des manuscrits, ou les tailles-douces que nos yeux d'enfants admiraient au frontispice des vieilles bibles : la construction de l'arche, de Babel, du Temple de Salomon, ces tableaux symboliques où les artistes d'autrefois aimaient à représenter des multitudes dans les grandes scènes du labeur humain. Le diorama de la galerie nous rend ce que ces artistes excellaient à traduire, l'impression de la diversité dans l'unité du travail.

Mais combien les formes de ce travail ont changé! Combien son intensité s'est accrue! L'homme n'est plus au premier plan, avec le pauvre et rude effort de ses muscles, directement appliqué au petit outil individuel. Il se dissimule derrière l'esclave mécanique, il le gouverne d'un geste. Dans ces réservoirs de tôle et sur ces fils de cuivre, il a capté les forces vives de la nature; il joue avec ces puissances soumises, il les transforme et les distribue à son gré. Chaque jour ramène ici deux moments qui rendent plus sensible la majesté du lieu : l'heure où l'homme déchaîne la force, l'heure où il la refrène.

Il est midi : les lourdes machines dorment encore, tout est immobile, silencieux. Un coup de sifflet retentit, puis un grand rugissement de la force délivrée; d'un bout à l'autre de la galerie, en quelques secondes, elle court et communique le mouvement aux rouages, qui entrent en branle. Avec chacun de ces rouages, le mouvement diffère d'application et de vitesse, et pourtant tous lui conservent un caractère uniforme qui le distingue des mouvements humains. Dans les uns il est très lent, mais sans donner à l'œil une sensation de paresse ou de lassitude; très rapide dans les autres, il ne paraît jamais violent ni précipité. Il est toujours rythmique, doux et moelleux, avec quelque chose d'implacable sous cette douceur. Observez un homme rassemblant toute son énergie par un effort véhément, pour asséner le coup de hache qui fendra l'arbre, le coup de pic qui brisera la roche; regardez ensuite ce piston, si régulier dans son invariable champ de parcours; la tranquillité continue de ce bras d'acier est mille fois plus effrayante, plus inexorable que la violence momentanée de cette main de chair. C'est l'image du travail moderne, accompli par la nature contre elle-même, pour le service de l'homme. C'est aussi l'image de l'état social créé par ce travail, de « la loi de fer » modelée sur le jeu impassible de cette mécanique.

Six heures. Un nouveau coup de sifflet, un nouveau rugissement de la force qu'on entrave. Docile, elle obéit; elle s'évanouit aussi soudainement qu'elle s'éveilla et va se reperdre dans les éléments d'où on l'avait suscitée. Les rouages se ralentissent, s'arrêtent. Rien ici de la fatigue qu'on remarque dans les bras du travailleur, quand la nuit fait tomber l'outil de ses mains; c'est plutôt l'arrêt sur tous les membres d'un cheval de sang, encore plein d'action, quand on pèse brusquement sur le mors; rendez-lui les rênes, il repartirait de plus belle.

Mais l'homme a décidé que la force avait fini sa journée; sur cette aire où le bruit et le mouvement nous étourdissaient, il y a quelques minutes, tout est rentré dans le repos, dans le silence. Les machines sont enchantées jusqu'à demain.

Avant qu'elles se rendorment, descendons de notre observatoire et parcourons quelques rues, quelques quartiers de la ville industrielle. Chacun des grands agents de la force a le sien, dans cette cité type; ainsi les différents corps de métier se partageaient les villes de l'ancien temps et continuent de se partager aujourd'hui les villes de l'Orient. D'abord, le quartier de la houille, de la vieille force emmagasinée dans le sein de la terre; réserve calculée depuis de longs siècles pour suffire aux besoins de la période de transition où nous sommes, jusqu'au moment où nous serons mieux instruits à maîtriser les forces libres qui nous environnent. Ne semble-t-il pas que le Père commun, agissant par son soleil, nous ait préparé d'avance cette énergie concentrée, comme la mère prépare la seule nourriture utile à son enfant, durant les mois où il ne sait pas encore conquérir sur le monde les divers aliments qui soutiendront sa vie? Ce coin de la galerie reporte l'imagination à Anzin ou à Saint-Étienne; tout le long de la rue, des plans en relief et en creux, ingénieusement combinés, permettent au regard de descendre dans le fond de nos grandes mines, d'y étudier la disposition des couches, la vie souterraine du mineur, les procédés d'extraction. On suit le bloc de charbon jusque sur le carreau où la benne le décharge, et de là dans les canaux, sur le chaland qui l'emporte. Accompagnons ce bloc dans le vaste quartier qui empiète forcément sur tous les autres, celui de la mécanique. Le charbon, transformé en vapeur, travaille dans tous ces cylindres.

A la place d'honneur, trois vitrines historiques renferment une série de petits modèles; ce sont les types des principaux appareils nés successivement des découvertes de la mécanique appliquée à l'industrie, avec les noms des inventeurs, depuis Denys Papin jusqu'à Foucault. On sait qu'avant d'être relevé sur ce livre d'or, plus d'un, parmi ces noms, a figuré sur l'obituaire des maisons de fous et des hôpitaux. Qui passerait indifférent devant ces vitrines? Poètes, laissez votre songerie s'y poser un instant; dans ces arrangements de roues et de leviers, d'autres songeurs ont dépensé autant d'imagination qu'un Homère ou un Shakespeare dans leurs arrangements de mots. Gens de la pensée pure, si l'on vous dit que la méditation déroge en s'abaissant à ces emplois pratiques, lisez le nom de Pascal, notre maître; il a travaillé là à sa presse hydraulique. Ouvrier qui conduis le métier voisin, viens apprendre à les vénérer, ces bons révolutionnaires, les seuls qui aient vraiment fait quelque chose pour ta libération, qui aient souffert pour toi et ne t'aient pas menti.

On aperçoit souvent, autour de ces engins simulés ou devant une machine à vapeur en action, les chemises bleues et les figures rieuses d'une bande d'âniers du Caire. Ils sont grands péripatéticiens, grands curieux, ces enfants fellahs. Rien ne les étonne, et lorsque nous nous rencontrons, je suis toujours plus émerveillé qu'eux, en revoyant ici ceux qui m'ont tant de fois conduit sur la berge limoneuse de Boulaq ou dans le sentier sablonneux de Saqqarah. Quand on prend le croquis d'une pyramide, là-bas, on fait placer l'un d'eux au pied du monument; il sert de point de comparaison pour apprécier l'échelle des hauteurs. Sans le savoir, ils tiennent ici le même emploi. Ils reportent la pensée aux méthodes rudimentaires de leurs ancêtres, au *châdouf* et à la *sakyé*, qui sont encore chez leurs frères le dernier mot de la mécanique; et ils servent de jalons pour mesurer l'ascension du génie humain jusqu'aux sommets où nos savants l'ont porté. De même, parmi les gens de toute race que l'on croise dans la galerie, ce nègre du Soudan, arrêté devant la chaudière où l'on enfourne le charbon. Celui-là s'agenouillerait, s'il savait combien il doit bénir l'esclave minéral que nous lui avons substitué; nous chargeons ce dernier à la place du nègre, dans l'entrepont des bateaux où l'on amarrait les cargaisons de chair noire, nous l'allons vendre sur tous les marchés du monde où l'on réclame l'instrument de travail qu'était jadis le Soudanais.

Continuons notre promenade. Les exotiques l'ont retardée, ils la retarderont souvent encore. On les rencontre à chaque pas, et chaque fois qu'on les rencontre, l'histoire en prend occasion pour ressaisir notre esprit, pour lui remémorer d'où il est parti, où il est arrivé. Nos hôtes sont distribués dans l'Exposition comme les degrés du méridien sur un globe terrestre, rappels incessants des mesures du temps et de l'espace dans le monde que nous étudions.

Voici le quartier de l'électricité, où nous reviendrons dans un instant; celui des moteurs hydrauliques; celui du gaz, de la houille transformée en lumière, de la lumière retransformée en agent de travail. Plus loin, un petit district pour l'air comprimé, un autre pour le pétrole, ce nouveau venu de grande ambition et de grand avenir. Il a quinze ou vingt ans d'âge, au plus, et il aspire à la conquête du monde industriel au profit de ses deux patries, l'Amérique et la Russie. Vous pouvez voir son quartier général dans la rotonde du bord de l'eau, au débouché du pont d'Iéna; on y retrouve un panorama fidèle de Bakou, la ville du feu, bâtie sur le lac souterrain de naphte qui vomit ses éruptions dans la Caspienne, qui couronne presque chaque nuit la ville d'un dais de lumière et la menace du sort de Sodome. J'ai lu dans une statistique de M. Maxime Du Camp qu'il y avait à Paris deux Parsis, adorateurs du feu, et qu'ils allaient de temps à autre faire leurs dévotions au soleil levant, sur le sommet de Montmartre. Ces disciples de Zoroastre peuvent venir aujourd'hui accomplir les rites guèbres dans la rotonde du Champ de Mars, devant l'image de la fontaine sacrée. L'an dernier, quand je visitai à Bakou leur temple métropolitain, il n'y avait plus ni prêtre ni fidèles dans cette ruine, devenue la dépendance d'une usine à pétrole. Décidément, Paris est encore le dernier refuge des dieux comme des rois en exil.

A l'extrémité occidentale de la galerie, nous passons dans le département des chemins de fer, vaste et riche, comme il convient à ces hauts et puissants seigneurs. Ici la vapeur, productrice dans les machines précédentes, devient messagère; elle emporte et fait circuler tout ce qu'elle a produit avec ses autres engins. L'exposition des chemins de fer est des plus intéressantes; à l'étage supérieur, les ingénieurs de ce service ont accumulé les témoignages de leur labeur constant pour le perfectionnement des transports; plans et tableaux graphiques, modèles des grands ouvrages d'art, des gares, dispositifs nouveaux pour assurer aux trains toujours plus de vitesse et de sécurité. On s'est même inquiété, le croiriez-vous? des aises du voyageur. Admirons ces nombreux types de wagons, aux installations commodes, spacieuses; ils semblent nous promettre la mise en réforme des véhicules pénitentiaires où l'on charrie habituellement, en France, les détenus pour cause de voyage. Admirons vite ces belles voitures, avant que les compagnies les rentrent dans leurs dépôts. Des sceptiques prétendent que nous ne les reverrons plus. Mais peut-être nos petits-enfants, s'ils vivent très vieux...

On n'attend pas que je passe en revue toutes les applications de ces forces. J'entends dire aux gens compétents que les machines n'offrent rien de neuf et d'instructif pour le spécialiste, à cette Exposition. C'est possible, mais tout est nouveau à qui ne sait pas. Depuis 1878, une génération est venue à l'âge d'homme; la plupart des jeunes visiteurs n'ont jamais eu le loisir ou l'occasion de voir fonctionner le grand outillage mécanique et les métiers; ils s'en rendent compte ici pour la première fois. Une invention au moins est nouvelle et peut faire concevoir de belles espérances à l'une de nos industries nationales; c'est l'essai de M. de Chardonnet pour fabriquer la soie avec la cellulose. Ce que le ver à soie fait avec la feuille de mûrier, dans les élevages où cet insecte valétudinaire consent encore à travailler, de petits tubes capillaires le font ici avec une dissolution de fibres de sapin; ils sécrètent un brin de fil qui s'enroule

sur les bobines. Une vitrine justifie les assertions de l'inventeur; elle expose des pièces d'étoffe tissées avec ce fil. Si le procédé est viable, ce dont la pratique décidera, la Chine n'a qu'à se bien tenir; les fabriques lyonnaises trouveront leur matière première dans la forêt la plus proche.

A moins toutefois que cette forêt ne soit déjà débitée par les papetiers. Ces industriels ont comploté de métamorphoser la nature en rames de papier. Les arbres, les céréales, les légumes et les fleurs, ils jettent toute la parure de la terre dans leurs chaudières, et tout devient le rouleau sans fin que l'imprimerie dévore. Devant leurs installations, on a le cauchemar d'une France réduite en pâte pour les exigences du journalisme, laminée en un grand linceul blanc, où l'on imprimerait sans relâche des myriades de lettres et de syllabes, afin de mieux décrire et de mieux expliquer les choses qui n'existeraient plus, l'analyse ayant eu besoin de leur poussière pour ses développements. Cauchemar assez conforme aux directions que prend la vie réelle. La foule stationne à l'entour des papeteries, attenantes à une presse, et je comprends cette préférence des curieux; nulle vision n'est plus révélatrice. Un filet d'eau sale tombe du premier réservoir; dans ses chutes successives, cette eau devient écume, mince pellicule, feuille déjà résistante que les cylindres recueillent, enroulent, sèchent, durcissent, qu'ils jettent enfin sur un dernier rouleau, où elle reçoit l'empreinte de la presse rotative, et d'où elle sort journal du matin. En quelques minutes, la goutte d'eau sale est devenue « un organe de l'opinion », le grand instituteur, le grand juge, le seul pouvoir effectif et obéi qui subsiste dans ce pays. Approchez-vous aux heures où l'engin de gouvernement fonctionne, le spectacle en vaut la peine. La foule s'écrase, des bras se tendent, — beaucoup de bras d'enfants, — vers la machine qui élabore cette pâture, comme ils se tendraient en un moment de famine vers le four du boulanger. On s'arrache les feuilles humides, distribuées gratuitement; les yeux en absorbent la substance, et comme ils s'étaient gravés sur ce cliché de plomb, les caractères se gravent dans les cerveaux, éveillant des idées, déterminant des actes. Tant que l'enchaînement des effets aux causes demeurera une notion certaine, aucun sophisme ne prévaudra contre cette évidence : la responsabilité du rouleau de plomb dans les pensées de ces cerveaux, engendrant des actes.

On voudrait amener ici tous ceux qui ont jamais touché à la machine divine et infernale, au semoir d'idées; il serait à plaindre, l'homme qui ne ferait pas réflexion sur le pouvoir redoutable qu'il assume, sur l'effet de ces mots, jetés à la hâte au compositeur, devenus irrévocables dans le moule du clicheur. Il y a, aux Beaux-Arts, une petite toile de Charlet, émouvante comme tous les tableaux de ce peintre. Un soir de bataille, au sommet d'une colline, dans la lumière du couchant, l'Empereur est immobile sur sa selle; le regard pensif du grand capitaine compte les morts couchés dans la plaine par sa volonté du jour. Sans être un grand capitaine, celui qui a manié l'arme dont nous surprenons à cette place le jeu rapide et sûr, celui-là doit parfois se demander, le soir : « Quel droit avais-je sur ces âmes? Ai-je dit la vérité? Et croyant la tenir, ai-je bien fait de la dire? Comment me jugera l'éternelle justice? »

Revenons à la classe 62, à l'électricité. Voici, dans ce palais de la science et de l'industrie, la grande, l'incontestable nouveauté. Elle suffirait à expliquer le ralentissement dans le progrès des machines thermiques, comme si la pensée des inventeurs abandonnait ces dernières. Par cette classe 62, l'Exposition de 1889 marquera une date dans l'histoire du monde.

Il y a quinze ans, en 1874, je rencontrai sur un paquebot du Levant M. Denayrouze; en descendant à Paris, il m'engagea à aller voir dans un petit atelier du boulevard Voltaire un Russe qui lui avait apporté une idée et qui travaillait à la réaliser. Je trouvai là M. Jablochkoff, en train de monter sur un modeste établi sa première bougie électrique; il m'expliqua son système, comme un inventeur à brevet explique, de façon que l'on comprenne tout dans sa trouvaille, excepté le point capital. Des difficultés l'arrêtaient encore, mais il paraissait plein de confiance dans la réussite finale. En effet, peu de temps après, les globes Jablochkoff versaient sur quelques points de Paris leur clarté violacée, encore sujette alors à de subites faiblesses et à des éclipses momentanées. Depuis lors, la bougie du Russe a fait école, elle ne compte plus ses rivales françaises et américaines. La lumière neuve éclaire presque seule la ville du Champ de Mars; elle va partout, dans ce monde en miniature, comme elle ira bientôt dans le monde véritable; on la voit luire dans le bazar de l'Annamite, sur les huttes du Canaque et de l'Okandaïs. Du premier coup d'œil, par la seule inspection des larges emplacements attribués dans la galerie à l'électricité, on peut mesurer la situation qu'elle s'est faite dans le domaine industriel. Cependant les stations qui concourent au service de l'éclairage et à l'illumination quotidienne ne se trouvent pas ici; elles sont réparties en cinq groupes sur le pourtour de l'Exposition. Presque tous les appareils disséminés dans la galerie n'y figurent que pour l'exhibition; les cordons de lumière qui brûlent en plein jour autour de ces appareils ne servent qu'à décharger une petite quantité de la force sans emploi. Et l'éclairage, s'il est encore la principale application de cette force, n'est plus son unique souci; elle se propose de supplanter ses aînées dans toutes les autres branches du travail.

Regardez, bien en évidence dans la travée centrale de la nef, cette machine qui rappelle par sa forme la roue du gouvernail sur un navire; encore quelque temps, et la comparaison sera plus frappante, quand ce gouvernail imprimera le mouvement à toute l'usine. C'est la dynamo, — accordons à ce vocable nouveau la place qu'il saura bien se faire, — le type le plus fréquent de la machine électro-magnétique.

Celle-ci développe une puissance de 250 chevaux; cette autre, plus loin, fournirait 500 chevaux. Grands ou petits, nous retrouvons partout ces couples de bobines sous leur armature de fils goudronnés; ils se mêlent aux lourdes machines à vapeur, ils s'insinuent entre les volants et s'accrochent aux courroies, comme une armée d'invasion résolue à asservir ces colosses. Et c'est bien là, — retenons ce fait capital, — la tendance actuelle de l'électricité : asservir la machine à vapeur,

4.

en attendant qu'on puisse s'en passer; lui dérober sa force fatale, limitée à un court rayon d'action, pour la transformer en une force plus subtile, plus maniable, plus semblable de tout point à la force nerveuse de l'homme. Le physicien anglais Joule avait déjà remarqué que l'animal ressemble à une machine électro-magnétique plutôt qu'à une machine thermique. Cette assimilation ressort de tout ce que nous apprennent les électriciens sur les mouvements de l'âme nouvelle qu'ils veulent donner au travail mécanique; ceci n'est point une métaphore arbitraire; je crois juste de dire que le travail va changer d'âme. D'après ceux qui l'étudient, l'énergie électrique est spasmodique, dans l'appareil le mieux réglé; elle a, comme celle de l'homme, des sursauts et des défaillances; si l'on demande à la dynamo un travail au-dessus de ses moyens, elle le donne, mais elle marque ensuite sa lassitude; on la croirait douée d'intelligence, car elle mesure d'elle-même son effort aux dépenses variables que les circonstances exigent. En cas de danger subit, s'il faut, par exemple, réagir sur le moteur à vapeur qui l'actionne pour arrêter net ce dernier, elle développera durant quelques instants une puissance double, triple de celle que le constructeur a prévue, sauf à s'affaisser ensuite, tout comme l'être humain en pareille occurrence. Je signalais plus haut la dynamo de 500 chevaux de force, construite par M. Hillairet[1] pour M. Marcel Deprez; elle reçoit son

---

[1] Je ne veux pas écrire le nom de M. Hillairet sans le remercier de l'aide qu'il m'a donnée pour ce travail; si j'ai pu, comme je l'espère, éviter les erreurs matérielles, j'en suis uniquement redevable aux conseils de mon savant ami.

mouvement du géant voisin, le grand moteur à vapeur de M. Farcot, qui peut développer jusqu'à 1,500 chevaux. Supposons, — l'expérience a été faite ailleurs, — un accident survenant au moteur; la dynamo retournera contre ce dernier la force qu'elle en tirait, et son énergie soudainement accrue suffira à enrayer l'énorme volant. Une comparaison tirée d'idées plus familières, et pourtant rigoureusement exacte, fera mieux comprendre l'opération : imaginez le choc d'un régiment de cavalerie neutralisant le choc adverse de trois régiments.

Pour beaucoup d'usages industriels, la dynamo s'est déjà interposée entre le moteur à vapeur et l'outil spécial du métier. Elle fait manœuvrer des treuils, des cabestans, des marteaux-pilons, des machines à river, à perforer. L'électricité soude les métaux, elle pousse sur nos têtes les ponts roulants; ici elle actionne des wagonnets; là elle fait tourner l'hélice d'un bateau. Je ne rappelle que pour mémoire ses applications à l'acoustique, le téléphone, le phonographe, les appareils déjà populaires qu'on voit fonctionner dans l'exposition de M. Edison. Elle travaille partout dans la galerie, et elle s'en échappe pour aller travailler au loin. Depuis les essais de M. Marcel Deprez, les recherches pratiques des électriciens ont pour principal objet la transmission du travail mécanique à distance. On en voit ici un exemple. Une dynamo transmet à sa sœur jumelle, placée dans la section agricole du quai d'Orsay, à un kilomètre et demi du palais, la force que cette dernière distribue aux machines de l'agriculture. Dans ce petit trajet, la perte d'énergie est presque nulle, 6 à 7 pour 100. — Nous allons là-bas « recevoir la force » que nous avions vu accumuler dans la galerie. Elle bat et vanne le blé, dans les engins qui simulent à vide les travaux des champs. Ils consomment une très faible quantité de travail. Mais voici qu'on commence à débiter des madriers dans une scierie mécanique, au pont de l'Alma ; du coup la consommation de force est doublée ; cependant il n'a pas été nécessaire de demander au bout du Champ de Mars un envoi supplémentaire, et le surveillant de la dynamo n'a point à intervenir ; elle donne d'elle-même, instantanément, l'excédent de labeur que la réceptrice réclame.

Nous venons de voir comment la dynamo emprunte aujourd'hui son énergie au moteur à vapeur. Ce n'est là, pour l'électricité, qu'une période transitoire, une étape en espérant mieux. Son idéal, c'est d'aller puiser directement cette énergie aux grandes sources de force naturelles, aux chutes et aux cours d'eau, d'abord ; plus tard, elle apprendra peut-être à saisir et à transformer dans ses fils les autres mouvements élémentaires qui agissent à la surface du globe. Déjà réalisé en Suisse, sur quelques points de notre Dauphiné, dans les régions montagneuses où les chutes sont proches et puissantes, cet idéal est contrarié ailleurs par des difficultés de détail. Les électriciens sont unanimes à affirmer qu'ils triompheront bientôt de ces derniers obstacles. Quand on cause avec eux, on recueille cette impression : depuis quelques années, ils ont travaillé en silence, lutté contre des problèmes qui paraissaient insolubles ; le moment est venu où ils se sentent maîtres de leur terrain, et sur le bord de nouvelles découvertes dont les résultats seront incalculables. Leur foi prédit, et à très bref délai, une révolution radicale dans les moyens de locomotion, dans l'outillage industriel, et par suite dans les conditions économiques du travail, le jour où le transport et la division de la force permettront de la distribuer partout à domicile. Je me refuse à conter ici leurs espérances; en accordant la plus petite place au rêve, fût-il prophétique, je risquerais de faire naître un doute sur ce que je rapporte des conquêtes acquises et déjà considérables.

Je demande grâce pour ces détails techniques, encore arides et peu accessibles à la plupart d'entre nous; telles furent pour nos pères, il n'y a pas si longtemps, les notions nouvelles sur la vapeur, notions aujourd'hui familières à tous. Nos yeux, notre esprit et notre langage se sont accoutumés à la locomotive, à ses organes, à ses comptes en chevaux-vapeur. Ainsi, dans un prochain avenir, chacun sera familiarisé avec les types usuels de la dynamo, avec le fonctionnement de ses courants, avec la nomenclature excellente d'une science qui emprunte à d'illustres ancêtres ses dénominations, les Ampère, les Volt... D'ailleurs, si je m'attarde dans cette merveilleuse classe 62, c'est parce que tout y suggère des indications de philosophie générale bien faites pour contenter l'intelligence.

Avant d'arriver dans cette galerie, nous en avons traversé beaucoup d'autres où l'industrie a rassemblé tout ce qu'elle est capable de produire, les innombrables créations, utiles ou belles, dont le génie humain se fait honneur. Ces galeries vassales viennent aboutir à leur suzeraine, au foyer central du travail, si logiquement situé derrière l'Exposition des produits. Depuis l'entrée du Champ de Mars, le visiteur a vu un abrégé du monde ; voici le laboratoire où l'on façonne ce monde, avec les métiers et les outils requis pour cette tâche. Ces métiers et ces outils sont mus par les forces de la nature. Mais il est temps de réformer un mauvais langage et de dire avec les gens de savoir : ils sont mus par la force unique, par l'énergie.

Depuis quarante ans, tous les progrès des sciences physiques concourent à établir un petit nombre de vérités capitales, aujourd'hui hors de contestation pour la philosophie naturelle. L'énergie est une, comme la matière. L'axiome : « Rien ne se crée, rien ne se perd », est vrai de la première comme de la seconde. La loi de la conservation de l'énergie, toujours en quantité égale dans l'univers, toujours restituée dans son intégrité en achevant le cycle des transformations qu'on lui fait subir, cette loi est peut-être la plus belle conquête de la science contemporaine. L'énergie unique imprime le mouvement à la matière ; il se manifeste à nous sous des modes différents que nous appelons chaleur, lumière, électricité. Ces termes subsisteront sans doute pour la commodité du langage ; mais avant peu, quand on essayera de se représenter les entités distinctes, irréductibles les unes aux autres, qu'ils signifièrent si longtemps pour nous, on sourira comme nous sourions, quand nous trouvons dans les traités des anciens l'univers divisé en quatre éléments : le feu, l'air, la terre et l'eau[1]. — Ces

---

[1] J'assistais, ces jours derniers, dans le laboratoire de la Société Internationale des électriciens, aux curieuses expériences instituées par le professeur Herz et reproduites en France par M. Joubert, en confirmation d'une théorie de Maxwell. Ces expériences apportent une preuve nouvelle de l'identité de la lumière et de

divers états de l'énergie ne sont que des transformations : la nature les accomplit librement dans son domaine; l'homme est parvenu à l'imiter, il reproduit et règle ces transformations pour en tirer le travail approprié à ses différents besoins. Dans ce grand laboratoire de la force prisonnière, derrière ces machines qu'elle anime, nous apercevons l'ouvrier chétif qui la dirige et la transforme à sa fantaisie, en pesant du doigt sur un ressort. Comment y parvient-il? Ce n'est pas, à coup sûr, par le ridicule excédent d'énergie physique qu'il additionne à cette force, surabondante pour broyer des milliers d'êtres comme lui. — C'est par le calcul, par l'intelligence, c'est-à-dire par l'énergie morale.

Jusqu'à ce point, les sciences physiques nous suffisaient pour la recherche des causes; elles nous abandonnent ici, leur prudence se refuse à quitter le terrain des phénomènes qui tombent sous l'observation directe. Mais notre libre spéculation a le droit de pousser plus loin, tout en gardant les méthodes de ces sciences, en transportant dans le monde moral les lois qu'elles ont assignées au monde matériel. L'énergie morale est une,

l'électricité, dans leur mode de propagation à travers les milieux. Sans fil conducteur, sans aucun intermédiaire, par le simple rayonnement d'un foyer d'où émanent des ondes électriques, on obtient des étincelles en rapprochant deux pièces de monnaie, sur tous les points de la salle, dans les salles suivantes, et jusque dans la cour du laboratoire. Ainsi, pour la première fois, nous parvenons à constater la présence et le mode de propagation de l'électricité sans le secours d'un corps solide qui la porte. Un miroir incliné, placé dans l'axe du foyer, donne des réflexions d'électricité pareilles à celles de la lumière. Les calculs approximatifs qu'on a pu établir d'après ces expériences confirment les anciens calculs théoriques, qui donnaient des chiffres identiques pour les vitesses des ondes lumineuses et des ondes électriques.

elle aussi, avec la même capacité de transformations, d'applications variées. Est-elle de même nature que l'énergie physique? En diffère-t-elle essentiellement? Peut-elle seulement se prévaloir d'une supériorité qualitative sur cette dernière, comme le travail mécanique sur la chaleur [1]? — Peu nous importe; à cette heure, nous cherchons toujours plus avant la source première de l'énergie, sans nous inquiéter de sa nature, inaccessible à nos investigations. Or, derrière l'énergie physique, agent universel du travail, nous avons trouvé l'énergie morale de l'homme, qui a pouvoir d'adapter cet agent à un travail plus utile, déterminé en vue de certains besoins. Mais pas plus que l'autre, cette énergie morale n'a sa source en elle-même; bien que incomparablement plus perfectionnée, la machine spirituelle n'est pas abso-

---

[1] Il est intéressant de constater que la science la plus sage, la plus émancipée de préjugés, la mieux précautionnée contre toute intrusion de la métaphysique, n'échappe pas à la nécessité d'introduire dans son vocabulaire des expressions, et partant des idées purement morales. Le professeur Tait, au cours d'une des leçons magistrales où il discute la question de l'équivalence dans les transformations de l'énergie physique, est amené à s'exprimer ainsi : « Pourquoi une certaine quantité de travail ou d'énergie potentielle peut-elle être totalement transformée en chaleur, et, cette transformation une fois effectuée, pourquoi ne peut-on plus reconvertir qu'une partie de la chaleur en forme supérieure de travail ou d'énergie potentielle? La réponse est entièrement comprise dans le mot *supérieur* que je viens de prononcer. Lorsque vous transformez une forme supérieure d'énergie en une forme inférieure, vous pouvez effectuer l'opération entièrement; mais lorsqu'il s'agit d'une transformation inverse, — de remonter, pour ainsi dire, — alors une fraction seulement, une faible fraction de l'énergie inférieure peut retourner à l'état d'énergie supérieure. » — (P.-G. TAIT, *Des progrès récents de la physique*, trad. par Krouchkoll, p. 96.) — On ne s'exprimerait pas autrement pour caractériser, en vertu des mêmes lois, les phénomènes de la vie morale, par exemple une transformation de sensibilité en volonté.

lument maîtresse de ses transformations, elle n'a pas conscience de toutes, et d'ailleurs elle n'est que la dépositaire momentanée de l'énergie qu'elle emploie; comme elle conditionne l'autre, elle doit être conditionnée à son tour par une énergie supérieure, souveraine, par une Cause unique, source première d'où émanent les deux formes d'énergie qui tombent sous notre connaissance et auxquelles nous avons ramené les lois du monde.

Buffon l'entendait ainsi, quand il disait en d'autres termes, dans son *Traité de l'aimant et de ses usages :* « Il n'y a dans la nature qu'une seule force primitive, c'est l'attraction réciproque entre toutes les parties de la matière. Cette force est une puissance émanée de la puissance divine, et seule elle a suffi pour produire le mouvement et toutes les autres forces qui animent l'univers... L'origine et l'essence de la force primitive nous seront à jamais inconnues, parce que cette force n'est pas une substance, mais une puissance qui anime la matière. » Tout ce passage sur les forces de la nature est à relire; les erreurs de détail n'y infirment pas la vérité des principes généraux, discernés par le grand homme qui eut l'intuition obscure de la plupart des systèmes accrédités aujourd'hui. — Un siècle et demi a passé; admirons comme la science indépendante, au terme de ses efforts couronnés de succès pour établir l'unité de cause dans les phénomènes de la vie, est poussée, pressée vers la nécessité logique de recourir à la Cause absolue, à la Loi primordiale d'où découlent les quelques lois simplifiées qui régissent en dernier ressort l'univers. La science loyale avoue cette nécessité; elle fait siennes les belles paroles prononcées par M. Stokes, dans une réunion de l'Association britannique, à Exeter : « Lorsque nous passons des phénomènes de la vie à ceux de l'esprit, nous entrons dans une région encore complètement mystérieuse... La science ne pourra probablement nous aider ici que fort peu, l'instrument de recherche étant lui-même l'objet de l'investigation. Elle peut seulement nous éclairer sur la profondeur de notre ignorance, et nous amener à avoir recours à un aide supérieur pour tout ce qui touche de plus près à notre bien-être. »

Je n'ai voulu qu'indiquer ici en traits sommaires les réflexions qui s'emparent de l'esprit dans le palais de la force. Je ne puis quitter ce palais sans toucher un point plus particulier; en m'y arrêtant, je répondrai du même coup à ceux qui reprendraient un profane de son incursion dans les domaines fermés de la science. Notre dernière causerie portait sur l'alliance nécessaire entre les arts et l'industrie. Un autre rapprochement est non moins désirable. Il s'est fait un divorce, tout nouveau pour l'esprit français, entre les lettres pures et les sciences appliquées. Rien n'est plus contraire aux saines traditions du dix-septième et du dix-huitième siècle. La philosophie naturelle, dans le sens étendu et nullement pédant que ce mot avait alors, faisait l'entretien habituel des honnêtes gens; l'écrivain désireux de leur plaire ne fuyait pas ces matières quand il les rencontrait sur son chemin; il était curieux des opinions du physicien et du naturaliste. En ce temps-là, M. Vapereau eût été souvent empêché pour parquer les esprits sous ses rubriques tout d'une pièce : littérateur français, savant français, philosophe français. Depuis le second quart de notre siècle, des causes multiples ont entamé ces traditions libérales. Les ouvriers du monde intellectuel se sont soumis, comme les autres, à une tyrannie que désigne un vilain mot : la *spécialisation*. Le romantisme a inculqué à ses disciples, avec la doctrine de l'art pour l'art, un mépris farouche pour toutes les applications de l'intelligence qui se proposent un but pratique. Je sais bien qu'on est revenu depuis au réalisme; le malheur a voulu que notre réalisme ne fût, le plus souvent, qu'un romantisme privé de ses ailes, travesti sous la casquette à trois ponts et dans les bottes d'égoutier. Le fâcheux régime scolaire de la bifurcation, sous lequel beaucoup d'entre nous furent élevés, a consommé la scission entre les gens de science et les gens de lettres.

Il en est résulté un rétrécissement d'horizon pour les uns et pour les autres. Tout en rendant justice à de glorieuses exceptions, on a pu regretter que les gens de science, ceux-là surtout qui se tournaient vers les applications industrielles, demeurassent trop près de terre; leurs travaux ont été parfois conduits dans un esprit durement positif, illibéral, un esprit de négation ou tout au moins d'indifférence pour les nobles problèmes qu'on ne résout pas avec une équation, pour les idées qui ne se chiffrent pas et ne rapportent rien. Et nous, les lettrés, nous avons perdu de vue les exemples que nous donnent encore quelques-uns de nos maîtres et de nos aînés; ayant pris notre parti d'ignorer tout un côté des acquisitions de notre temps, nous avons borné le domaine des idées à des querelles d'école, des questions de mots, des recherches de forme; les plus délicats d'entre nous se sont confinés dans l'analyse de leurs sensations individuelles, négligeant de renouveler ces sensations au contact du monde nouveau que le savant et l'industriel façonnaient à l'encontre de nos goûts. Quand nous avons vu que ce monde nous échappait pour suivre en masse ceux qui comprenaient ses besoins, notre humeur un peu puérile s'est aigrie contre l'ennemi-né, contre le type qui symbolise tout ce que nous excluons de la littérature : l'ingénieur est devenu pour nous ce qu'était le philistin pour nos devanciers, l'être antilittéraire par définition.

C'est là un arrêt bien sommaire contre une profession, contre un art qui est caractérisé en ces termes dans les statuts de la Société anglaise des ingénieurs civils : « l'art de diriger les grandes sources de force de la nature au plus grand profit de l'homme. » Voilà un métier qui ne doit point rabaisser ceux qui l'exercent, ni leur fermer l'entendement au sens du beau. — On ne fréquente pas l'Exposition sans rencontrer un certain nombre d'ingénieurs ; ils sont là dans leur place, sur les ouvrages où flotte leur drapeau ; pour avoir l'accès et l'intelligence de ces ouvrages, il faut bien leur demander le « Sésame, ouvre-toi ». Tout en examinant les machines, on a l'occasion de regarder dans les âmes de ceux qui les gouvernent, et, si intéressantes que soient les machines, les âmes le seront toujours davantage. J'y ai regardé à la dérobée ; je dirai franchement ce que j'ai cru y voir. Sous les singularités individuelles, un trait commun de physionomie m'est apparu. On sait où l'on va, dans ce régiment de la science active, et l'on y va allégrement, du pas vif et relevé d'une troupe en marche qui a conscience de ses victoires et bon espoir de conquérir le monde. La plupart de ces hommes ont entrepris une lourde tâche : la matière est rebelle, les problèmes sont obscurs, les ressources font défaut, plus d'un tombe sur la route; n'importe, l'allure des autres ne se ralentit pas, ils ignorent le découragement, ils comptent que la nature ne peut pas leur résister longtemps, et que tôt ou tard ils toucheront au but. Leur obstination tranquille s'explique; ils ont foi dans leur œuvre, ils se sentent portés par l'esprit qui souffle où il veut, et qui passe suivant les époques aux diverses formes de l'activité humaine, comme un vent de confiance et de succès. Cet esprit animait les gens de guerre, aux premières années de notre siècle, les novateurs littéraires vers les dernières années de la Restauration; et les politiques l'ont connu, aux belles heures d'illusion où la politique apparaissait souriante de promesses. Aujourd'hui, l'ingénieur l'a capté avec les autres sources de force. Le nom de cet esprit n'est pas difficile à trouver; c'est la vie, qui bat de ce côté à pleines artères.

J'en écoute les pulsations, et je fais un retour sur nos frères des lettres. Dans notre camp, — ce n'est pas un secret, nous le crions assez haut, — on ne connaît plus guère cette fière assurance. L'absence de but et d'idéal, le doute et le dégoût, le découragement du pessimisme, tel est le thème habituel de nos lamentations, de nos aveux en vers et en prose. Le dilettantisme nous donne encore de courtes consolations, mais la curiosité de l'Angély ne suffit pas à distraire le triste Louis XIII qui se morfond en chacun de nous. En attendant mieux, si nous élargissions le champ de cette curiosité? Si nous la portions du côté où va la vie? A ce contact, peut-être, la vie nous reviendrait. Le monde nouveau, où qu'il se tourne, aura toujours besoin de nous pour élucider le sens caché de ses évolutions. Encore faut-il nous inquiéter de le connaître et pénétrer résolument dans ce monde, dussions-nous faire le sacrifice de quelques-uns de nos raffinements. Si nous nous en éloignons de plus en plus, si nous continuons de passer indifférents devant ces merveilles, parce qu'elles ont le tort d'être utiles, et devant ceux qui les créent, parce qu'ils ont le défaut d'être pratiques, notre horoscope deviendra trop facile à tirer ; un beau jour, nous nous retournerons étonnés : il n'y aura plus personne derrière nous ; nous resterons une douzaine, dans la pagode aux mandarins ; nous échangerons nos livres entre nous, ce qui sera peu rémunérateur ; nous les vanterons en famille, ce que nous ne faisons pas toujours d'un cœur très prompt. Ce seront des temps bien durs.

Je ne préconise pas, juste ciel ! ce qu'on appelle la vulgarisation scientifique. Le mot, qui est odieux, nous prévient assez contre la chose. Il s'agit de reprendre partout notre bien, les idées générales, les préoccupations des plus actifs parmi nos contemporains, les aspects changeants du travail, leur symbolisme moral, leur poésie ; il s'agit de puiser, nous aussi, au grand réservoir de la force. Quelques gens de science, jaloux de leur privé, nous feront d'abord grise mine ; ils relèveront avec sévérité nos inadvertances ; car si l'on peut toujours avancer une sottise philosophique, parce qu'elle s'intitule une idée originale, on n'a pas le droit de risquer une hérésie scientifique, celle-ci s'appelant jusqu'à nouvel ordre une erreur. Les vrais savants ne nous en voudront pas de penser et d'imaginer, à nos risques et périls, au-dessus des sujets qu'ils approfondissent par le dessous. Aujourd'hui surtout, quand la science s'est fait une loi, très sage pour elle, de limiter rigoureusement ses recherches aux objets qui souffrent l'expérimentation, il est bon que des esprits moins retenus aillent errer autour de ses livres et de ses creusets, afin d'en reverser le contenu dans ce vieux fonds d'idées communes que l'on ne prouve jamais entièrement, et dont l'humanité a toujours besoin pour vivre.

Le mot de poésie est venu sous ma plume. Dire que la poésie renaîtra de la science et de ses applications, c'est énoncer un dogme déjà banal, accepté de tous depuis longtemps. Mais on l'accepte comme tant d'autres vérités dont on ne semble pas très sûr, sans essayer de les mettre en pratique. — L'autre soir, avant de me rendre à la galerie des machines, je relisais le *Prométhée enchaîné*, le drame souverain où Eschyle a jeté toute la philosophie et toutes les douleurs de l'humanité. Quand j'entrai dans la nef de fer, inondée de lumière et toute frissonnante sous l'haleine de l'énergie mystérieuse, il me sembla que le livre se rouvrait devant moi, ou plutôt que le drame prenait vie ; les principaux personnages étaient en scène, la Force, la Puissance, et cet éternel Prométhée, en qui le tragique grec incarnait à la fois la science et l'homme. Le dieu forgeron qui rivait l'« indestructible airain » sur les rochers du Caucase a changé de figure, mais on le reconnaît là, métamorphosé en monstre d'acier, et tout aussi poétique. Voilà, dans ces foyers, « le feu resplendissant, le don fait aux hommes ». Et ce n'est plus dans une « férule » desséchée, mais sur

ces roseaux de cuivre qu'elle luit, « l'étincelle féconde, la source de la flamme, le maître qui a enseigné aux mortels tous les arts, l'artisan de tous les biens ». Prométhée l'a dérobée au ciel une seconde fois, pour nous la rapporter plus subtile, plus inventive, plus secourable. Cette fois, il n'est pas châtié pour son bienfait. Aussi bien, je me trompais, ce n'est plus le *Prométhée enchaîné* qui est en scène, c'est l'autre drame du poète, si longtemps perdu et enfin retrouvé là, le *Prométhée délivré*. Le Titan a fait accord avec la Force et la Puissance, il ne souffre plus par elles, il les emploie à ses œuvres; à son tour, il les a liées dans le frêle réseau de ces fils magnétiques. Et le Chœur, qui plaignait l'héroïque criminel d'avoir trop aimé les hommes, tient désormais un autre langage devant la Puissance qu'il ne redoute plus : « Force, jadis hostile et fatale, sois bénie et glorifiée. Tu es l'esprit deviné par les anciens poètes, depuis Eschyle, l'esprit que Virgile sentait, agitant la masse du globe et pénétrant dans tous les membres du grand corps. Tu émanes de l'Énergie première, qui est aussi intelligence et bonté. Il semble que tu aies un reflet de son intelligence; apporte-nous un rayon de sa bonté. Il ne se peut pas que tu sois descendue des sources pures de l'univers à l'unique fin d'enfler un tas d'or dans quelques mains; sois miséricordieuse aux petits, allège leur humble tâche, fais-toi pour eux facile et douce. Redeviens terrible si nous avons besoin de ton secours pour défendre notre sol, foudre qui dispenses la vie et la mort, toi qui peux anéantir l'homme ou luire pacifique dans sa lampe de travail, éclairant ce palais où nous t'admirons, ô Force! »

IV

LES ARTS LIBÉRAUX. — L'HISTOIRE DU TRAVAIL.

1ᵉʳ août.

Dans le palais des machines, nous avons vu le travail moderne à l'apogée de sa puissance; le directeur de ce travail, l'homme, nous est apparu maître de la force par la science, maître du monde par la force. Dirigeons aujourd'hui notre promenade vers le palais des Arts libéraux : il nous montrera l'histoire du travail depuis ses premiers rudiments, les essais timides et gauches des inventions mécaniques, leurs perfectionnements successifs. Ces galeries racontent l'histoire de l'homme, depuis ses obscures origines, et comment il est lentement monté à la haute condition qui lui était promise, de la caverne où le troglodyte taillait ses silex, jusqu'au Collège de France et au Conservatoire des arts et métiers.

A l'entrée, un grand Bouddha de bois doré nous accueille. Il est bien placé là, le dieu lointain, à la lèvre indulgente et mystérieuse, à l'œil sagace et désabusé. Il nous prémunit contre l'orgueil et aussi contre les vaines apparences; il enseigne que les certitudes absolues sont rares, que le savoir a ses engouements, ses modes changeantes, et qu'il les faut accepter avec un esprit de doute bienveillant. Sous le dôme des machines, nous avions affaire aux seules sciences irréfutables, à celles qui prouvent chacune de leurs affirmations par une application triomphante ; ici, nous serons parfois induits en tentation par des sciences plus conjecturales. Voici, derrière le Bouddha, un vaste charnier de crânes, de squelettes, d'écorchés anatomiques : c'est la section d'anthropologie et d'ethnographie, la préface de l'histoire humaine. Un gorille ouvre paternellement la série des temps. Pour le visiteur non initié, des étiquettes permettent seules de distinguer, entre les squelettes et les cerveaux intentionnellement rapprochés, ceux qui appartiennent aux pithécoïdes et ceux que les tableaux explicatifs décorent de ce nom : « *Homo industriosus*, premier sous-ordre des primates. » Voilà un titre flatteur : est-il suffisamment distinctif? Nous devons le croire, puisqu'il satisfait tout ce qu'il y a de gens habiles dans la connaissance des vieux os. Pourtant, ne vous semble-t-il pas que l'abeille, le castor et d'autres bêtes pourraient nous le disputer? Ne les appelle-t-on pas communément des animaux industrieux?

Sur ces tableaux et dans ces vitrines, rien n'affirme expressément la parenté de l'homme et du singe; tout est disposé pour nous la persuader. La chose est possible, vraisemblable, si l'on veut; qu'on en fournisse une preuve, et notre sentiment filial en suspens sera heureux de retrouver un père. Nous ne comprenons déjà plus le premier émoi des bonnes âmes qui se révoltèrent contre cette filiation. Sans entrer dans les subtilités de détail, toutes les théories sur la création peuvent être ramenées à deux hypothèses : l'opération immédiate, d'un coup de baguette, qui satisfaisait l'imagination de nos aïeux, qui n'est plus recevable depuis que nous connaissons mieux l'histoire physique de notre globe et de ses voisins; l'opération lente, conforme aux lois générales de l'évolution, accomplie par l'intermédiaire des causes secondes. L'une et l'autre réservent la place d'un Créateur; la deuxième explication recule son intervention, mais elle s'accorde mieux avec ce que nous pouvons concevoir de la puissance et de la sagesse infinies; elle exige une interprétation des textes sacrés dans leurs parties symboliques; elle n'implique aucune contradiction formelle de ces textes. Depuis le grand essor des sciences de la nature, nous voyons se reproduire de nos jours le malentendu qui troubla les esprits routiniers au commencement du dix-septième siècle, quand les télescopes agrandirent l'univers et découvrirent l'ordonnance véritable de ses parties : — « Voilà des certitudes qui ruinent vos croyances », disaient les libertins aux dévots. — « Donc vos certitudes sont fausses », répliquaient les dévots. On écrivit de gros livres pour et contre, on s'injuria, on se brûla. Quelques années passèrent : tout s'était tassé. Les deux ordres de vérités qui semblaient inconciliables aux contemporains de Galilée s'accordaient sans effort dans l'entendement des contemporains de Leibniz.

Revenons à nos crânes. En voici des boisseaux, de tous les siècles, de toutes les races, de tous les pays. Que la science est donc une belle chose, et qu'on est infirme sans ses lumières ! Évidemment, ceux qui savent découvrent une infinité d'indices sur ces fronts blanchis d'où la pensée s'est envolée; ils y lisent les caractères spécifiques des cervelles qui remplirent ces boîtes, leurs perfectionnements graduels dans le temps, depuis l'homme quaternaire jusqu'à celui de la troisième république;

dans l'espace, depuis le Boschiman jusqu'au Parisien; dans l'intelligence, depuis l'idiot jusqu'au génie; dans la vertu, depuis l'assassin Collignon jusqu'à M. de Montyon. Pour moi, qui n'en sais pas beaucoup plus long que le fossoyeur d'Hamlet, et qui ferais mal la différence du crâne de Yorick à celui d'Alexandre, je ne vois rien. L'ignorance fait naître des doutes injurieux. On me montre des crânes classés en séries d'après leur provenance; j'ai toujours envie de demander la contre-épreuve, l'indication de la provenance sur des pièces que j'aurais choisies. Je demeure rêveur devant une armoire pleine de « crânes belges », depuis la plus haute antiquité jusqu'à nos jours; si quelque main malicieuse secouait une nuit cette armoire, après avoir effacé les numéros d'ordre, tomberait-on d'accord le lendemain pour remettre à leurs places respectives le chasseur de la forêt nervienne et l'habitant actuel de la Montagne-aux-Herbes? Le calcul des probabilités nous invite à parier que oui, mais pas trop cher.

Les affirmations des personnes les plus doctes achèvent de me troubler. Un savant allemand a dessiné là l'homme de Néanderthal tel qu'il se le représente d'après un crâne fameux : poilu, prognathe, le front fuyant. Cette esquisse donne un type intermédiaire entre un beau chimpanzé et un vilain homme. Le savant allemand devait avoir de bonnes raisons, j'y voudrais croire : mais d'autres me dissuadent. M. Godron a publié un dessin reproduisant la tête de saint Mansuy, évêque de Toul; ce saint exagère les traits les plus saillants de l'homme de Néanderthal; et M. Vogt a cité l'exemple d'un de ses amis, médecin distingué, qui se trouve dans le même cas. Un autre spécimen célèbre de l'homme quaternaire est le vieillard de Cro-Magnon; or M. Broca a trouvé que la capacité crânienne de ce lointain ancêtre est notablement supérieure à celle d'un Parisien du dix-neuvième siècle. Où est le progrès, alors? Peut-être sur ce tableau, où l'on a comparé les moyennes de trois séries ainsi qualifiées : Parisiens quelconques, — assassins, — hommes distingués. La moyenne de la dernière catégorie est sensiblement supérieure aux deux autres, mais il est triste de penser que les Parisiens quelconques diffèrent à peine des assassins par une fraction infinitésimale. Chose plus triste encore, un autre tableau, dressé par M. Duvernoy, m'enseigne que le rapport du cerveau au reste du corps est de un quarante-huitième chez le gibbon, de un trentième chez l'homme, de un quatorzième chez le serin; d'où il suivrait que cet oiseau nous passe de beaucoup en intelligence relative, nous tous les primates.

Les transes de l'esprit redoublent devant la vitrine italienne d'anthropologie criminelle. On sait que les physiologistes d'outre-monts, à la suite de M. le professeur Lombroso, ont poussé leurs recherches de ce côté. Si vous regardez la devanture d'un libraire de Rome ou de Florence, vous y verrez que la majeure partie des publications nouvelles, depuis quelques années, se rapportent à cet ordre d'études. Il semble que l'idéal inavoué, dans le pays d'où nous vint la science du droit, soit de remplacer les codes par quelques appareils d'anthropométrie. Ces messieurs nous ont envoyé une riche collection de moulages pris sur des têtes de condamnés. Ici encore, le manque d'habitude égare mon jugement. Cette cire verte, qui joue le bronze antique, je l'aurais acceptée pour une belle tête consulaire exhumée du forum; elle me rappelle l'orateur du Capitole. Erreur, c'est l'assassin La Gala. A côté de ce meurtrier, un *stupratore;* je ne puis m'empêcher de lui trouver le front d'un penseur, l'air noble et méditatif. D'autres masques sont plus ingrats; n'oubliez pas qu'ils ont été moulés sur des gens qui n'avaient aucune raison de sourire. On entend fréquemment cette exclamation dans la foule qui circule devant les vitrines : « Ils ne sont pas comme tout le monde ! » Sans doute; mais plus que jamais je demande la contre-épreuve. Que l'on mêle à ces têtes de coquins quelques têtes de grands hommes, prises en un moment de souci et la barbe mal faite, vous entendrez sûrement la même remarque de la foule : « Ils ne sont pas comme tout le monde ! » J'oubliais, il est vrai, que cette confusion ne dérangerait pas les théories des aliénistes subalpins, au contraire.

Que d'embarras dans ces études ! On a placé là-haut le crâne de Charlotte Corday; nous serions peinés d'apprendre qu'il a quelque conformité avec celui du cocher Collignon, et cependant il y aurait des raisons pour que cela soit, si la prédisposition au meurtre se reconnaît à des signes certains. Il arrive parfois qu'un détenu occupe ses loisirs à graver au trait des bonshommes sur le pot à l'eau de la prison; M. Lombroso expose ces cruches sous la rubrique : « Céramique criminelle. » Ces dessins expriment, paraît-il, tout le vice des artistes qui les ont tracés.

On ne s'arracherait jamais d'une section où l'on apprend tant de choses. Des cartes teintées nous montrent la France divisée en deux régions, d'après la couleur des cheveux : la zone brune et la zone blonde sont sensiblement égales. Même partage équitable entre les yeux bleus et les yeux noirs. D'une collection de cristallins en émail, donnant la coloration de l'iris chez les différentes races, il semble ressortir que les plus beaux yeux se trouveraient chez les Lapons. On est tenté de réclamer en faveur d'une race éteinte, les Aztèques, pour peu qu'on ait examiné, dans le pavillon de la République bolivienne, une sébile pleine d'yeux fossiles, translucides, d'un or pâle de topaze. La rêverie s'y arrête longtemps, effrayée et retenue devant ces reliques où la lumière réveille des images mystérieuses. Quel joaillier pourrait offrir à une reine un collier qui valût ces diamants humains? Diamants morts, qui recevaient la splendeur du monde et la transformaient en idées, longtemps avant que le pied d'un Européen se fût posé sur la terre américaine. Ils ont admiré les soleils du Pacifique, ils ont jeté comme les autres leurs feux d'amour; peut-être une image dernière demeure et continue de vivre, invisible pour nous, au fond de chacun d'eux, si toutefois le poète dit vrai :

> Bleus ou noirs, tous aimés, tous beaux,
> Ouverts à quelque immense aurore,
> De l'autre côté des tombeaux
> Les yeux qu'on ferme voient encore.

D'autres yeux voient en dedans, qui ne se sont jamais ouverts. Si vous entrez dans ce palais par la travée des asiles et des écoles professionnelles, arrêtez-vous à l'atelier de brosserie des jeunes aveugles. Quelques-uns des pensionnaires s'y livrent à leurs travaux délicats. Je ne sais rien de plus expressif et de plus attachant que ces figures recueillies. Chez nous, le rayon de la physionomie humaine se concentre tout entier dans le regard; chez eux, il est diffus, répandu sur tous les traits; chaque muscle de leur face exprime l'attention intérieure, avec quelque chose d'infiniment doux, d'infiniment pur. A qui les dévisage, ces figures communiquent la sensation de repos qu'on éprouve en rentrant dans une chambre obscure, après avoir cheminé par les rues, un jour d'été.

Continuons devant nous, suivons le primate à travers ses métamorphoses. On a figuré ses premières peines avec ses premières acquisitions dans une sorte de musée Grévin de la paléontologie. Près de la souche creuse ou de la grotte qui leur sert d'abri, des couples rougeâtres, vêtus de peaux de bêtes, taillent le silex, coulent le bronze, tournent les vases d'argile. Ces ouvriers essayent leurs premiers pas sur la longue route qui les conduira à la galerie des machines. Autour de ce noyau de l'humanité primitive, les maîtres de nos écoles d'archéologie ont prêté leur savoir à l'arrangement de tableaux plus complexes, empruntés aux grandes civilisations antiques : le potier d'Athènes et son confrère des Gaules, l'architecte chaldéen, le roi d'Assur dans un char fidèlement reconstitué par M. Heuzey, les fileuses de lin égyptiennes, les émailleurs et les imprimeurs de la Chine, partis les premiers et restés en chemin. L'empereur Fou-hi, qui peignait des sentences sages il y a cinq mille ans, est un écrivain tout à fait vénérable sous son manteau de feuillages. A côté de ces jeux de la science, il faut signaler deux œuvres d'un intérêt particulier, qui honorent grandement l'érudition française : la restitution du Parthénon, par M. Chipiez, et, dans la salle des missions, à l'étage supérieur, celle de l'Apadana d'Artaxerxès, par M. Dieulafoy.

On avance, on franchit les siècles par sauts un peu brusques, on arrive au grand Art, don d'Hermès Trismégiste. L'alchimiste Maïer, penché sur ses fourneaux, purifie dans une cornue la médecine universelle pour tous les métaux imparfaits. Sur les murs, des signes cabalistiques lui concilient les planètes; on y voit le serpent Ouroboros et des formules empruntées à la chrysopée de Cléopâtre la Savante. La table ploie sous l'énorme livre, le *Theatrum chemicum,* auquel ce philosophe va ajouter de précieux commentaires, les *Cantilènes intellectuelles du phénix ressuscité.* Ne méprisez pas le souffleur Maïer; de sa cave, nous passons directement dans le laboratoire de Lavoisier, réalité sortant d'un rêve. Voici l'imprimerie plantinienne; la célèbre maison d'Anvers a prêté la presse de son fondateur, humble aïeule de cette machine Marinoni dont nous regardions l'autre jour l'effrayante mouture. D'autres ateliers, au rez-de-chaussée, et une suite de vitrines sur les terrasses centrales, déroulent sous les yeux du visiteur l'histoire de quelques arts libéraux, dessin, gravure, reliure, orfèvrerie, céramique, verrerie.

L'affiche-réclame a sa place dans ce musée. Le père de Montaigne demandait déjà qu'il y eût un lieu où celui qui avait des perles à vendre pût en prévenir le public. Si j'en juge par le plus ancien spécimen de la collection exposée, l'idée de Montaigne ne trouva sa forme qu'au commencement du dix-huitième siècle. Jusqu'aux dernières années de Louis XIV, nous dit M. Maindron dans son curieux livre, les *Affiches illustrées,* le monopole de ces publications était réservé aux libraires et aux comédiens. En 1715, un sieur Marius, marchand de parapluies, placarda sur les murs de Paris l'annonce de sa marchandise. Quand on réfléchit aux plus récentes transformations de nos mœurs commerciales et de nos mœurs politiques, on se demande si l'initiative du marchand de parapluies ne fut pas aussi grosse de conséquences que l'invention de la poudre à canon; l'une et l'autre ont changé les procédés usités jadis pour conquérir le monde.

L'histoire de l'imagerie populaire est à peine esquissée, juste assez pour faire naître un regret. J'aimerais retrouver ici les classiques d'Épinal, les naïves légendes de Geneviève de Brabant et du roi Dagobert, que les joueurs d'orgue colportaient dans les campagnes, au temps de mon enfance; je voudrais savoir si ces enluminures me donneraient encore, pour un sou, de plus vives joies et de plus longues pensées que l'*Angélus* n'en donne à ses possesseurs, pour 600,000 francs. Je crains que l'écarlate et l'azur n'aient pâli sur les manteaux de la dame et du roi; je crains que tout n'ait pâli. Après l'affiche, l'imagerie aurait pu nous montrer comment le courant utilitaire s'est emparé de l'amusement du peuple pour attiser les convoitises, pour exploiter les passions. On ne colorie plus à Épinal ces contes merveilleux qui ne servaient à rien; mais il y a dans Paris une grande usine qui tire le bonheur public sur quatre clichés et en répand les épreuves à des millions d'exemplaires; dans les compartiments symétriques de quatre images, le même industriel grave avec la même conviction les bienfaits de la monarchie, les bienfaits de l'empire, les bienfaits de la république, les bienfaits futurs du général. Avez-vous quelquefois songé à ce que doit être l'état d'esprit de cet imagier éclectique, de ce Warwick de la lithographie qui tient boutique d'espérances pour tous, qui fabrique pour ses clients antagonistes, à vingt francs le mille, des promesses et des accusations pareilles? Si l'illusion féconde habitait dans son sein, je serais surpris.

Nous entrons dans une division nouvelle. Qu'est-ce encore que tous ces bustes, et cet aliéné de cire? Les sujets de M. Lombroso, qui nous poursuivent? On se rassure en reconnaissant le rire de Mme Samary, le sourire de Mlle Bartet. Pour la statue de cire, dans la cage de verre au centre de la salle, c'est Hamlet qui a posé complaisamment, sous les traits de M. Mounet-Sully. L'*Homo industriosus*, fatigué de ses longs travaux, se repose à la Comédie française et à l'Académie nationale de musique. Tout célèbre ici les grandeurs de ces deux institutions d'État; elles occupent, dans l'histoire des arts libéraux, un espace proportionnel à la place que le théâtre a prise dans notre vie sociale. Les visiteurs se nomment, avec une joie communicative s'ils sont de Paris, avec un rien de fierté s'ils sont de la province, les sociétaires de la Comédie dont les portraits et les bustes embellissent ces panneaux. C'est un sentiment assez étrange, et qui mériterait l'étude du moraliste, cette satisfaction affectueuse de la foule, quand elle reconnaît les traits d'un acteur favori. Le physiologiste n'y verra peut-être qu'une habitude réflexe de nos muscles faciaux, accoutumés à marquer des impressions hilares chaque fois que cet acteur entre en scène. Mais on constate le même contentement chez ceux qui découvrent M. Maubant, lequel n'a jamais éveillé que des impressions majestueuses. Je croirais plutôt que la foule reporte en entier sur ces personnages publics les sentiments désormais sans emploi qu'elle témoignait jadis aux grands, aux rois. « Cet effet a son origine dans la coutume », disait Pascal; et il ajoutait sur le prestige des rois, des grands, sur la force et sur la grimace, des choses trop libres pour qu'on se permette de les appliquer aux acteurs.

La section suivante est consacrée à l'histoire des moyens de transport. Encore une idée originale des organisateurs de cette exposition. L'histoire du travail nous fait assister à la lutte de l'homme contre la matière; l'histoire du transport, à la lutte contre l'espace; elle nous donne le raccourci du mouvement ambulatoire qui l'emporte sur le globe, depuis son premier pas au sommet de quelque plateau d'Asie, si c'est de là qu'il est parti, jusqu'à ses courses actuelles sur les voies rapides qui sillonnent la planète. Au rez-de-chaussée, dans les quatre divisions principales : voie de terre, voie de fer, voie fluviale, voie maritime, on a groupé les modèles des ouvrages d'art exécutés pour les besoins de la voirie et de la navigation, chez les anciens et chez les modernes; on a réuni dans ce petit emplacement quelques véhicules historiques. L'Angleterre a envoyé la première locomotive de Stephenson et le wagon où voyageait Wellington.

Sur la terrasse, des gravures et des photographies racontent les progrès de la locomotion, depuis le chariot des pasteurs nomades jusqu'à nos trains-éclairs. Il n'est presque pas un de ces chars et de ces attelages dont on ne retrouverait le type en un coin de l'Asie ou de l'Afrique. Sans aller si loin, les bourgeois de Beauvais se font encore tirer à bras d'hommes dans des vinaigrettes, cent ans après la Déclaration des droits. Chaque époque révèle son caractère dans son roulage. Les photographies prises sur des manuscrits du moyen âge composent une série très amusante; vous y verrez le pape et l'empereur faisant route de compagnie dans un équipage tout pareil à nos voitures de blanchisseuses. Plus réjouissantes encore sont les lithographies de 1830 représentant les cabriolets et les mylords des héros de Balzac, la cour de Laffitte et Caillard, les *écossaises* et les *favorites* d'où est issu notre omnibus démocratique. Le dernier terme de cette progression, en attendant mieux, est le chemin de fer à glissières qu'on essayait l'autre semaine sur l'esplanade des Invalides et qui promet de nous porter en quatre heures à Marseille. Quand je dis le dernier terme, c'est selon qu'on l'entend; d'autres réserveraient cette qualification à des voitures plus lentes qui ont aussi leur histoire dans la collection, et que vous avez chance de rencontrer en ressortant le matin de l'Exposition. Elles s'en reviennent à vide de Montparnasse, avec cet air de bon débarras, ce je ne sais quoi de guilleret qui émoustille le char, les chevaux empanachés, le cocher à la livrée noire, quand ils trottent au soleil, heureux de vivre, soulagés d'avoir gagné leur argent en désencombrant la terre d'un fardeau inutile. C'est pour monter là dedans que l'humanité se remue et se hâte si fort, par tous les moyens de locomotion que nous venons de passer en revue.

La partie la plus curieuse et la plus complète de cette

exhibition a trait à la découverte des aérostats. Les documents réunis ici nous donnent bien l'impression de la secousse violente ressentie par l'imagination de nos pères, quand ils virent l'homme s'élever dans les airs. Pour peu qu'on se rappelle l'attente vague des esprits à cette époque, l'espérance diffuse, sans objet précis, qui agitait les cœurs comme une approche d'aurore, on estimera que ce prodige dut contribuer pour beaucoup à l'exaltation générale, et qu'il le faut compter parmi les stimulants du mouvement révolutionnaire, au même titre pour le moins que la première représentation du *Mariage de Figaro*. Ne présageait-il pas que toutes les lois du monde allaient changer, que rien ne serait désormais impossible à l'homme sensible et vertueux? Pendant quelques années, tout est aux ballons, les arts, l'industrie, les modes, les jeux, les caricatures; on en met partout, sur les pendules, les éventails, les assiettes, les coiffures; Clodion leur emprunte le motif de groupes ravissants. Le meilleur témoin de l'émoi public est encore l'avis paternel que le gouvernement fit insérer en tête de la *Gazette de France* du mardi 2 septembre 1783 : « On a fait une découverte dont le gouvernement juge convenable de donner connaissance, afin de prévenir les terreurs qu'elle pourrait occasionner parmi le peuple... (Suit la description de la montgolfière.) Chacun de ceux qui découvriraient dans le ciel de pareils globes, qui présentent l'aspect de la lune obscurcie, doit donc être prévenu que, loin d'être un phénomène effrayant, ce n'est qu'une machine toujours composée de taffetas, ou de toile légère revêtue de papier, qui ne peut causer aucun mal, et dont il est à présumer qu'on fera quelque

jour des applications utiles aux besoins de la société. »
En dépit de l'admonition royale, on vit peut-être alors le spectacle auquel j'assistai il y a quelques années, dans une campagne de la Petite-Russie. Une montgolfière, lancée en plein jour, était allée s'abattre dans les prairies où des bergers gardaient leurs troupeaux. Ces enfants s'avancèrent tranquillement vers le météore; ils quittèrent leurs chapeaux, se prosternèrent, firent le signe de la croix et se mirent à prier. Ils ne marquaient aucune terreur; ils agissaient comme on doit faire quand on est favorisé d'un miracle; ces cœurs simples montraient clairement que le miracle est pour eux une manifestation normale, toujours attendue.

Dans la dernière section, — la logique voudrait qu'elle fût une des premières, — nous retrouvons le travail aux prises avec la terre, la pierre, le bois, les métaux. L'examen des appareils scientifiques et des outils industriels, jusqu'à une époque récente, fait ressortir l'une des transformations les plus profondes qu'ait jamais subies l'esprit humain : l'abolition rapide et radicale du sens esthétique, tel qu'on l'entendait autrefois. Nos pères, fidèles à une tradition vieille comme l'homme, ne fabriquaient pas un seul produit qui n'eût quelques vestiges d'ornementation; engins de travail ou instruments de mathématiques, armes et meubles, boiseries et ferrures, tout, jusqu'aux plus vulgaires objets d'usage domestique, tout ce qui est ancien ici revêt une forme capricieuse, souvent charmante, et comporte des fantaisies surajoutées pour flatter les yeux. Depuis le commencement de notre siècle, l'ornementation se fait plus maigre, plus rare; on arrive à nos années, elle tombe brusquement, presque partout. Quelques industries de pur luxe la maintiennent dans les choses superflues, destinées au petit nombre; mais elle disparaît de tous les objets de première nécessité et de commun usage. Quand le goût artistique essaye de la ressusciter, il est stérile, parce que son effort factice va contre une loi générale. Et il ne s'agit pas ici d'une de ces oscillations historiques qui ramènent et remportent certains besoins; c'est la première fois que ce phénomène se produit depuis l'origine des sociétés.

On peut l'expliquer par la valeur croissante du travail et de son coefficient, le temps; nous faisons simple pour faire davantage et plus vite; la force employée à produire est consommée tout entière en utilité, on n'en peut plus rien distraire pour l'amusement. Mais cette explication ne suffit pas. Notre œil a changé. Là où celui de nos devanciers exigeait les couleurs vives et le dessin imaginé, le nôtre réclame les teintes neutres, les lignes droites, les surfaces polies, en un mot l'étroite convenance entre la forme et l'emploi, sans rien de plus. C'est l'élimination progressive de l'instinct du sauvage, de l'instinct de l'enfant, qui était devenu en s'épurant le goût du beau, mais qui n'en procédait pas moins de ce principe : la recherche du jouet et de la parure avant celle de l'utilité. Le sens plastique s'est cantonné dans le domaine restreint de quelques arts; partout ailleurs, il est remplacé par le sens rationnel. Ce dernier nous façonne un monde plus sévère, plus triste aux yeux, mais imposant pour le regard intérieur, harmonique pour la pensée abstraite. L'ancien était beau comme un décor agréable; le nouveau n'a que la beauté d'un théorème de géométrie.

Cette dernière section prend fin avec les premiers essais du daguerréotype, de la photographie, du télégraphe. L'histoire rétrospective du travail est achevée; il va subir de nouvelles transformations et continuer ses destinées dans le palais des machines. Avec la chaîne de noms glorieux qui se déroule en lettres d'or sur les frises, depuis l'entrée de la galerie, le cycle des grandes inventions se ferme. L'inventeur, au sens héroïque du mot, est une figure du passé; nous avons peu de chances de la revoir chez nous. Dans l'état actuel des sciences, leurs bienfaits ultérieurs ne seront que les applications de principes déjà connus; les routes sont étudiées dans toutes les directions, les points à explorer déterminés d'avance par la théorie. L'imprévu, le hasard de la trouvaille n'ont plus guère de place dans le rayon de nos écoles et de nos sociétés savantes. Pour retrouver l'inventeur, il faut le chercher dans les milieux anciens du monde actuel, dans les groupes humains que notre civilisation n'a qu'imparfaitement pénétrés. Là, cette variété originale de l'*homo industriosus* fleurit encore. Je veux vous en présenter un, sans sortir de ce palais. Parmi tant d'âmes lointaines, différentes des nôtres, que l'Exposition a mises en branle et attirées dans notre sphère de travail, je n'en ai pas rencontré une plus intéressante.

A l'extrémité de la travée latérale qui relie le palais des Arts libéraux à celui des industries diverses, un emplacement est réservé à l'industrie rurale du peuple russe, à ces manufactures primitives dont la tradition se perpétue dans les villages du Dniéper et du Volga. Ces jours derniers, j'avisai là un petit éventaire qui porte cette enseigne : *Kosticof-Almasof, inventeur-méca-*

nicien : Omsk, Sibérie. — Sur l'établi s'entassent des modèles en carton, en liège, en fil de fer, manèges, moulins, moteurs hydrauliques, débarcadères flottants, filtres, fours de campagne, sentiers de chaîne pour les marais, que sais-je encore? vingt autres mécaniques, appropriées aux besoins particuliers du pays des vastes eaux. Kosticof-Almasof, le mécanicien *samooutchka*, comme ils disent (littéralement : autodidacte, qui s'est instruit tout seul), était assis au milieu de ses œuvres : un homme dans la force de l'âge, aux traits réguliers et intelligents, avec une pensée en travail sous la face calme du paysan russe. Je lui demandai son histoire; son regard s'anima, les paroles se pressèrent sur ses lèvres, sonnant la joie et la confiance de l'enfant abandonné qui entend une voix. Je traduis son récit; j'ai le regret de l'abréger, je n'y ajoute pas un mot :

« Je suis natif d'Omsk, en Sibérie. Depuis l'enfance, j'ai travaillé là dans les fabriques pour gagner mon pain. J'ai toujours été entraîné vers la mécanique; je regardais les machines, et je combinais des modifications, des perfectionnements; à mes moments de liberté, je construisais de petites machines en manière de jouets. Je n'avais qu'un désir : trouver les moyens de m'instruire quelque part et d'essayer mes inventions. J'entendis qu'on faisait une exposition à Ekatérinenbourg, dans l'Oural, et l'idée me vint de m'y rendre. Mais comment arriver jusque-là? Je résolus de mettre en gage mon isba; vous savez, maintenant, on donne de l'argent sur les maisons, dans les banques. Je touchai 80 roubles; c'était trop peu : j'arrachai les pieux de la palissade, je les vendis aux voisins. Je laissai une partie de l'argent à ma mère et à mes sœurs, et je partis, emportant mes modèles. Le général-gouverneur eut connaissance de moi, il me montra des bontés; on m'amena à Ekatérinenbourg, et j'y reçus un brevet.

« Quelque chose me poussait à continuer plus loin, dans le monde de Dieu. Je parvins à Kazan; j'y rencontrai une dame, une bonne âme, qui me conduisit à Kharkof. Mon bonheur voulut que là aussi il y eût une exposition; je reçus un second brevet. Un acteur des théâtres, André Bourlak, s'intéressa à moi et me mena à Moscou, me disant que là je pourrais apprendre. A Moscou, je fis la connaissance d'un marchand; il me donna quelques avis et me mit en rapport avec un certain Américain. Celui-là regarda attentivement mes modèles; il voulait en prendre plusieurs, il me proposa cent roubles. Cette affaire ne me paraissait pas pure; j'en écrivis à André Bourlak, qui avait rejoint son théâtre, à Pétersbourg; il me répondit de laisser là l'Américain et m'envoya un peu d'argent, en me conseillant de venir à Pétersbourg. De bonnes gens m'adressèrent au quartier impérial, à une personne très importante, le général Richter. Il a parlé de moi à Sa Majesté elle-même! On me fit recevoir dans les usines de l'État; je restai quelques mois dans celle de la marine, à Cronstadt, puis dans une autre. Je regardais, j'apprenais; je vis bien que plusieurs de mes inventions étaient déjà inventées, et qu'on faisait beaucoup mieux; mais je perfectionnais les autres, qui sont bonnes.

« Un an se passa; on commença à parler autour de moi de l'exposition de Paris; je n'avais plus qu'une idée, y aller. Par bonheur, notre général gouverneur de

Sibérie arriva à Pétersbourg; il fut si bienveillant pour moi, il m'ouvrit un nouveau crédit, et sur sa demande on m'amena à Paris. Ici, quand j'ai visité la galerie des machines, j'ai bien vu ce que c'était ! Je voudrais y étudier, et puis, si c'est possible, étudier aussi en Angleterre; mais pas trop longtemps : je veux retourner dans ma Sibérie. Jusque-là, ce ne sera pas facile de vivre. Le commissaire de la section, Andréef, m'a aidé; il est mort l'autre semaine, il est dans le royaume céleste. Je ne connais plus personne, je n'entends pas la langue; le plus triste, c'est que le jury a passé une première fois devant mes machines sans s'arrêter. Une famille m'avait pris en pension, elle va partir. Mais ce n'est rien; l'argent viendra, quand je vendrai mes machines; sûrement elles se vendront. »

Et il se mit à me les expliquer avec feu, ses machines. J'ignore ce qu'elles valent, peut-être rien pour nous; je sais seulement qu'en Russie il faut accommoder les instruments de travail aux lieux et aux hommes; dans les régions reculées où l'eau et le vent seront longtemps les seuls moteurs économiques, j'ai vu des appareils très primitifs, à la fois simples et ingénieux, rendre plus de services que nos engins délicats. — Tandis qu'Almasof poursuivait ses explications, je le regardais avec un serrement de cœur. Faute de connaître les premiers principes, voilà un homme qui a dépensé de grands efforts d'intelligence pour rouvrir à lui seul le sillon déjà creusé par l'élite de l'humanité, pour réinventer l'A b c de la science, comme l'enfant de génie qui retrouvait les propositions d'Euclide. De deux choses l'une : ou ce pauvre garçon n'a refait que du vieux neuf, et c'est le naufrage certain; ou il y a quelque chose de pratique dans son bagage, et c'est encore le naufrage probable. « L'Américain » de Moscou se trouvera partout, dans toutes les nationalités, pour exploiter cette brebis désignée à la tonte. Le paysan d'Omsk ne soupçonne pas la férocité de la bataille, la lourdeur des poids à soulever pour réussir, dans ce monde supérieur qui l'attirait; fasciné par le rayonnement de notre Paris, il nous est arrivé de si loin, d'aventure en aventure, portant vers nous son petit espoir tenace, comptant sur les bonnes dames et les braves acteurs qui ramassent en route les délaissés. Le voilà perdu dans notre tourbillon, seul, quasi muet. Quelle que soit la valeur de ses travaux, l'homme est de la race droite et forte. Si ces lignes passent sous les yeux de quelques-uns, parmi nos ingénieurs et nos savants, je les supplie de jeter un regard sur l'éventaire d'Almasof et de prendre la mesure de ses aptitudes; l'inventeur sibérien leur rappellera les précurseurs qui ont préparé leurs triomphes actuels, qui cherchaient, devinaient, croyaient ainsi, il n'y a pas si longtemps; en souvenir de ces ancêtres, ils voudront tendre la main à ce frère attardé.

Il m'a retenu, et le palais des Arts libéraux contient encore tant de choses dont j'aurais dû parler! Elles attendront: une âme, c'est plus précieux que les choses. On me pardonnera de passer rapidement devant l'exposition pénitentiaire du ministère de l'intérieur, qui développe sur le pourtour du rez-de-chaussée ses collections de chaussons de lisière. Pourtant, les plus industrieux des hommes, ce sont encore les détenus. On nous exhibe leurs travaux de fantaisie, leurs chefs-d'œuvre en mie de pain, en plumes, en brins de salsepareille; l'un d'eux, ayant patiemment colligé ces brins, est parvenu à tresser une très belle corde d'évasion avec ce dépuratif. Ils font même des vers : voici plusieurs cantates composées pour le 14 juillet par les pensionnaires de Gaillon. On en reçoit parfois de pires, et qui n'ont pas l'excuse de la maison centrale. Le public se porte vers la section rétrospective : des fers, des brodequins, des chevalets, des gravures lamentables, le supplice de Calas, l'écartèlement de Damiens, bref toutes les abominations de l'ancien régime jusqu'en 1789; à partir de cette date, l'homme devient doux comme un agneau. Sur deux socles opposés, avec ces mentions en grosses lettres : *Autrefois, aujourd'hui,* — deux condamnés de cire; celui d'autrefois, en haillons, hâve, hirsute, ferré aux chevilles sur sa botte de paille, menace du poing la société; celui d'aujourd'hui, angélique, rasé de frais, bien vêtu, lit un bon livre, en s'appuyant sur sa pioche, dans un parterre de gazon et de fleurs. Il y a des fleurs à ses pieds. Qui donc parlait du grand nombre des récidivistes? Le ministère de l'intérieur fait une concurrence redoutable aux pauvres industriels qui montrent les horreurs de l'inquisition à la foire de Neuilly. — Le ministère de la justice n'expose qu'une petite vitrine, mais c'est un pur bijou : on y voit sous verre, rangées en bon ordre, les chartes originales de nos treize constitutions, depuis la Déclaration des droits de l'homme. Nous nous devions d'exposer cette industrie vraiment nationale que l'Europe nous envie. Le meuble pourrait être monté sur pivot, avec un mouvement de révolution qui ramènerait chaque constitution à intervalles réguliers, comme les saisons sur un zodiaque.

Montons dans les salles du premier étage : c'est le quartier général de l'enseignement à tous les degrés, primaire, secondaire, supérieur. Ses trophées commençaient déjà au rez-de-chaussée; ils débordent sur les pavillons de la Ville de Paris, et un peu partout. La pédagogie expose avec orgueil ses écoles de tout ordre, les bibliothèques populaires, les laboratoires, les méthodes nouvelles, les nouveaux lycées de garçons, de filles, les tableaux comparés où les vieilles taches noires de l'ignorance s'éclaircissent rapidement, depuis quelques années. Tout nous parle des sacrifices consentis pour donner à tous la plus grande somme d'instruction possible, et l'esprit rencontre ici les plus cruels problèmes qui puissent l'assaillir. — A-t-on bien fait? Oui, nous dit un commandement intérieur plus fort que tous les raisonnements. — A-t-on fait du bien? C'est une autre question, insoluble, parce qu'elle est mal posée. Écartons la phraséologie de boniment électoral; l'expérience personnelle et l'observation s'accordent pour nous démontrer que l'instruction, — je ne dis pas la science, apanage de quelques rares élus, — ne rend l'homme ni plus moral, ni plus heureux; elle augmente l'intensité générale de la vie, et c'est tout. Consultez vos tables de criminalité, vos tables de suicides.

Il faut donner l'instruction comme il faut donner du pain, sans plus d'illusion sur l'effet vertueux de ce don. Le pain restaure nos forces pour le bien ou pour le mal, indifféremment. Ainsi de l'aliment intellectuel. Suivant la nature de celui qui le reçoit, l'usage qu'il en fera, le milieu que vous lui préparez, cet aliment décuplera ses forces pour le bien ou pour le mal. En d'autres termes, vous avez surchargé les deux plateaux de la balance, celui du bien et celui du mal; vous n'avez rien changé à leur équilibre, qui reste constant. Pour ce qui est du bonheur, si ce mot a un sens, l'instruction ne saurait le procurer, puisqu'elle sert notre instinct d'inquiétude contre notre instinct de repos; elle ne peut être une condition de bonheur, puisqu'elle accroît la concurrence vitale, l'effort pénible des mieux doués, l'élimination des plus faibles; mais comme elle hausse par là les moyennes de l'effort, elle est une condition de grandeur. En la répandant, on reste dans le plan naturel, dans le plan providentiel, qui est d'élever les individus et les sociétés par plus de labeur, pour ne pas dire plus de souffrance. Si vous disiez la vérité aux hommes, vous leur parleriez ainsi : « Je t'envoie à l'école comme au régiment, pour y apprendre l'exercice en vue d'une bataille d'autant plus acharnée que tu le sauras mieux et que vous serez plus nombreux à le savoir, d'une bataille qui a pour fin dernière de grandir la collectivité au prix de ton repos, de ton bien-être, et parfois de ta vie, à toi individu. » Vous abusez les hommes en leur présentant l'instruction comme une panacée à leurs maux. Mais je reconnais qu'en les abusant pour les élever, vous rentrez encore dans le plan naturel, dans la sublime duperie instigatrice de la vie terrestre. Voilà pourquoi j'applaudis à tout ce que vous me montrez ici, par des raisons qui ne sont point habituellement les vôtres, et avec cette réserve que vous aurez fait un travail de dément, si ayant labouré le champ vous n'y semez pas de bonnes graines, si vous en semez de vénéneuses.

A ce même étage, dans la galerie en retour, toute la

librairie, tous les éditeurs, tous les livres; à la suite, toute la photographie, cet art envahissant, toutes les figures connues et inconnues. — Il y a trop de choses dans ce palais : l'histoire de l'homme, toutes les connaissances, tous les arts, et des idées embusquées derrière chaque objet... Le grand Bouddha lui-même prend un air de lassitude, et cependant il semble dire : « Tout n'est pas ici. » — Sortons, allons respirer.

Sur le seuil, une musique m'appelle; elle part du cabaret roumain. Je reconnais ces hommes aux vestes blanches soutachées de lisérés noirs, ces yeux languissants dans des visages énergiques, ces physionomies qu'on voit peintes sous la tiare et le manteau des hospodars, aux murs des vieilles maisons moldaves. Quand ils veulent bien jouer des mélodies nationales, au lieu des valses italiennes, leur orchestre rencontre des sonorités étranges dans l'accord des violons, de la guitare et de la flûte de Pan. Alors, ces cordes et ces roseaux contiennent tous les délires de la passion, toutes les larmes qu'a jamais bues la terre; il passe là des notes qui mettent à nu toutes les places meurtries du cœur. Elles le remportent en arrière, bien loin, par delà les années abolies, dans un cabaret semblable où jouaient ces mêmes Lautars, à Ferestréou. C'est tout près de Bucharest; alentour, l'immense plaine, en juillet, n'est qu'une seule gerbe de blé. On allait à Ferestréou au soleil couchant, qui trainait ses flammes sur les vagues rousses de cette mer d'épis; jusqu'aux premières étoiles, les Lautars raclaient leurs arpèges et jetaient leurs chansons insensées; elles fuyaient sur les blés à la forte odeur comme des cris de bêtes blessées, faisant lever de la nuit les rêves où l'on voit tout; mais alors ces rêves se levaient en avant, dans l'illimité du désir et de l'espérance, ils appelaient; maintenant, il faut retourner la tête pour les distinguer encore, loin, derrière...

Le Bouddha avait raison, tout n'est pas là-haut, sur les bancs de la classe où le pédagogue prétend donner la science intégrale. Les hommes lui échappent pour demander à des Bohémiens ce que le magister ne sait pas exprimer. Tous les hommes : écoutez monter ces musiques diverses de chaque point de l'Exposition, de partout où sont campés les représentants de quelque peuplade; réveillez les vieux airs qui dorment dans les épinettes et les clavecins de ces collections, dans la boutique du luthier gothique, et jusque dans le bois de cette harpe exhumée d'un tombeau d'Égypte, où elle gardait les soupirs immémoriaux du Nil. De toujours, de partout, l'unanime concert s'élève, couvrant le bruit des machines et des métiers. Comme tout ce que nous voyons ici, il nous fait mesurer les innombrables échelons de l'ascension humaine, depuis l'extrême barbarie jusqu'à l'extrême raffinement, depuis le Canaque et le Malais qui frappent sur des pots de fer devant leurs paillotes, jusqu'au dôme central où M. Widor joue une fugue de Bach sur le grand orgue Cavaillé; mais enfantine ou savante, avec ses moyens inégaux d'expression, c'est la langue universelle, fraternelle, le fond de la méditation du Bouddha, la voix qui dit à tous les mêmes choses, les seules nécessaires, qui évoque pour chacun de nous son rêve de Ferestréou, ce rêve qu'on a trouvé dans le berceau, qu'on emporte à la tombe, et dont on attend la réalisation au delà.

En attendant, debout. L'heure n'est pas au rêve. Les idées, les obsédantes idées nous rappellent dans ces galeries. Elles gîtent là comme le charbon dans le puits de mine, sollicitant le mineur d'aller extraire de ces ténèbres de quoi faire un peu plus de lumière. Rentrons dans les galeries, pour y chercher les matériaux qui éclaireront notre prochain entretien.

V

DE QUELQUES INDUSTRIES.

15 août.

Les palais d'où nous sortons nous ont montré les ateliers du travail dans le passé et dans le présent; pour étudier les produits de ce travail, il nous resterait à visiter les milliers de cellules alignées sous la grande ruche de verre, les galeries françaises ou étrangères, leurs innombrables annexes, le long boyau qui déroule sur les berges de la Seine, jusqu'à l'esplanade des Invalides, ses kilomètres de victuailles et de boissons. Devant une pareille tâche, Bottin se trouble et Roret se récuse. Je n'ai jamais songé à l'aborder; je n'en veux retenir qu'un petit nombre d'observations générales et l'indication de quelques singularités.

On peut ramener toutes les créations de l'industrie à trois types déterminés qui caractérisent trois âges de civilisation. En premier lieu, la manufacture locale, individuelle et séculaire, celle où les générations se transmettent des méthodes qui ne varient jamais, non plus que leurs produits. Il faut ranger dans cette catégorie les vêtements, les armes, les objets mobiliers de tout l'Orient et des confins de l'Europe où l'Orient fait sentir son influence, depuis la Russie jusqu'à la Grèce. Ce type correspond dans le monde industriel aux espèces fossiles encore représentées dans le monde animal; comme ces dernières, il est condamné à disparaître dans un temps prochain. Son domaine se rétrécit chaque jour devant les envahissements de la fabrication européenne qui submerge ces pauvres et pittoresques métiers. Elle leur emprunte quelques-uns de leurs motifs originaux pour les approprier à son puissant outillage; elle tue les autres et les remplace par des produits plus commodes, plus économiques. Les expositions des États danubiens et des nations du Levant nous font assister aux péripéties de cette lutte inégale. Les broderies, les tissus indigènes déclinent; la pâle rouennerie et l'ignominieuse peluche leur succèdent. Parmi les objets de physionomie orientale, un bon nombre proviennent des usines de France ou d'Angleterre. Jusqu'à ces derniers jours, les visiteurs achetaient de confiance des bibelots qu'ils croyaient marocains ou égyptiens à des marchands qu'ils croyaient Arabes ou Turcs; le bon Parisien vient d'apprendre avec stupeur ce que savaient depuis longtemps les habitués des bazars du Levant : les étoffes et les bijoux des odalisques, débités par de fallacieux Arméniens, sont fabriqués en grande partie à Saint-Denis ou à Pantin. Au commissaire de police qui exigeait des turqueries authentiques, les hommes à fez ont livré leur secret dans un beau cri de sincérité : « L'Orient ne fabrique plus rien! Il estampille une variété de l'article Paris. »

La révolution commerciale apparaît clairement dans la plus importante et la plus fameuse des industries du Levant : celle des tapis. Depuis vingt ans, on la voit dégénérer et se corrompre; les dessins européens et les couleurs tirées de la houille vont l'empoisonner jusqu'à ses sources les plus lointaines, dans les vallées du Khorassan et sur les versants de l'Himalaya. En revanche, nos grands fabricants sont aujourd'hui en mesure de reproduire, avec la perfection des originaux, les merveilles historiques dont l'Orient a perdu la tradition. Un rapprochement fortuit permet de mesurer à l'Exposition cette marche en sens inverse; d'une salle égyptienne où l'on déballe, au milieu de quelques beaux tapis d'apparat, les produits bâtards de la Perse contemporaine, vous passez directement dans une salle française où les pièces les plus rares de la collection Goupil sont imitées à s'y méprendre. Un khalife qui voudrait meubler le yali d'une sultane favorite avec le luxe des ancêtres, tout en ménageant sa cassette, devrait aujourd'hui faire sa commande à Paris. Et il serait bien capable d'y commander aussi la sultane. Ah! mon pauvre vieil Orient! Pour ceux qui s'obstinent à le vouloir tel que le transposent nos étalagistes, nos reporters et presque tous nos peintres, à l'exception de quelques voyants sincères, pour ceux qui lui demandent autre chose que le charme de son agonie tranquille, sa noble misère de roi-mendiant, ses haillons éteints dès qu'on les retire de la lumière ambiante, — quel décor mensonger, cet Orient de boulevard et d'atelier! Quelle immense mystification!

Au second type d'industrie appartiennent les richesses brutes, déjà exploitées, mais qui attendent encore pour acquérir toute leur valeur l'habile mise en œuvre de la main européenne. Ce type est à peu près le seul représenté, dans la cité bariolée bâtie au Champ de Mars, par les républiques sud-américaines. Le contenu est identique dans ces pavillons si divers d'aspect : qui en a vu un les a tous vus. A la place d'honneur, le portrait du général président; lourde figure de beau sergent, très chamarré dans l'uniforme tout battant neuf qu'il n'aura pas le temps d'user, avec la mine et la prestance d'un Cid campéador sorti des gardes nationales et posant pour une vignette de Gustave Aymard; ces présidents ont un air de famille, et, chose inquiétante, plusieurs ressemblent par quelque endroit à un visage connu, en très brun. Sous les yeux de cet administrateur, des cafés, des tabacs, des céréales, des laines en ballots, des cuirs tannés, des bois magnifiques en grume, des métaux précieux dans leur gangue; ces échantillons donnent l'impression d'un nouveau monde à peine découvert, opulent et mal dégrossi, qui ouvre des perspectives sans fin à l'activité de nos vieilles races; monde où l'homme est subordonné à une nature trop forte pour lui.

Voyez, à l'exposition du Guatemala, cette grotte aménagée avec les spécimens de la flore et de la faune tropicales : reptiles monstrueux, oiseaux au coloris aveuglant, gigantesques papillons d'azur, beaux comme un rêve de fée et qu'on dirait découpés dans un lambeau de ciel; c'est un coin oublié du paradis terrestre. Et l'on pense avec tristesse qu'en vertu d'une loi inéluctable, cette terre verra pâlir sa splendeur, le jour où le travail acharné de l'homme l'aura vaincue et disciplinée; elle perdra en grâce tout ce qu'elle gagnera en utilité, car il semble que la physionomie de la nature reflète exactement les évolutions de l'esprit humain, et que la poésie des lieux subisse la même décroissance que celle de la pensée dans sa maturité, quand l'exubérance de l'imagination y devient incompatible avec les progrès de la raison.

Parmi ces pavillons des pays neufs d'outre-mer, un seul m'a retenu longtemps; c'est de tous le plus petit et le plus vide, celui des îles Hawaï. Il intéresse comme un germe où l'on verrait les linéaments de l'arbre futur. Dans cette chambre de quelques pieds carrés, l'État d'Honolulu nous montre l'embryon d'un empire achevé, avec toutes les parties nécessaires de son organisme. Le culte : des dieux fétiches taillés dans un bâton, plantés autour d'un enclos consacré où l'on célèbre les cérémonies de l'initiation aux mystères. Le pouvoir : deux photographies encadrées au mur; le roi Kalakaua, avec sa bonne figure d'orphéoniste toulousain, sanglé dans le grand cordon de son ordre, bardé de plaques sous les épaulettes et les aiguillettes de sa tunique d'ordonnance; la reine Kapriolani, décolletée, un diadème en brillants dans ses cheveux crépus, le même grand cordon sur sa gorge avantageuse; leurs traits respirent une conviction de majesté égale, sinon supérieure, à celle de l'empereur d'Allemagne et de l'impératrice des Indes. Les insignes du pouvoir : une sorte de long plumeau en guise de sceptre; un casque de plumes rares, modèle excessif de ceux qui ornent les chefs des civilisés aux parades militaires. L'argenterie de la couronne : une énorme soupière d'un bois précieux où le roi mange le *poï*, la bouillie nationale. Les grands services publics : le ministre de l'instruction expose son budget avec la même fierté que ses collègues d'Europe : 1,611,765 francs, dépensés pour les écoles primaires et secondaires.

Entre ce microcosme et nos empires, on voit bien des différences de dimension, de développement, on ne voit aucune différence spécifique, intrinsèque. Et dans cette petite salle, comme dans une éprouvette, les visiteurs révèlent l'une ou l'autre pente de leur esprit. Les uns raillent l'ensemble des choses humaines, qui leur apparaît là par le petit bout de la lorgnette; leur premier mouvement est de faire rentrer le chêne dans le gland; ils ricanent : « Les dieux, les rois, voilà ce que c'est, en dernière analyse. » Bouvard est heureux de mépriser, et il ne se doute pas que son nihilisme, lorsqu'il refait d'un bond le chemin parcouru par la civilisation, trahit tout au fond de ses instincts un secret besoin de retour à la vie sauvage, un revenez-y de Papoua. D'autres sentent redoubler leur respect pour la longue ascension de l'humanité sur l'échelle de Jacob, pour l'effort de ce monde qui se crée perpétuellement en hauteur, pour la légitimité de ces pouvoirs qui reparaissent toujours comme le ciment nécessaire des sociétés, pour la vérité de cette divinité qui s'élève au-dessus de l'homme à mesure qu'il monte et lui dispense une quantité de lumière proportionnée à la conformation de son œil. — Ceux-là ne dédaignent pas Kalakaua, ni Kapriolani; ces potentats d'Honolulu « font la chaîne », comme on disait l'autre jour; ils la font entre les animalcules qui ont bâti leur royaume de corail et les César, les Napoléon. Dans une chaîne de maillons inégaux qui soulève un poids, l'effort est le même pour tous les anneaux, aussi considérable, aussi pénible, aussi méritoire pour le plus petit que pour le plus gros. — Je crains que ceci n'ait avec l'industrie qu'un rapport lointain. Ce n'est pas ma faute si cette Exposition est une mer sans fond; à quelque endroit que l'on jette la sonde, elle enfonce indéfiniment, elle ramène des choses inattendues, témoins qui nous parlent de régions mystérieuses, de fuites d'abîmes où n'arrive plus la lumière.

Tirons-nous du Pacifique, revenons en Europe : ce n'est qu'une rue à passer. Voici, dans les galeries de l'Europe centrale, le troisième type d'industrie : la production intense et multiforme, obtenue par la division du travail, accaparant les matières premières du monde entier pour les façonner à sa guise, perfectionnant et variant sans relâche ses articles pour les approprier aux ressources, aux goûts changeants des diverses catégories de consommateurs. Dans quel sens est dirigé le mouvement actuel de notre industrie? Il suit les courants du siècle, politiques, économiques et littéraires; il sollicite le plus grand nombre. Le négoce a imité le changement de front de l'histoire. Jadis, avant qu'on eût retourné la pyramide sociale, les artisans de marque se proposaient de satisfaire la cour d'abord, puis les grands qui singeaient la cour, la riche clientèle bourgeoise qui singeait les grands; leur calcul était de faire payer très cher à quelques-uns des objets de choix. Aujourd'hui, les fabricants qui visent les grosses bourses sont clairsemés; la plupart des étalages s'adressent au client inépuisable, à tout le monde. Sur plusieurs des belles étoffes exposées par les tisseurs lyonnais, des étiquettes mentionnent le destinataire; autrefois, ces étiquettes eussent porté les noms des familles souveraines ou des gens de finance; on y lit maintenant : « Fabriqué pour tel ou tel des grands magasins à bon marché. » Ce grand magasin, qui se substitue partout aux détaillants et les écrase, c'est le bazar des villes d'Orient, où l'acheteur trouve dans un même lieu tous les objets qu'il recherche. Comme l'architecture, le commerce nous montre l'extrême civilisation rentrant dans les vieux cadres de la vie asiatique pour les agrandir à sa mesure. Sous la diversité du décor qui masque l'identité des procédés, nos nouvelles mœurs commerciales nous reportent aux marchés de Tyr, de Babylone et d'Alexandrie, bien plus qu'aux boutiques de Paris sous François Ier, Louis XIV ou Charles X. Je trouve une nouvelle preuve de ces résurrections dans le projet proposé par des personnes considérables du commerce parisien et encouragé par le ministre du commerce : l'établissement à Paris d'une foire annuelle, « qui serait le pendant de celle de Nijni-Novgorod ». Quand on réfléchit sur cette adaptation des besoins nouveaux à des formes très primitives, sur ce mouvement général de retour aux pratiques de nos aînés, on est amené à se demander s'il ne ressuscitera pas chez nous des modes d'existence qui semblaient à jamais condamnés jusques et y compris l'usage collectif du sol.

Sous le rapport du sentiment artistique, la totalité de nos produits se divise en deux groupes bien tranchés. Dans le premier, la loi que nous constations en étudiant l'histoire du travail s'est vérifiée : l'ornementation a disparu ou achève de disparaître. Ce groupe est le plus nombreux, car il comprend presque tous les objets d'usage commun et à bas prix, ceux-là mêmes que l'imagination populaire enjolivait jadis à plaisir ; il y faut rattacher, dans la fabrication de luxe, tout ce qui ne tolère plus l'ornement de fantaisie, les étoffes unies, certains types de meubles, la carrosserie, les harnais, les armes, les instruments de toute nature et même les instruments de musique. On n'admet plus la peinture et la sculpture sur les bois d'un piano ou d'un violon. Il est difficile de s'expliquer comment la loi s'est étendue à des objets d'agrément qui servent un art. — Le second groupe réunit les industries qui demandent encore leurs séductions au relief et à la couleur, à la reproduction de la figure humaine, des animaux et des fleurs; tels les tissus destinés aux tentures et au vêtement féminin, les ameublements de prix, la céramique, la cristallerie, la bijouterie, le bronze ornemental. Nous devrons circonscrire notre promenade sur ce terrain; c'est le seul où la lutte industrielle pique notre curiosité.

On peut affirmer sans vaine complaisance que la France garde le premier rang dans cette lutte. A la vérité, le Champ de Mars ne nous offre pas les éléments d'une opinion définitive; il serait peu équitable de juger par défaut ou sur des pièces incomplètes les peuples auxquels leurs pasteurs ont déconseillé l'épreuve. Parmi nos concurrents de première ligne, les Anglais nous serrent de près; leur céramique, leur verrerie, gardent l'empreinte de ce génie tranquille et personnel qui fait de leurs salles de peinture, dans le grand capharnaüm des tableaux, un sanctuaire de noblesse et de poésie, une chambre des lords dans la république des arts. Peut-être l'emporteraient-ils sur nous, si le marché européen ne demandait à ses fournisseurs que la distinction souveraine, l'entente de la vie intérieure, le sentiment intime de la profondeur des choses. Tout ne plaît pas, dans les produits de leurs industries relevées; mais tout a du style. J'imagine que s'ils avaient exposé le plus démodé de leurs articles d'exportation, à ce qu'on assure, le parlementarisme, nous le retrouverions beau chez eux.

D'aucuns disaient le chêne britannique languissant et en mal de vieillesse; il apparaît ici bien vivant, plongeant par ses racines sous-océanes dans une réserve illimitée de sève et de richesse. La section anglaise renferme une dépendance où une porte d'or ouvre sur l'Australie; ce n'est qu'une province du monde tributaire, et le développement de cette province est fabuleux; Melbourne, fondée en 1851, compte 450,000 habitants; tout ce qu'on nous montre de cette ville nous rend l'image d'un organisme qui a déjà sa vie propre de grand État policé; le mouvement commercial dépasse deux milliards et demi. Quand on demandera à la race humaine, dans la vallée de Josaphat, ceux qui ont le mieux gouverné le monde et donné à l'homme le plus d'orgueil de sa condition, je crois bien que les morts de la vieille Angleterre se lèveront les premiers. Les nôtres seront déjà debout, parce que le juge aura appelé d'abord ceux qui ont le mieux éclairé ce monde et lui ont adouci la peine d'exister.

Je me suis promis d'être bref sur les sections étrangères. Nous devons un accueil courtois et des remerciements cordiaux aux exposants qui ont répondu à notre appel malgré la consigne; si l'on poussait les comparaisons entre eux et les nôtres, il faudrait faire entendre des vérités fâcheuses à quelques-uns; il faudrait constater la décadence irrémédiable du goût sous certaines latitudes. Ce serait mal répondre à un empressement que les circonstances ont rendu très méritoire. Je me bornerai à quelques compliments sincères. Il en faut adresser à presque tous nos rivaux, comme à nous-mêmes, pour les progrès de la céramique. Jamais on n'en avait tant fait, jamais on ne l'avait si bien faite. Le développement universel de cette belle industrie est l'un des traits saillants de l'Exposition de 1889. Notre siècle finissant demande aux potiers d'égayer ses derniers regards, et par ce côté encore il revient aux origines, à l'un des premiers arts où s'essayèrent les hommes, à celui où excellaient les anciennes civilisations. Il semble que la terre émaillée sous toutes ses formes, depuis la porcelaine jusqu'aux laves et aux carrelages, se prépare aux destinées brillantes qu'on lui promet dans la décoration intérieure et extérieure de nos maisons. Les artistes qui la travaillent renouvellent leurs procédés, leurs dessins, leur palette, à Paris et dans nos fabriques provinciales, comme à Londres et à Minton. Le Danemark mérite une mention spéciale pour ses camaïeux, où les paysages nationaux sont rendus avec tant de charme et d'originalité. Je voudrais pouvoir en dire autant des colorations violentes qu'on affectionne à Vienne et à Pesth. En Belgique, où l'on est las apparemment de s'entendre reprocher la contrefaçon des modernes, un fabricant refait dans la perfection les faïences à fleurs de Rhodes et d'Asie Mineure. Les Hollandais maintiennent les glorieuses traditions de Delft avec ces plaques à grands sujets, si gaies et si franches de ton. Elles ne se trouvent pas, le croiriez-vous? chez M. van Houten, qui nous guette à tous les recoins de l'Exposition avec son cacao, qui enrégimente au service de cette denrée les Frisonnes joufflues et les maigres Javanaises, et qui a vraiment le cacao encombrant.

Avec la céramique, l'orfèvrerie est l'industrie d'art la mieux représentée chez tous les peuples, celle où se marque le plus nettement la personnalité de chacun d'eux. Ici encore, le Danemark vient en bon rang, l'inspiration de ses modeleurs ne doit rien qu'à elle-même. Les Russes ont leurs orfèvres-émailleurs; malheureusement, les maîtres de Moscou ne nous ont pas apporté cette année tout ce qu'ils pourraient montrer pour grandir leur légitime réputation. Même regret pour M. Castellani, qui ne nous a pas donné le plaisir de revoir ses bijoux grecs et pompéiens. L'Espagne, tour à tour étincelante et sombre, est tout entière dans le travail de ses damasquineurs, dans ces plats et ces boucliers de fer noir où le fil d'or promène ses arabesques, sème des fleurs brillantes sur un champ de deuil, tisse des manteaux de vermeil sur les épaules des nègres. On se figure ainsi la vaisselle d'un roi maure, somptueuse et triste; pour décrire l'élégance nerveuse, un peu sèche, des métaux alliés sous le marteau de Zuloaga, il ne faudrait rien moins qu'un sonnet de M. de Heredia. L'argenterie anglaise, autrefois consacrée par la mode, semble moins prisée depuis que notre engouement va au frère Jonathan.

Il est convenu qu'il faut se pâmer devant les vitrines de M. Tiffany, devant le luxe étourdissant de ces hanaps ventrus, de ces bijoux contournés, rehaussés d'énormes gemmes inédites. L'argentier de New-York rencontre des effets d'une étrangeté saisissante dans les dessins qu'il empruntait naguère à l'archéologie assyrienne, dans ceux que lui inspirent maintenant les monstres de tous les règnes, les éléphants, les orchidées.

Mais est-ce bien le dernier mot de l'art, ces formes massives et ces lourdes végétations ? Elles prouvent surtout aux pauvres diables d'Européens que l'argent coule dans les creusets américains comme la fonte dans nos hauts fourneaux; on les dirait combinées pour bien emplir les larges paumes des manieurs de pépites, pour chatouiller de leurs saillies les calus restés aux mains qui ont brandi le pic dans les placers. Et ce doivent être de fortes femmes, celles qui se servent de ces objets de toilette et portent quelques-unes de ces parures. Après avoir admiré comme il faut les rudes inventions du Nouveau Monde, je sens combien je suis arriéré, quand mon plaisir me ramène devant les œuvres délicates de nos ciseleurs, par exemple, les *Sept péchés capitaux,* le coffret exécuté par M. Diomède pour un de nos grands orfèvres parisiens.

Le succès de M. Tiffany est dû pour une bonne part à l'imitation hardie des Japonais. Alors, que l'on me conduise tout droit chez ces prodigieux bonshommes. Peu ou prou, toute l'industrie européenne les imite aujourd'hui, les orfèvres comme les céramistes; mais vis-à-vis d'eux nous serons toujours des disciples bien gauches. Le ciel leur a départi le plus rare des dons, celui de voir le monde comme il est, vivant et divers. Pour un Japonais, il n'y a pas deux fleurs, deux insectes, deux gestes qui se ressemblent. Leur petit œil est ainsi fait qu'il embrasse toute la nature et en dissocie les éléments, afin de recomposer avec eux une seconde création, rivale de l'autre. Toutes les matières leur sont bonnes pour donner un corps à la vie inépuisable qu'ils ont dans les doigts, et ils varient de mille façons chaque matière, les bois, les argiles, les métaux, auxquels ils savent seuls communiquer une patine incomparable. Les connaisseurs n'estiment pas que le génie du Nippon ait fait à l'Exposition tout l'effort dont il est capable; sa fécondité n'en est que plus caractéristique sur des objets de fabrication courante et de mince valeur. Quel enchantement, cette salle! Elle contient tous les êtres possibles, tout l'univers des formes, et chacune est aussi inattendue qu'elle est vraie. Regardez ce paravent où les brodeurs ont jeté une centaine de figures; pas un de ces personnages qui n'ait son mouvement personnel, sa plaisanterie particulière; toutes ces petites âmes falotes méditent des drôleries différentes. Placez à côté du paravent la plus joyeuse kermesse de Teniers; elle paraîtra monotone et inanimée. De même, quand on revient chez nous en sortant de la salle japonaise, tout ce qui est dans notre art simple reproduction de la nature semble timide et figé. J'aurai l'occasion de chercher tout à l'heure par où nous prenons notre revanche.

Avant de quitter les étrangers, je veux faire encore un compliment collectif et l'adresser à la Norvège. La section norvégienne est une oasis; tout y repose les yeux charmés : ils ne voient que des produits naturels et loyaux, de beaux bois coquettement assemblés, une orfèvrerie originale dans sa modestie, des fourrures de prix légères comme des soies et disposées par des mains ingénieuses. Pas une faute de goût dans cette salle; on y chercherait vainement ce qui abonde dans tant d'autres, un tapissier ou une modiste à l'instar de Paris, une loque de peluche, un simili quelque chose. Tout y donne l'idée d'une race honnête, simple et forte, qui ne s'endimanche pas avec nos vieilles modes et se contente de sa distinction innée. Depuis longtemps, le talent vigoureux de ses paysagistes commandait notre admiration; ses chanteurs ont achevé de nous prouver qu'on est doué pour tous les arts chez ce peuple parfaitement aimable.

Je voudrais aussi trouver quelque mérite rare dans une section plus exiguë, celle de la république de Saint-Marin. Voici pourquoi. Un jour que j'y admirais, — en photographie, — le capitaine des gardes-nobles, qui a une mine tout à fait triomphale à la tête de sa compagnie, un citoyen de cette république expliquait près de moi à quelques visiteurs la politique de son pays. Il disait que Saint-Marin s'était consulté pour savoir s'il convenait de répondre à l'invitation de la France. Le refus de l'Italie rendait la décision délicate; « mais, ajoutait-il, nous nous sommes rappelé que la France nous a toujours protégés, sous Napoléon comme sous Louis XIV; l'Italie refusait, Saint-Marin a accepté ». En d'autres temps, je crois volontiers que cette affirmation, faite avec une certaine solennité, eût éveillé des idées gaies. Par ce temps d'Exposition, on devient très naïf; cette obole de reconnaissance me parut tout autre chose que ridicule. Il me sembla qu'avec ces quelques mots, l'étranger racontait toute l'histoire de ma pauvre sotte de patrie, qui s'avise de jouer en ce monde le rôle de la justice éternelle, qui se met à dos les puissants et les forts, et qui s'en revient de ses batailles séculaires, meurtrie, abandonnée de tous, récompensée par la fidélité de la république de Saint-Marin; il me sembla que cet inconnu témoignait pour toute la conscience de l'humanité : elle juge autrement que la sagesse des chancelleries, elle sent confusément que, si la plus haute gloire des saints est faite des verres d'eau donnés aux misérables, la meilleure grandeur d'un peuple est trempée dans les folles gouttes de sang qu'il a versées pour le droit des faibles et des petits.

Notre génie est humain; dans ce mot gît tout le secret de notre supériorité artistique et industrielle. Nulle part le trait distinctif du caractère national ne s'est conservé plus visible que dans les produits de nos industries décoratives. D'autres apporteront peut-être aux mêmes ouvrages plus d'originalité, plus d'audace, une poésie plus pénétrante; les nôtres gardent la faveur des hommes, parce qu'ils se font comprendre de tous. Ils ont toujours bonne grâce, s'ils n'ont pas toujours grand air; ils étonnent rarement, ils plaisent à coup sûr. Ce qu'on en voit à l'Exposition révèle les qualités héréditaires de nos ouvriers d'élite, la souplesse qui s'accommode à tous les besoins, la politesse traduite en œuvres, l'ingéniosité plutôt que la grande invention, l'extrême habileté de main à défaut de conceptions très neuves, et surtout cette bonne humeur qui passe dans les choses, qui les rend aimables et légères, qui fait dire à l'acheteur sur les marchés les plus lointains : « Je préfère une jolie chose de France. » Quand elle vaut deux sous, elle est souvent affligeante pour l'esthétique; mais sa gaieté et l'envie qu'elle a de plaire persuadent toutes les petites bourses; plus relevée et sortie des doigts d'un artiste, elle ne fera peut-être pas rêver les chercheurs de sensations profondes, mais elle charmera partout la bonne compagnie.

Ces qualités ont leur plus haute expression dans le magnifique trophée des soieries lyonnaises ; je suis moins sensible encore à leur beauté qu'à la souplesse dont elles témoignent chez ces braves canuts. Ils courent après la plus mobile des fantaisies, celle de la mode ; ils parviennent toujours à la ramener chez eux. Partout, si l'on prend les industries d'art à un certain niveau, l'Exposition atteste que notre goût est en progrès ; il est rare de rencontrer une défaillance choquante dans l'ameublement, la bijouterie, la décoration de toute nature. La science n'a jamais été plus sûre et plus générale, elle n'a jamais eu à son service un travail plus habile ; nos grands fabricants sont des critiques et des archéologues. Nous avons vu comment les tapissiers reproduisaient les chefs-d'œuvre des métiers d'Asie ; les céramistes font de même pour les faïences d'Orient, les orfèvres et les ébénistes pour nos styles nationaux. Devant telle imitation achevée d'un meuble Louis XIV ou d'une pièce d'argenterie du dernier siècle, on se dit que les Boule, les Germain, les Roitiers signeraient sans hésiter les œuvres de leurs successeurs ; le malheur est que ceux-ci nous donnent seulement ce que les autres nous avaient déjà donné. Pour expliquer comment notre siècle a tous les styles et ne trouve pas le sien, il faudrait récrire, à propos des arts du mobilier, tout ce que nous suggérait l'architecture. Le phénomène est si évident, l'observation en est si banale, qu'en y insistant je répéterais ce qu'on a lu partout. S'il est, dans tous les ordres de production, un de nos contemporains chez qui le sens critique n'ait pas amaigri l'imagination, que celui-là jette la première pierre dans la rue du Sentier.

On pouvait espérer que l'Exposition, où tant de choses

nouvelles se laissent deviner dans une brume d'aube, trahirait quelque effort d'ensemble vers ce style attendu. Il n'en est rien, et, à vrai dire, je ne l'attends guère là où on le cherche. S'il doit apparaître, il viendra d'en bas, des milieux où l'industrie est forcée à plus d'initiative, par un plus grand bouleversement de ses habitudes. Nous nous sommes déjà expliqué sur ces thèses générales ; il est plus intéressant de chercher dans les sections françaises les protestations individuelles contre le *statu quo*. J'en voudrais signaler trois. Il y en a d'autres, sans doute, mais moins vigoureuses. Je prie les auteurs de ces dernières d'excuser mon silence à leur égard : dès le début, notre causerie s'est défendue d'être un catalogue. L'industrie parisienne voudra bien me pardonner de lui proposer en exemple deux provinciaux et un expatrié.

L'expatrié, c'était ce pauvre Lanseray, mort naguère en Algérie de l'usure prématurée du travail. On peut voir dans la section russe la collection de ses bronzes d'art ; il n'y a de russe ici que l'emplacement ; notre compatriote travaillait depuis quinze ans à Pétersbourg dans la maison française de M. Chopin. Mis en présence d'une nature nouvelle, le jeune artiste s'en éprit et la comprit ; du métal qu'il modelait il tira sans relâche les types pittoresques de l'Asie, hommes et chevaux cosaques, turcomans, bachibozouks. Je ne sais rien de supérieur comme audace de mouvement et traduction fidèle d'une vie particulière. Je n'accumulerai pas ici des descriptions qui fatiguent sans persuader ; un regard jeté sur quelques-uns de ces groupes, — et tout d'abord sur les deux fauconniers kirghiz campés à cheval devant la porte de la section, — permettra aux artistes de vérifier mes dires ; qu'ils veuillent bien refaire une promenade dans la galerie des bronzes, où les points de comparaison ne manquent pas, ils verront mieux ensuite ce que l'art a perdu par la mort de Lanseray.

Venons maintenant à l'atelier d'orfèvrerie religieuse créé à Lyon par M. Armand Calliat. On s'y propose une tâche ardue entre toutes : renouveler l'art le plus obstinément immobile, enchaîné qu'il est par des traditions inflexibles et par la routine de la clientèle spéciale qui le fait vivre, si c'est là vivre. Avant d'examiner l'œuvre de l'orfèvre lyonnais, il n'est pas inutile de passer en revue les spécimens de ce commerce, désolant pour l'art comme pour le sentiment religieux, que je n'hésite pas à appeler la camelote de piété. C'est le pire des poncifs, le poncif de sacristie. Depuis trente ans, M. Armand Calliat travaille à ressusciter le cadavre; il lui communique son âme, l'âme mystique et laborieuse qui leur fait un génie si personnel, dans la ville d'Ozanam et de Laprade, de Flandrin et de Puvis de Chavannes. Le maître a formé des ouvriers émérites, famille qui demeure fidèle à l'atelier de Fourvières, qui travaille là comme on travaillait il y a cinq siècles, unie sous la direction du chef dans la même foi religieuse et artistique. Il a adopté un style, le roman, dont il ne s'écarte jamais. De patientes études l'ont armé de toutes les ressources du métier ; il a étendu et diversifié l'emploi des émaux, des nielles, des ivoires. Mais surtout il est parti d'une idée bien simple : il s'est dit qu'au lieu de réduire l'ornementation des vases sacrés à quelques motifs rebattus, toujours les mêmes, il fallait ouvrir les *Vies des Saints* et puiser à cette source intarissable les merveilleuses histoires, les symboles particuliers qui se dérouleraient sur les reliquaires, les ostensoirs, les calices, racontant la gloire du bienheureux auquel l'objet est dédié. Ce qu'a produit l'application de ce principe, on peut le voir dans les trente ou quarante pièces exposées cette année. Le reliquaire de Saint-Louis de Carthage a les dimensions d'un véritable monument; les deux figures principales suffiraient à la réputation d'un sculpteur. Sur des pièces de moindre importance, la vie du saint est un poème en action; les figurines enlevées sur l'or à la base des calices se meuvent avec la grâce et la liberté des panégyries autour d'un vase grec. J'aurais quelques réserves à formuler sur les tentatives de M. Armand Calliat; il a gardé de son premier maître, M. Bossan, l'amour de la symbolique touffue qui égara cet architecte dans la décoration de la basilique de Fourvières; allégés et simplifiés par des coupes sombres dans les allégories, certains ouvrages plairaient mieux. Je ne suis pas sûr que les tons des émaux et leurs combinaisons soient toujours irréprochables. Erreurs d'un chercheur passionné, entraînées pêle-mêle avec les heureuses trouvailles dans un souffle de vie, une flamme de foi comme l'orfèvrerie sacrée n'en avait peut-être jamais connu, depuis les joyaux que nous admirons à l'Exposition rétrospective du Trocadéro.

Là-haut, la foule se presse devant les trésors des abbayes; ici, elle passe inattentive, rien ne l'avertit que l'âme perdue est rentrée dans ces cloisons de vermeil. La foule s'ébahit devant l'étalage de M. Tiffany, elle garde tous ses applaudissements pour le prestigieux Américain. Songez donc! un homme qui montre des millions de dollars dans sa vitrine, qui a retrouvé le métal de Corinthe en pilant dans une aiguière la Californie et le Nevada. Mais qu'importe à notre tranquille artiste ? Il regagnera la vieille maison de travail, dans l'ombre et le silence de la montagne lyonnaise ; il rouvrira le volume des Bollandistes à la page abandonnée. Consolé de l'indifférence des hommes, la joie renaîtra pour lui dès qu'il fixera sur l'or et l'émail les belles visions qui remonteront du livre, comme montent au sommet de la tour les fleurs mystiques du rosier de sainte Roseline, sur cette monstrance qu'il a ciselée pour elle ; le rêve idéal des pieux compagnons de Fourvières, un moment interrompu par notre bruit, repartira sur ces ailes irisées, constellées d'yeux dont la prunelle d'azur rappelle les yeux de Roseline, qui furent enclos dans ce reliquaire.

Plus heureux est M. Émile Gallé, le triomphateur de l'industrie mobilière à l'Exposition. Tout le monde applaudit à l'initiative de l'artiste lorrain. Artiste en quoi ? me demandera-t-on. Artiste en tout ce qui lui tombe sous la main, en bois, en verre, en terre cuite ; mais surtout artiste en chimères, toujours prêt à les emprisonner dans le premier objet sur lequel il les saisit, table, bahut, bouteille ou pot de grès. Voici enfin, dans notre morne république de la division du travail, un homme qui nous fait comprendre la folie de l'art, telle que Vasari la décrit chez les maîtres florentins, alors que, tourmentés par des formes trop nombreuses, ils en délivraient leur imagination avec tous les instruments, sur toutes les matières, dans un besoin de création universelle et continue. Bénissons le caprice du sort qui a fait naître un Japonais à Nancy. M. Émile Gallé a ce regard dont nous parlions tout à l'heure; il l'a dirigé sur une autre flore, et ces mêmes plantes dont nous avions fini par faire une ornementation conventionnelle, il leur a rendu une personnalité, un langage; il a retrouvé les lois mystérieuses de leurs attitudes, soit qu'il incruste leur image dans la marqueterie de ses meubles, soit qu'il la jette dans la pâte de ses cristaux. Après les fleurs, tout le monde des vivants y passe, les oiseaux, les poissons, les insectes, et des hommes aussi, des figures et des corps d'aujourd'hui, tels que les a vus M. Gallé dans les champs où il herborisait. Après l'exacte réalité, ses recompositions spirituelles : des larves d'êtres qui pourraient exister, qui luttent tragiquement pour arriver à la clarté de la vie, dans les demi-ténèbres de ces verres fumés que l'artiste affectionne. Parfois la fantaisie du symboliste procède d'Edgar Poë et de Baudelaire; elle demande à cette matière complice des songes, le verre, de rendre des hallucinations qu'on approuverait au Chat noir et que signerait M. Odilon Redon; mais d'autres ouvrages laissent croire, par l'abondance et la profondeur de cette fantaisie, que l'artisan lorrain s'est plutôt nourri de Shakespeare, et qu'il loge dans son cerveau la machine à transformer le réel où l'on reconnaît les grands poètes.

Quand on le compare à ses maîtres techniques, les Japonais, on aperçoit bien par où nous leur devons être supérieurs, et la comparaison permet de mettre des distinctions suffisamment précises sous ces mots vagues : le réalisme et l'idéalisme. Malgré toute son habileté, M. Gallé n'extraira jamais du monde extérieur la quantité de vie qu'un Japonais sait en tirer; mais cette vie, l'homme d'Orient ne peut la retravailler que jusqu'à un certain point; il lui manque l'outil que nous devons à une hérédité intellectuelle plus complète, plus riche. Et la suprême jouissance de l'art, quoi qu'on en dise, n'est pas dans la vue, mais dans la vision, parce que l'intérêt le plus poignant pour nous n'est pas dans les choses, il n'est pas même dans le spectacle de la vie générale, si puissante que vous nous en rendiez l'image; il est dans l'homme, et dans ce que l'homme connaît le moins de lui-même. — Regardez chez M. Gallé ce petit flacon, une simple bulle de verre au long col, où des hirondelles perchent sur une branche défeuillée, si tristes, au-dessus de quelques rimes qui parlent de l'automne. C'est là ce que les peintres de pur métier, et qui se croient réalistes, appellent dédaigneusement le genre littéraire, le genre romance; ce que nous appelons, nous autres pauvres hères, la poésie. Cela, c'est interdit au Japonais, parce qu'il y a dans cette bulle, accumulé par les siècles, tout un trésor patrimonial de pensées, de souffrances, de morales, d'inquiétudes et de mélancolies supérieures, toute la revision du monde par le regard intérieur, depuis Homère jusqu'à nous. La vue d'un vase japonais me procure un vif plaisir; mais si l'on pouvait mesurer au sphygmographe l'intensité des sensations esthétiques, la courbe de l'instrument s'élèverait pour chacun de nous, aussitôt qu'on substituerait à ce vase, sous nos yeux, le flacon du poète occidental.

En quittant ce révolutionnaire qui a réussi, je me sens encouragé à placer un propos subversif. Nous aurions dû commencer cette promenade en allant rendre nos hommages dans les chapelles officielles où Sèvres et les

Gobelins exposent leurs produits. J'y fus. J'ai vu l'État gracieux et correct dans son rôle de fabricant gardien du goût; j'ai admiré comme il recuit fidèlement le biscuit qui plaisait à Mme de Pompadour, comme il repeint avec adresse la bergère dans le fond de l'assiette et la guirlande sur le marli, comme il rebrode sur les métiers de haute lisse, en trompe-l'œil chromolithographique, les *Saisons* et les *Points cardinaux*. On dirait de l'huile. En sortant, je me suis enquis du budget des manufactures nationales; pour Sèvres, Beauvais et les Gobelins ensemble, c'est bien près d'un million. J'ai calculé la fraction de centimes afférente à ma cote personnelle sur ce million, et je prévois que désormais, je verserai ces centimes au percepteur avec plus de tristesse.

Je comprends le roi Louis XIV et le roi Louis XV encourageant l'essor d'industries difficiles, peu répandues, et créant pour l'usage de la cour, — c'est dans cet esprit que furent fondés les Gobelins, — un atelier où les meilleurs ouvriers travailleraient à l'ameublement des palais. Je comprends, aujourd'hui encore, le roi Christian IX établissant en Danemark cette manufacture dont nous avons loué les produits. Mais vous et moi, à Paris, en 1889, pourquoi encouragerions-nous deux industries spéciales au détriment des autres, alors que vingt, trente céramistes ou tapissiers peuvent faire les mêmes choses, si on les leur demande, avec le seul stimulant de la concurrence commerciale? Et les économistes affirment qu'à conditions égales l'industrie privée travaille toujours mieux que l'État. Si on ne les demande pas, ces choses, pourquoi les faire? Pour envoyer des présents aux souverains exotiques? Mais avec un bon crédit de vingt mille francs, M. le ministre des affaires étrangères trouvera, rue Paradis-Poissonnière, de quoi combler tous les potentats de l'Asie.

Loin de nous toutefois la pensée de réclamer l'extermination des manufactures nationales : ce serait plus révolutionnaire que d'attaquer le trône et l'autel. Je prends date pour une modeste requête. On nous promet, à la saison prochaine, quatre ou cinq gouvernements très différents, mais qui ont tous ceci de commun qu'ils seront « réparateurs ». Je supplie le gouvernement réparateur qui triomphera de relire d'abord la charte de fondation des Gobelins. Il n'y est pas dit : « Vous broderez les *Saisons* et les *Points cardinaux*. » Il y est dit : « Le surintendant de nos bastimens et le directeur soubs lui tiendront la manufacture remplie de bons peintres, maistres tapissiers de haute lisse, orphèvres, fondeurs, graveurs, lapidaires, menuisiers en ébène et en bois, teinturiers et autres bons ouvriers, en toutes sortes d'arts et mestiers qui sont établis et que le surintendant de nos bastimens tiendra nécessaire d'y establir. » En conformité de ces dispositions, je supplie le futur Colbert de faire venir de Nancy M. Gallé et de lui dire : « Voilà nos bâtiments, Sèvres, les Gobelins, et voici le million. Apportez chez nous l'esprit de vie qui vous tourmente, formez des ouvriers à votre image. Jetez dans nos fours et sur nos métiers la moisson de fleurs, le peuple d'animaux, l'essaim de chimères qui fermentent à l'étroit dans votre cerveau; poursuivez-les où et comme il vous plaira, choisissez à votre guise le bois, le verre, la laine, la brique, la pâte tendre ou la pâte dure, pourvu que vous donniez de haut à l'art français des directions rajeunies et de nouveaux moyens d'expression. » — Imagine-t-on des *fables* de La Fontaine brodées ou peintes d'après des cartons de M. Gallé, et montrant comment varie, à deux siècles de distance, l'interprétation de la nature par le regard de deux rêveurs d'une même famille? Ou bien encore la décoration, par le même artiste et pour quelque palais d'assemblée délibérante, des deux portes où Virgile voyait passer les songes, la porte d'ivoire et la porte de corne,

> Qua veris facilis datur exitus umbris?

Mais le Colbert de l'an prochain ne fera pas cela. Je continuerai de payer mes centimes de bergères, de guirlandes et de *Saisons*, puisqu'il le faut. Et je demeurerai un peu plus persuadé que le gouvernement « réparateur » est, lui aussi, un mirage, comme ceux que le verrier de Nancy s'efforce de fixer dans le cristal; qu'il a cette conformité avec notre rêve, à nous autres écrivains, que l'un et l'autre ne sont beaux que la veille, en espérance, jusqu'à l'heure où le papier et le peuple les ont soufferts.

VI

LES BEAUX-ARTS.
CENT ANS DE PEINTURE FRANÇAISE.

1er septembre.

Nous avons parcouru jusqu'ici les grands départements du travail, nous avons vu à l'œuvre les ouvriers qui créent le monde réel; sauf dans quelques districts, il nous a paru que l'art se retirait de plus en plus de ces besognes, toutes concentrées sur l'utile. Entrons maintenant chez les ouvriers qui inventent le monde imaginaire; ils ne furent jamais plus nombreux, plus actifs, plus habiles. L'art pur prend sa revanche dans le palais qui lui a été réservé; ce palais suffirait seul pour attirer l'Europe au Champ de Mars. On peut rêver un logement mieux approprié à sa destination : dans la plupart de ces cabinets improvisés, la lumière est mesurée aux tableaux avec parcimonie; quelques-uns d'entre eux restent perpétuellement plongés dans une ombre affligeante. Mais aussi, ils sont trop; nous retrouvons ici la loi d'airain, la concurrence effrénée, le fort ravissant au faible sa part de jour et de cimaise. Je pense avec commisération au malheureux critique d'art chargé d'inventorier ces richesses : toute la peinture française depuis cent ans, et un peu de la peinture de toutes les nations; la sculpture, le dessin, l'eau-forte, l'architecture; et ces corps francs qui campent à part, les aquarellistes, les pastellistes... Je me le figure, ce critique infortuné, entrant là pour la première fois et songeant avec inquiétude à tout le bagage que réclame son état : une esthétique générale, des théories particulières, un enthousiasme convenable pour les morts, d'aimables complaisances pour les vivants, des phrases nouvelles pour labourer, lui centième, les communaux stériles de la ligne et de la couleur, du glacis et de l'empâtement... Ah! le pauvre homme!

C'est ici que je m'applaudis d'avoir sollicité, dès notre première promenade, le droit d'être incomplet, distrait, inique, et de ne suivre que la fantaisie. Je me récuse pour parler savamment de la peinture ; je ne possède point un de ces beaux systèmes qui permettent de se tromper avec autorité. Au lieu de voir paraphraser les jugements de nos arbitres parisiens, le lecteur sera peut-être curieux de connaître les impressions prime-sautières d'un étranger, mis pour la première fois en présence de notre art national. J'ai justement l'affaire sous la main. Quelques jours après l'ouverture de l'Exposition, sous les arcades bleues du palais de M. Formigé, je rencontrai un jeune critique d'art qui exerce sa magistrature sur le bas Danube. Il appartient à une de ces nationalités en mouvement, de création récente, sur lesquelles nous sommes encore mal informés; par crainte de commettre quelque erreur d'attribution politique, — ces peuples des confins de l'Europe sont très chatouilleux à cet endroit, — nous l'appellerons avec une précision approximative un Sarmate. Il a étudié dans les universités d'Allemagne, il a fait les pèlerinages classiques en

Italie et en Hollande; divers contre-temps l'ayant empêché jusqu'à ce jour de venir à Paris, il savait de notre génie artistique ce que lui en avaient appris de gros livres d'esthétique imprimés à Leipzig, et quelques toiles de nos deux derniers siècles rencontrées dans les salles françaises des musées étrangers. — Du plus loin qu'il me reconnut, le jeune Sarmate se précipita sur moi, avec l'exubérance d'enthousiasme propre aux gens de sa race, en secouant les longs cheveux que comporte son genre d'études, dans les pays du bas Danube. Comme il me dit d'abord des choses fort douces, je l'écoutai attentivement.

— Ah! monsieur, quel triomphe pour votre patrie! quelle révélation pour moi! Je n'ignorais pas que vous aviez eu dans ce siècle, que vous avez encore quelques bons peintres; je savais qu'à côté d'eux l'industrie française a créé dans Paris une fabrique d'images inépuisable, sans rivale pour l'adresse et le goût, qui fait de votre ville le grand marché de toile peinte pour les deux hémisphères; mais je croyais, sur la foi de mes premiers maîtres, que c'était là affaire de mode, et qu'on venait s'approvisionner dans les ateliers de vos artistes comme dans ceux de vos couturières et de vos joailliers. L'Exposition du Centenaire m'apprend ce qu'il faut penser. On ne m'en imposera plus avec la supériorité désespérante des grands siècles du passé, des grandes écoles d'Italie, d'Espagne ou de Flandre. Le dix-neuvième siècle français peut soutenir la comparaison avec toutes les époques, pour le nombre, la perfection et surtout la variété des chefs-d'œuvre. Ce David, monsieur! Y eut-il jamais un meilleur portraitiste, un plus habile compositeur de grandes scènes historiques? Rubens lui-même a-t-il eu plus d'influence sur son temps? Je reviens chaque jour devant le tableau de Meissonier, *1814*...

— On dit : M. Meissonier. Il est vivant, et très jeune.

— Ce n'est pas vraisemblable. Quand on a signé de pareilles choses, on est toujours mort. — Voilà du drame humain! Réaliste ou idéaliste, je n'en sais rien; mais je ne trouve pas dans mes souvenirs une représentation du réel, ou du possible, qui m'ait ému plus fortement, avec autant de sobriété dans les moyens. C'est du Mérimée colossal. Il faut qu'il y ait dans votre génie français un don spécial de concentration, grâce auquel ce peintre a rassemblé dans quelques centimètres carrés toutes les impressions que le génie de Tolstoï accumule avec un gros volume; toute cette tragédie, l'écroulement de l'Empire, votre contemporain la renouvelle après ce visionnaire épique, Charlet. Vous ne mettez pas assez haut Charlet. Vous demandez l'illustration de la légende aux pages officielles du baron Gros; ce fut un homme de grand mérite; mais quand vous préférez son interprétation à la divination de Charlet, vous êtes toujours les mêmes gens qui étudiez l'histoire de l'Empire dans le livre de M. Thiers, au lieu de la sentir dans celui de Ségur. — Et Horace Vernet! Encore un qui est bien de chez vous. D'autres peuvent vous vaincre; mais les soldats qui vous auront vaincus ne seront jamais peints de cette leste main de troupier. A lui seul, Horace Vernet doit vous consoler de l'*Histoire parlementaire* de M. Duvergier de Hauranne...

8.

— Tout beau, mon jeune ami, il y a du bon dans l'un et dans l'autre.

— Pardon, je vois que vous êtes un doctrinaire. Nous autres Barbares, nous tenons que l'action est le plaisir de la vie, et nous ne savons pas rester assis sur un canapé. — Je ne vous parlerai plus de consolation, à propos des épisodes retracés par un autre peintre militaire, Alphonse de Neuville; les Barbares, qui ne comprennent pas tous vos fétichismes, savent compatir aux grandes douleurs d'un peuple; mais si cruelles et inexprimables que soient les vôtres, il me semble que Neuville en a touché le fond, par instants. Comment louer vos paysagistes? Je croyais jusqu'à ce jour que depuis Ruysdaël personne n'avait vraiment aimé la terre, les bois et les eaux. Rousseau et Millet me prouvent que je me trompais; il faudrait ériger une statue au premier dans chaque forêt, au second dans chaque village. Je suis prêt à confesser que les bêtes de Troyon valent celles de Paul Potter. Vos orientalistes m'ont rendu les visions de l'Orient, depuis Marilhat et Decamps jusqu'à Fromentin et Guillaumet. Dans tous les genres vous atteignez l'excellence. J'ai vu bien des fresques; il y en a des kilomètres dans Munich; les murs en sont tout gelés. Qui a peint la fresque dans notre siècle comme M. Puvis de Chavannes? S'il eût vécu aux jours du Poussin, il se fût peut-être astreint à un dessin plus méticuleux; il n'aurait pas pu avoir plus de style, plus de grandeur sereine dans ses conceptions. Pourquoi expose-t-il ici des morceaux de détail qui font gloser les malintentionnés? Votre gouvernement devrait l'enchaîner à une main courante, le long d'un mur qu'on élèverait autour de Paris, et le condamner à peindre ce mur jusqu'au bout. Dans quelques centaines d'années, les Américains viendraient en gratter des parcelles, comme ils font dans les cloîtres d'Italie. — Je cite des noms au hasard ; pourtant, ce que j'admire le plus, chez vous, ce n'est pas le relief de quelques individus, c'est la puissance de l'ensemble. Partout du talent, du savoir, une recherche libre et personnelle. Tel peintre, dont j'ignorais le nom, m'émerveille. Avec votre menue monnaie, d'autres peuples se feraient un trésor artistique qui suffirait à leur orgueil. Voilà d'où vient notre surprise, à nous autres étrangers ; nous connaissions par à peu près l'école française, celle dont on nous enseigne l'histoire dans toutes les académies d'Europe ; nous professions une estime respectueuse pour ses maîtres officiels, patentés au dehors, depuis Eustache Le Sueur jusqu'à M. William Bouguereau. Nous entrons ici, et toutes nos idées acquises sont renversées par cette sortie torrentielle de l'art français. — J'en suis accablé, monsieur, j'en demeure stupide, et je vais de ce pas l'écrire à la *Revue des pays danubiens*.

— Vous pourrez ajouter que l'Exposition est bien incomplète ; votre impression serait plus vive, si nous avions mis en ligne toutes nos forces. Plusieurs de nos maîtres sont trop peu ou trop mal représentés pour qu'il vous soit possible de prendre ici leur mesure : Prud'hon, Gérard, Ary Scheffer, Flandrin, Regnault, Baudry, et vingt autres. Il y a des absents. L'Exposition vous laisse ignorer la prodigieuse imagination d'un Gustave Doré. Elle ne vous montre pas quelques-uns de nos meilleurs portraits d'hommes, ceux de Mlle Jacquemart. Enfin elle ne vous renseigne pas sur notre sculpture. Les chefs-d'œuvre de la sculpture, vous le savez, sont immeubles par destination. Il ne fallait pas songer à les transporter au Champ de Mars. D'ailleurs, on ne disposait que d'un emplacement exigu, et la courtoisie nous commandait de nous serrer pour y mettre nos hôtes plus à l'aise. Voyez quelle large place nous avons faite, dans la grande galerie, à la sculpture belge, aux hommes d'État belges, aux mineurs belges, aux nymphes belges.

— Je le sais. Aussi ne vous parlerai-je pas de la sculpture. Et cependant, je devine ce dont elle est capable par le peu que j'en vois : la *Jeanne d'Arc*, le *Chanteur florentin*, l'*Arlequin*, le bas-relief de *Mirabeau*, et tous ces bustes si vivants. Je regardais tout à l'heure celui de Baudry. Il est, je crois, de M. Dubois. Monsieur, si l'on avait trouvé ce bronze dans quelque fouille romaine, les coffres des amateurs se videraient pour disputer un morceau si achevé. Mais je n'insiste pas. Je comprends qu'il faut réserver mon sentiment sur une réunion où tant de gens furent empêchés de figurer. Revenons à la peinture. Telle quelle, avec ses omissions ou ses erreurs, elle suffit à ma joie. J'aime surtout...

— Je vous en prie, m'écriai-je, pas trop de louanges nominatives. Vous pourriez oublier mes amis, et j'en aurais regret. Dites-moi plutôt les idées générales que notre école vous suggère. Ce doit être votre fort, les idées générales, puisque vous avez fait votre éducation en Allemagne.

— Eh! monsieur, interrompit le Sarmate, que parlez-vous d'école? Voilà un mot qui n'a plus de sens chez vous, dès que l'on avance dans le siècle. On descend un fleuve qui roule ses eaux compactes entre des rives très variées d'aspect : tour à tour riantes prairies, avec les derniers survivants du dix-huitième siècle, sévères horizons classiques sous l'Empire, gorges romantiques ensuite; un peu languissant et décoloré au milieu de sa course, le fleuve se divise, quand il arrive à nos années, en mille canaux qui se frayent des lits individuels. Depuis l'heure où le gouvernement échappa aux mains de David, je ne vois rien qui ressemble à une école, sur ces murs où chaque peintre proclame sa doctrine personnelle; mais j'y vois, aussi clairement que dans un miroir, le reflet de vos métamorphoses politiques et sociales; j'y vois l'esprit de la Révolution fixé sur ces carrés de toile avec tous les développements inattendus que le temps lui a donnés. — Nous avons ici la fin de l'ancien régime, un art élégant, délicieux, épuisé. Il se meurt, comme ceux qu'il enchante; Fragonard sonne le glas, avec ses tableaux d'une couleur conventionnelle et d'un dessin amolli. Pour trouver quelque solidité dans la facture, quelque réalité dans le sujet, sous cette orgie de fictions galantes et de bergeries sentimentales, il faut descendre jusqu'à Boilly, le peintre des petites scènes de la vie bourgeoise. Les portraits sont charmants; mais ils représentent des ombres lasses d'avoir vécu, des guillotinés de demain. La Révolution éclate, l'art du passé s'abîme avec tout le reste. Quand on se remet à peindre, un nouveau monde a surgi. Napoléon règne, je veux dire David.

— Vous semblez oublier que David fut le peintre de la Révolution, avant d'être celui de l'Empire.

— Erreur, monsieur, la chronologie vous trompe.

Dans l'art, Napoléon est venu plus tôt, voilà tout. Y a-t-il un tempérament moins révolutionnaire que celui de David? Dès qu'il paraît, il régente, il remet tout dans l'ordre, il fonde un principat, et avec quelle sévérité classique ! Comme son futur maître, il restaure l'autorité sur les dures maximes du droit romain. Dans quelques siècles, quand les biographes seront moins exacts, le souvenir de David n'évoquera plus celui des montagnards; on ne voudra voir en lui que le lieutenant aux Beaux-Arts de Napoléon, le Rigaud du nouveau Louis XIV. Rigaud a continué de peindre vingt-cinq ans sous Louis XV : que nous importe? Son nom reste associé au nom du grand Roi, qui l'avait façonné à sa ressemblance. De même pour Napoléon et David : ils se sont partagé le même esprit de gouvernement; chacun d'eux a rangé sa moitié d'empire sous la même verge de fer. Savez-vous bien que David ne fut pas seulement le tyran de la peinture, qu'il créa le style du mobilier, les modes du costume, toute la physionomie extérieure de l'Empire? Je vous accorde pourtant que ces hommes, pliés par lui à une étiquette pompeuse et froide, c'étaient les sans-culottes qu'il avait vus d'abord dans la liberté de leur nature; il les a pris à terre, il les a regardés en face, jusqu'au fond du squelette, avant de jeter sur eux les uniformes de parade ou les affublements du *Sacre*. Aussi, quel rude réaliste, cet écolier des Grecs et des Latins ! Tout ce que nous entendons par ce mot lui eût fait horreur, et cependant, si c'est un titre d'estime, nul ne le mérite mieux que David. Enfin, quel que soit le compartiment où il vous plaît de le classer, c'est un terrible homme; pour trouver son pareil, il faut remonter jusqu'aux géants de la Renaissance. — Vous êtes des indisciplinés : vous ne supportez longtemps ni un Napoléon ni un David. On s'émancipe autour du maître : Gros prend des libertés, avec plus de mouvement et de pittoresque; Prudhon, avec plus de grâce et de tendresse. Géricault s'insurge ouvertement, et le romantisme naît avec lui. Les voilà, les vrais enfants de la Révolution! — En peinture, vous me paraissez encore entichés des romantiques, monsieur; s'il n'y avait qu'eux pour porter l'art français à la postérité, j'ai idée qu'ils ne le mèneraient pas très loin. Ce qui vit par l'imagination toute seule ne vit pas longtemps. Ah! si Géricault eût continué à diriger la bande, je ne dis pas : celui-là était doué, et bien autrement que Delacroix, ne vous en déplaise. On a déraillé après sa mort. Voyons, cette *Bataille de Taillebourg*, ce n'est qu'un grand rêve avorté. Et les ménageries de tigres, et les scènes *moyen-âgeuses*, ne pensez-vous pas que nos petits-neveux regarderont cela comme nous regardons les images naïves des gothiques, avec une vive sympathie pour leur foi touchante, avec un sourire pour leur maladresse? Je comprends que Delacroix vous fascine à petite distance; mais il n'est pas charpenté pour durer. Que dirons-nous des autres, des lunes de Delacroix? Vous estimez que, dans les arts comme dans les lettres, le second quart du siècle fut le moment où votre génie brilla du plus radieux éclat; je parierais volontiers que, dans l'avenir, ce seront les années qui compteront le moins pour la gloire de votre peinture. Flambée de paille, monsieur! Rappelez-vous comme elle s'est vite éteinte. Et quel marasme aussitôt après, avant qu'on reprît de nouvelles forces en touchant la terre! L'école du bon sens, Chassériau, Cogniet, Couture; du Ponsard illustré; les peintres, enfin, que le juste milieu devait produire, après le premier conflit des gilets rouges et des bourgeois.

— Vous en parlez bien à votre aise, et vous oubliez entre autres un petit détail dans cette période féconde : l'existence de M. Ingres.

— Je remettais de vous en entretenir, parce que je voulais louer du même coup ces deux génies fraternels, M. Ingres et M. Courbet.

Je réprimai un mouvement de stupeur.

— Monsieur, je les compare, parce qu'ils ont la même façon de m'ennuyer; parce qu'ils sont sujets aux mêmes inégalités, avec le même manque d'atmosphère autour de leurs figures, avec la même vision dure et juste dans leurs chefs-d'œuvre ou dans leurs enseignes. Il est impossible que vous ne remarquiez pas un air de famille entre cette académie vulgaire, très puissante néanmoins, les *Demoiselles du bord de la Seine*, et cette académie distinguée, si drôle, *Thétis* tirant la barbe de son père. La *belle Zélie*, si vous l'envoyez au village, Courbet la peindra en paysanne, mais peu différente. Quand ils se relèvent tous deux, l'un avec le portrait de Bartolini, l'autre avec celui de Berlioz, ils se ressemblent encore. Je vois bien que M. Ingres peut se dégeler, avec la *Source;* Courbet peut aussi s'ennoblir, quand il revient à la nature, avec la *Remise des chevreuils* et ses deux chasses sur la neige. Par exemple, Courbet ne se serait jamais avisé de peindre ce Napoléon spectral perdu sous des flots de pourpre et d'or. Pour une fois, M. Ingres a fait œuvre de fantaisie; son Napoléon n'est pas un portrait, c'est un symbole oriental. L'idole hiératique, ensevelie sous les attributs de sa majesté, pourrait figurer l'autocratos, dans quelque fresque de Ravenne ou de Byzance.

— Prétendrez-vous aussi qu'il y a quelque chose de commun entre les *Casseurs de pierres* et le *Martyre de saint Symphorien?* Que direz-vous de cette pureté de style?

— Que c'est du style ennuyeux; ce qu'on dira de l'*Enterrement d'Ornans,* quand cette autre manière aura perdu le prestige de la nouveauté relative. Si vous voulez me fermer la bouche, menez-moi plutôt voir les merveilleux dessins de M. Ingres. Mais dès qu'il les porte chez le teinturier, je tremble. Il n'y a que lui pour trouver le secret de certains bleus taquins et insolents. La peinture est un art qui s'adresse aux yeux; les yeux jouissent ou souffrent par les couleurs, ils ne supportent pas de pareilles provocations. Chez le maître classique, c'est la couleur qui est brutale; chez l'autre, c'est l'accent intime; je sens bien la différence, mais, malgré tout, je vous assure qu'il y a du cousinage entre ces deux hommes, quand ils s'appliquent avec un égal succès à être désagréables.

— Les meilleures plaisanteries sont les plus courtes. Passons à une autre. Vous avez peut-être dessein de mettre en parallèle Manet et David?

— Oh! que non, monsieur. Sans doute, le *Bon Bock* est un joli coup de réussite, et je vois des artifices très subtils dans quelques-uns des morceaux exposés ici. Mais cela ne m'explique pas l'estime où vous paraissez tenir ce caricaturiste sérieux. Puisqu'il traitait bien les étoffes, quel intérêt pouvait-il avoir à déshabiller sa hideuse *Olympia?* Il a un salon d'honneur, et la meilleure lumière. Dites-moi qu'il jouit de quelque haute faveur, sinon je vais invoquer les affinités secrètes; et vous ne voudriez pas me laisser sur cette conviction que Manet est le peintre de cour de la démocratie, comme David celui de l'Empire, Rigaud celui de Louis XIV.

— Il est un des pères officiels de notre réalisme. Il a vu les ombres violettes...

— Et les chapeaux bleus. C'est une affection bien connue de l'organe visuel. Quant à son réalisme, si vous voulez qu'il m'en impose, ne me le montrez pas dans le voisinage de M. Raffaelli. Celui-ci est d'une bien autre force. On peut discuter avec lui, on n'est plus tenté de sourire, et il faut s'incliner devant sa sincérité, son sentiment profond de la vie. A côté de cet observateur impitoyable, servi par une sûreté de main à toute épreuve, Manet me fait l'effet d'un prestidigitateur. Mais la rénovation réaliste, si vous entendez par là le souci de la vérité, elle vient de plus loin, elle vient de la terre, et des grands ouvriers qui la travaillaient patiemment avant de se faire reconnaître, entre le dernier tapage romantique et les pénitences de l'école du bon sens. La vérité est ressortie des bois, avec le divin Rousseau, avec Dupré, avec Millet, qui ajouta l'homme vrai à la nature vraie. C'est lui, le père authentique et longtemps méconnu de votre réalisme; c'est de lui que vous procédez tous aujourd'hui.

— Vous semblez oublier Corot...

— Ce serait difficile. On en a mis partout. Il faut croire qu'il y en a une usine. Certes, j'aime ce gracieux poète : mais je le sépare de vos autres paysagistes. J'ai déjà vu quelque part ses brouillards gris, qui étaient jaunes au siècle dernier, et ses nymphes, qui étaient alors des bergères. Elles ont passé au vestiaire, autant que des nymphes peuvent faire cette opération ; elles se sont modernisées. Prenez du recul, et demandez-vous si l'agrément de ces tableaux différera beaucoup, pour nos fils, de celui que nous cherchons dans l'*Embarquement pour Cythère*. C'est charmant, c'est exquis, mais Corot ne comptera guère plus que Watteau parmi les rameneurs de vérité. Un peu moins que Diaz, tout en plaisant davantage. Vous m'objecterez que Millet est poète, lui aussi. Il ne le sait pas, quand il travaille; il croit reproduire uniquement ce qu'il regarde, il reproduit à la fois ce qu'il regarde et ce qu'il sent. Le réaliste est celui qui fait exact et voit juste, mais qui voit pourtant à sa façon, en dessous et au-dessus de la chose regardée. Le réalisme créateur n'est jamais fondé que par ces grands inconscients, et non par des artisans butés à leur tâche, comme Courbet, ni surtout par des faiseurs de gageures, comme Manet. — Monsieur, quand j'étudie les grands paysagistes qui resteront la meilleure gloire de l'art français, pour la période qui commence avec la seconde moitié du siècle, j'ai envie d'accuser le ciel d'injustice. A cette époque, peintres et littérateurs cherchaient une même chose : la vérité promise par les romantiques et que ceux-ci n'avaient pas donnée. Du premier coup, le ciel la révèle aux peintres; il leur accorde le don de la rendre avec exactitude, avec émotion, avec noblesse et simplicité. Il refuse ce don aux littérateurs, qui s'égarent à la poursuite d'un réalisme malsain, impossible dans sa grossièreté, borné aux effets matériels. Ne serait-ce point que les peintres vivaient dans la solitude bienfaisante des bois et des champs, les écrivains dans l'atmosphère factice de Paris?

— Je vois avec peine que vous mêlez sans cesse deux choses fort distinctes, l'art d'écrire et l'art de peindre. Vous ne me dites pas votre opinion sur les qualités techniques de ces tableaux, vous en parlez comme vous feriez des livres. Je vous avertis que nous sommes très prévenus, en France, contre cette façon littéraire de juger la peinture.

— Tant pis pour vous, monsieur. Il y a sur le globe où l'on peint un milliard et demi d'êtres humains. Vous admettrez bien que, dans le nombre, on trouverait deux millions d'individus, trois peut-être, suffisamment préparés à jouir d'un beau tableau. Ces trois millions s'augmentent chaque jour avec le progrès des lumières, comme on disait jadis, quand les lumières ne progressaient pas. D'autre part, vous compterez tout au plus quelques centaines d'artistes et quelques douzaines de critiques initiés à la technique de l'atelier. S'il leur plaît de ne travailler que pour leurs pairs, c'est un petit jeu de société auquel je n'ai rien à redire. Mais s'ils prétendent nous toucher et nous séduire, nous, les trois millions, s'ils veulent que nous acquittions notre dette en bonne gloire sonnante, sans parler des écus, ils sont tenus de s'adresser à notre sensibilité, qui est du même ordre en littérature et en peinture. Ils ne sont pas chargés de nous démontrer un théorème ou une proposition de physique; ils sont requis de nous émouvoir et de nous faire penser. Ils doivent trouver bon que nous ramenions leur art aux conditions générales qui créent pour nous le plaisir, dans toutes les manifestations de l'intelligence humaine. — Ah! si Fromentin pouvait parler, comme il vous répondrait pour moi et mieux que moi! — La plupart de vos artistes ont compris ces obligations, et c'est pourquoi nous admirons dans les salles du second Empire, à côté du groupe des paysagistes, la savante famille des peintres de genre. A la suite de leur maître, M. Meissonier, ils ont égalé parfois les vieux Hollandais; avec l'intuition historique de notre temps, avec l'esprit et la clarté de votre race, ils ont écrit l'histoire que rêvaient leurs prédécesseurs romantiques, l'histoire des siècles passés et de leur siècle. Plus que toute autre, cette famille a contribué à établir votre renommée dans le monde. Cependant le genre et le paysage n'ont pas épuisé votre étonnante activité. On cherche dans vingt autres directions; les uns vont étudier en Espagne, avec Regnault et Ribot; d'autres en Italie, Baudry au Vatican, Ricard à Venise, M. Henner à Parme; M. Hébert pousse jusqu'à Byzance, M. Gustave Moreau jusqu'aux profondeurs sous-marines et volcaniques, où les gnomes gardent des fées prisonnières parmi les pierres précieuses en fusion. M. Heilbuth passe avec la même aisance des cardinaux de Rome aux canotiers de Bougival; Luminais s'empare des Gaules, M. J.-P. Laurens du moyen âge. Chacun de ces artistes, si différents d'origine, se fait une manière bien à lui, une signature qui provoque et défie tout ensemble les imitateurs. Chacun serait, en d'autres pays, le chef d'une école qui suffirait à caractériser la peinture nationale. Quelle prodigieuse diversité d'aptitudes et de dons! Le classement des tendances et des mérites est déjà difficile, chez ces morts ou ces vétérans; il ne faut même plus y songer quand on approche de nos années. Dans votre Exposition décennale, l'esprit le plus méthodique se sent noyé. Voulez-vous que nous descendions au rez-de-chaussée, dans la foule de vos contemporains immédiats? J'aurais quelques explications à vous demander.

Je suivis le Sarmate, bien que je fusse un peu refroidi par l'incohérence de ses admirations. Nous parcourûmes ensemble les salles du rez-de-chaussée. Je rapporte quelques-unes de ses réflexions.

— Ici, monsieur, vous n'avez pas besoin de m'apprendre que vous êtes en république, dans une démocratie qui se modèle de plus en plus sur les mœurs américaines; surtout vous n'avez pas besoin d'ajouter que votre société est travaillée par l'esprit de la Révolution, qui pousse en toutes choses l'individualisme jusqu'à ses dernières conséquences. Je le vois, cet esprit, avec l'élan qu'il donne aux forces éparses, avec ses périls aussi. Là-haut, votre peinture sortait d'une académie, se répandait dans quelques salons, subdivisés à leur tour en coteries; ici, nous sommes dans une réunion publique. Il faut crier fort pour s'y faire entendre. De loin en loin, la masse flottante subit quelque grosse influence, pour un temps très court; après l'influence de M. Jules Breton, qui est encore reconnaissable, au dehors, dans toutes les écoles de l'Europe, je distingue celle de Bastien-Lepage; pendant quelques années, tous les débutants ont fait du Bastien-Lepage. Puis, chacun tire de son côté. Le trait dominant des préoccupations me paraît être la recherche du plein air, substitué au jour d'atelier. Vous êtes sortis de l'atelier comme de la Bastille, en jurant qu'on ne vous remettrait plus en prison. C'est encore bien caractéristique, cela. Vous avez cru abolir toutes les conventions, vous en avez adopté une nouvelle, voilà tout; c'est l'éternelle histoire de l'art, qui vit de conventions, mais qui ne s'en aperçoit pas, tant qu'elles sont neuves. Celle d'aujourd'hui suit la pente où tout roule; elle diminue le relief et l'importance de l'être humain, plongé dans le milieu ambiant, absorbé dans la nature. Vos peintres étudient la lumière extérieure avec une science inconnue avant eux; ils se soucient moins de ce que j'appellerais la lumière intérieure. C'est très fort d'arriver à fixer autour d'un homme les jeux changeants de la clarté, d'emprunter à tous les objets de son entourage les reflets qui se marient pour lui composer une atmosphère. C'est peut-être plus fort de chambrer cet homme, de lui prendre son âme, de la lui faire sortir par les yeux et par la face, de l'éclairer du dedans, en un mot. D'ailleurs, ils sont encore beaucoup qui s'obstinent à cette belle lutte. Grâce à eux, vous avez une supériorité incontestable dans le portrait, au moins dans le portrait d'homme. Le penchant de l'esprit moderne pour l'étude de la vie intime, le besoin du naturel uni au goût des recherches minutieuses, tout conspire à faire du portrait le genre contemporain par excellence. Il ne manque à plusieurs de vos peintres, pour y être parfaits, qu'un peu plus d'indifférence aux détails accessoires, une plus grande certitude de la noblesse de la vie. Et puis, comment dire? j'ai vu au Louvre une Diane antique fort belle : dans le dos de la statue, quelque Juif du Levant a gravé une inscription hébraïque. L'art moderne est comme cette Diane : il laisse quelquefois apparaître la main crochue du brocanteur. Je vous devais ces réserves générales, puisque vous me demandez mes impressions d'ensemble; si nous venions au détail, vous me citeriez sans peine des artistes qu'elles ne concernent pas, surtout parmi les maîtres actuels du portrait. Voici un de leurs doyens, M. Delaunay : est-il possible d'être plus varié en restant toujours soi-même, plus original avec plus de tranquillité? Il éclaire encore du dedans, celui-là. Et ce panneau de M. Bonnat? Vous devez être fier, quand vous menez les étrangers là devant...

— Oui, c'est un peu triste, un peu noir. On pense au vers de Musset :

> Mineur au fond d'un puits cherchant un diamant...

— Ah!.que voilà bien la critique des petites dames! reprit le Sarmate. Quels sont les modèles préférés de ce peintre? Les plus rudes combattants de son époque, ceux qui ont conduit les hommes et les idées au prix de luttes et de labeurs acharnés. Il peint des chauffeurs, vous dis-je, il les prend sur la locomotive où ils sont montés de bonne heure, simples ouvriers, où ils ont enduré toute leur vie la poussière et la fumée. Vous voudriez qu'il nous les montrât frais et roses, quand ils lui apportent des fronts pâlis sous la lampe de travail? Son œuvre est caractéristique et d'une portée générale, précisément parce qu'elle traduira aux yeux, dans l'avenir, une période militante, avec ses forces en conflit sous des dehors ternes et uniformes; parce qu'elle représentera notre temps de pensées tourmentées sous la monotonie de l'habit noir : des athlètes, qui pensent et sont bien mis. Je vous demandais tout à l'heure, en plaisantant, si Manet était le peintre de cour de la démocratie. De la mauvaise, peut-être; voici le peintre de la bonne, avec ses énergies et ses grandeurs. Il me rappelle le paradoxe d'un rapin de mes amis, qui prétendait qu'on pourrait se reconnaître dans la chronologie du siècle d'après la longueur des cous. Durant la première moitié, dans les portraits des hommes et surtout dans ceux des femmes, le col est élancé, la tête aspire au ciel, elle semble ne pouvoir assez se dégager du corps pour aller chercher là-haut des visions idéales. A mesure qu'on se rapproche de nos jours, le col se raccourcit, la tête rentre dans les épaules, par le mouvement instinctif du taureau qui s'apprête à lutter. C'est que la bataille de la vie est devenue plus opiniâtre, le regard est ramené aux intérêts immédiats, près de terre. Par application d'une loi physiologique, l'habitude de la pensée a insensiblement transformé l'habitude du corps. — Mais la couleur paraît vous séduire plus que la traduction des idées abstraites : voilà le panneau de M. Carolus-Duran. A-t-on jamais tiré pareil feu d'artifice, en Espagne ou en Italie? Celui-là expliquera aux historiens une autre face de votre société, la richesse somptueuse et ses raffinements de luxe. — Dans chaque salle, à chaque pas, des portraits m'arrêtent, tels qu'on n'en fait que chez vous. Pourtant, j'ai bien envie de vous poser une question. Est-ce que vos peintres n'aiment plus les femmes?

— Je n'ai rien entendu dire de pareil.

— C'est que, pour la plupart, ils ne peignent pas la femme comme s'ils l'aimaient; j'entends du véritable amour, celui qui se subordonne et ne laisse de place dans le monde que pour un seul objet. Ils travaillent sur le modèle féminin, ce qui est autre chose ; ils l'aiment comme un motif pour faire valoir leur virtuosité, leur science du morceau, leur entente de la lumière, du décor, de la toilette. Quand ils s'appliquent sur un beau portrait de femme, il semble que ce soit pour se satisfaire eux-mêmes, ou pour attirer les regards du public ; on ne dirait pas qu'ils l'ont fait pour elle. Est-ce la couleur éteinte et la caresse du temps sur les mortes qui rendent si particulier le charme des portraits d'autrefois? Je ne sais, mais je trouve rarement dans ceux d'aujourd'hui la pensée intime, la simplicité calme, tout ce qui nous retient longtemps devant une aimable laide comme *Mme Copia*, la femme du graveur de Prud'hon. Croiriez-vous, monsieur, que je suis dans un grand embarras? J'ai amené à Paris ma jeune femme, je désire m'adresser à l'un de vos bons artistes pour la faire peindre ; mais c'est son image que je veux, et non une toile d'apparat ou une page de style. Jugez de ma perplexité. J'ai vu là-haut un portrait unique pour le charme et la distinction, celui de *Mme de Vallombrosa* : mais Cabanel n'est plus. Ah! si M. Dubois voulait s'en charger, je sortirais de peine ; voici des œuvres qui attestent sa loyauté, son abnégation devant le modèle.

— Vous êtes exigeant. Voyez que de gracieuses figures surprises sous leur parasol en pleine lumière, au milieu des herbes et des feuilles.

— Eh! monsieur, ma femme ne vit pas dans les prés, elle vit chez elle, à son foyer. — Une observation encore, à propos de ces élégances champêtres. On pourrait ranger la plupart de vos artistes en deux catégories : les uns reviennent, avec des procédés nouveaux, à l'idylle du siècle dernier, ils peignent la vie riche et séduisante, celle qui se donne pour heureuse : ils la cherchent sous les futaies des parcs à l'automne, ou sur les plages en vogue, dans les salons en fête et les salles de spectacle; à les en croire, on ne s'est jamais tant amusé. Les autres, et à mon calcul ils sont les plus nombreux, ont le goût de la vie triste, difficile; le petit métier, l'atelier pauvre, le mont-de-piété, la salle d'asile, voilà leurs sujets préférés. Je rencontre à chaque pas des scènes d'hôpital. Un vent de pessimisme a soufflé sur une bonne moitié de ces tableaux. Vos peintres « vont dans le peuple », comme on dit chez nous; quelques-uns avec l'unique souci du pittoresque, plusieurs avec sympathie, avec ce large sentiment humain qui est l'honneur de votre nation. Monsieur, seriez-vous à la veille d'un mouvement socialiste?

— Je ne crois pas. Mais tout est possible.

— J'ai compté ici beaucoup de grèves, représentées avec complaisance; ailleurs, ce sont des chantiers de travail, ou la détresse d'un intérieur d'ouvriers. Et le peuple ne sert plus, comme jadis, à « faire les fonds », le complément d'une scène dramatique; on l'étudie pour lui-même, il passe au premier plan, il absorbe toute l'attention de l'artiste. A ce point de vue, elles sont très curieuses, vos salles de peinture contemporaine. Les tableaux de cette nature y attirent tout d'abord le regard; ne fût-ce que par leurs dimensions matérielles, ils semblent revendiquer la place et l'intérêt réservés auparavant aux grandes compositions religieuses ou historiques. — Ceci m'amène à vous faire part d'un autre étonnement. Vers la fin du second Empire et pendant les années suivantes, la mode était aux tableaux de chevalet, aux tableautins ; on expliquait le parti pris des peintres et les préférences du public par l'exiguïté des appartements modernes. Je ne sache pas que l'on construise maintenant des logements plus spacieux, au contraire ; cependant, je vois les toiles s'étendre et les cadres s'allonger ; telle scène de genre, qui eût tenu il y a vingt ans dans un médaillon, couvre aujourd'hui un pan de muraille.

— Cela peut s'expliquer par l'encombrement croissant de nos expositions annuelles. On désespère de fixer les yeux du visiteur ; pour les arrêter, l'un se fie aux dimensions et parfois à l'ornementation de son cadre, l'autre à la bizarrerie du sujet ou à l'étrangeté du faire ; chacun cherche à tirer un coup de pistolet, comme nous disons.

— C'est un danger. Ce n'est pas le seul. Décidément, monsieur, plus le monde va, plus les nerfs y remplacent les muscles ; comme vos livres, comme vos actes, les tableaux déposent sur l'état physiologique de l'homme de ce temps ; ils nous le montrent déterminé par des sensations aiguës et rapides, de moins en moins maître de sa volonté. Vous appelez cela l'*impressionisme*, je crois. Si l'on compare vos jeunes peintres à leurs devanciers, il semble que leur œil perçoive des vibrations lumineuses plus brèves et plus fréquentes. A cet exercice, la sensibilité de l'organe devient vite maladive ; de là ces petites écoles excentriques, déjà représentées dans cette assemblée choisie ; on me dit que vous avez pour leurs adeptes toute sorte de noms nouveaux, suivant qu'ils peignent

sous l'abat-jour d'une lampe, devant un réflecteur, ou dans un brouillard de suie, avec des points, des taches ou des hachures. Dans les arts du dessin comme ailleurs, le réalisme brutal a fait son temps; il faut autre chose pour piquer la curiosité; les chercheurs inquiets ont recours aux subtilités extravagantes, au byzantinisme des races finissantes. Heureusement pour vous, il y a des courants contraires. Vous savez que la marche de l'art à travers les siècles pourrait être figurée par une ligne graphique, aux ondulations régulières. Quand la courbe s'élève, l'art remonte vers l'idéal, il s'égare bientôt sur les hauteurs, il y perd le sentiment du réel; la courbe redescend, l'art retombe à terre, il s'y retrempe, le plus souvent en des travaux grossiers et déplaisants; puis il recommence à gravir la pente opposée, en épurant les éléments qu'il a repris à la nature. Vous venez d'achever la cure nécessaire après le romantisme, la cure réaliste; avec les forces acquises, quelques-uns de vos peintres repartent pour le pays de l'idéal. Bénissez M. Cazin qui les y conduit. Il est inégal, il ne se fait pas toujours comprendre clairement; mais nul ne sait comme lui le langage qui nous émeut aujourd'hui. Regardez longtemps cette place de village au crépuscule; tous les esprits de la nuit s'y sont donné rendez-vous. Ne nous eussiez-vous montré, depuis un demi-siècle, que Rousseau, Millet, MM. Breton et Cazin, nous serions forcés d'avouer que l'âme de la terre est emprisonnée chez vous. Et comme vous nous montrez mille autres faces du talent, moins saisissantes peut-être, mais toutes ingénieuses et brillantes, vous demeurez les maîtres souverains de l'art, vous méritez nos applaudissements enthousiastes. Jusqu'à l'heure actuelle, vous avez répandu dans ce palais des boisseaux de perles; si j'exprime quelques craintes, c'est que je n'aperçois pas de fil qui les relie; c'est que j'appréhende pour ces perles, dans la suite des temps, l'égrènement de l'individualisme.

— Ainsi, malgré vos réserves, vous nous faites l'honneur de proclamer notre supériorité sur les étrangers? Mais vous ne m'avez point parlé de nos hôtes.

— Il ne sied point de les juger sur des échantillons incomplets. Je veux vous dire seulement la différence capitale que j'observe entre eux et vous. Dans votre peinture contemporaine, on chercherait vainement un chef d'école, un homme représentatif; elle peut s'appliquer la définition du philosophe, elle a son centre partout, et sa circonférence n'est nulle part. Dans les écoles étrangères, — au moins dans ce que j'en vois ici, — on nommerait sans peine un artiste exceptionnel, une œuvre en vedette, qui résument ou éclipsent tout l'entourage. En Allemagne, c'est M. Uhde, un fier peintre; avec lui, ils pourraient bien avoir retrouvé un héritier d'Albert Dürer. En Autriche-Hongrie, M. Muncacksy écrase tout; j'entends dire que ses grands tableaux perdent à ne plus être vus chez eux, avec une savante mise en scène; qu'il laisse dire, il n'en est pas moins le seul homme d'Europe, aujourd'hui, capable d'établir de pareilles compositions. En Italie, on se rabat sur M. Boldini; je ne jurerais pas qu'il y ait un corps sous ces étoffes drapées avec tant de grâce, mais c'est peut-être un accessoire inutile. Saluons les Russes absents; vous n'ignorez point à quelle mystification le critique s'exposerait, s'il cherchait l'école russe dans les salles qui lui sont attribuées; il y trouverait le vaillant petit groupe des Finlandais, et des artistes de mérite allemands ou polonais; mais c'est à peine si la Russie proprement dite a envoyé quelques cartes de visite; rien ne nous renseigne ici sur les tendances qui se développent depuis quinze ou vingt ans, sur ce réalisme âpre et lourd, vraiment caractéristique du sol qui l'a vu naître, et dont M. Riépine est là-bas le coryphée. Les Scandinaves restent les rois de la mer; j'en suis fâché pour vous, sur cet élément, vous devez céder le prix de la lutte à MM. Normann, Hagborg et à leurs émules. On a bien du talent chez vos voisins les Belges, mais il est de même qualité que le vôtre; Bruxelles possède, comme Paris, des artistes originaux; ils ne trahissent point d'influences de terroir. N'est-ce pas étrange qu'il faille dire la même chose de l'Amérique, et qu'on ait peine à reconnaître quelques gouttes du sang anglo-saxon chez vos disciples des États-Unis? Le génie national le mieux préservé, c'est encore l'espagnol. Il y a toujours des Pyrénées; non pas pour ces belles dames qui reviennent de chez vous, où elles ont posé dans l'atelier de M. Madrazo; j'admire, comme il convient, son adresse, mais je vois sur ces murs des choses qui m'intéressent davantage. L'Espagne revit tout entière, avec son humeur sombre et tragique, dans ces grandes scènes tirées de l'histoire ou de la vie moderne; l'âme n'a pas changé, depuis ce Philippe II qui rôde autour de l'Escurial jusqu'à ce médecin qui visite son hospice; depuis l'*Expulsion des Juifs* jusqu'à l'*Exécution des Torrijos*. Ce général qu'on fusille, David ne l'eût pas désavoué; le tableau de M. Gisbert donne la chair de poule, et je cherche lequel de vos peintres pourrait rendre pareille scène avec autant de vigueur, si l'on fusillait chez vous un général libéral...

— Jeune homme, pas un mot de plus!

— Oui, le monde est ainsi. Il ne ferait pas le plus léger sacrifice pour fournir aux artistes un beau sujet de tableau. Vous ne déclareriez pas seulement une petite guerre, pour utiliser le talent de M. Detaille, tandis que vous l'avez. Enfin, n'importe; avec tous vos défauts, vous m'avez donné un éblouissement comme je n'en avais pas éprouvé, depuis mes premières visites aux Uffizzi et au Vatican. Je vous quitte pour l'écrire à mon journal, avec les sentiments de Colomb quand il découvrit un nouveau monde.

— Vous ne m'avez pas dit un mot des Anglais.

— Souffrez que je remette cela à un autre jour. Je n'ai que le temps de rédiger mon premier bulletin pour la *Revue des pays danubiens.*

Le surlendemain, j'aperçus de nouveau mon Sarmate. Il entrait avec un de ses compatriotes dans les salles anglaises. Sachant que les gens de sa nation sont très complimenteurs et qu'ils ont l'esprit merveilleusement double, je me glissai derrière les deux étrangers; avant de les aborder, je prêtai un instant l'oreille à leur entretien. Le critique disait à son compagnon :

— Oh! mon ami, quel enchantement agit sur nous? Il y a beaucoup de monde, ici comme dans les autres salles; on marche, on parle, et pourtant il semble qu'il n'y ait personne, que nous n'entendions pas un bruit dans ce sanctuaire. Une paix souveraine y descend sur les cœurs recueillis. Là-bas, chez les Français, le fleuve large et limoneux roule ses eaux avec fracas; nous voici sur les

bords du lac limpide, caché au repli de la montagne.
Chacun de ces peintres poursuit son rêve calme et
profond. Chacun regarde avec des yeux différents
le mystère des choses; mais tous, ils se tiennent par la
main, ils puisent dans leur union une force indicible.
Cette force communique le caractère national à tous les
êtres, à tous les objets du vaste monde. Grecs et Romains,
gens d'Orient, d'Espagne ou d'Italie, tous les hommes
deviennent Anglais sous les pinceaux anglais. Ce n'est
pas vrai, mais quelle puissance dans cette conquête
inconsciente, irrésistible, de l'univers entier! Ils restent
classiques et purs jusque dans leurs pointes effrénées au
ciel des chimères : ils en rapportent le *Roi Cophetua* et
Mammon, *Diane et Endymion*, *Simœtha* et *Circé;* les
innombrables visions de ces calmes hallucinés n'égarent
jamais la main qui les rend. Ils restent poétiques dans
la reproduction du réel; cette petite fille de M. Leslie,
assise sur sa malle au *Dernier Jour des vacances,* je la
connais depuis longtemps; c'est Maggie, du *Moulin sur
la Floss.* Ici, je ne serais pas embarrassé pour demander
un portrait de femme; quand même je n'obtiendrais
pas un des joyaux de M. Herkomer, la *Jeune fille en blanc*
ou la dame noire de l'*Extase,* je retrouverais partout,
jusque chez la femme de ce pêcheur qui tire les filets au
bord de la mer, le naturel et la distinction de la créature
de Dieu. Et dans les portraits d'hommes, dans le
Gladstone de M. Millais comme dans les autres, quelle
noblesse! quelle vie intérieure! J'aime tout et je ne sais
ce que j'aime le mieux, le réel ou l'allégorie, les figures
ou les paysages, ces aquarelles d'Écosse où s'enfoncent
des lointains si doux, par delà le grand lit de bruyères

solitaires. Comment choisir? Ce sont là les morceaux épars d'une même âme. Ici, je vois le fil qui relie les perles, solide et tressé, semble-t-il, pour l'éternité. Certes, les Français m'ont ébloui; aux Beaux-Arts comme dans toutes les parties de leur Exposition, ils donnent le branle au reste du monde, ils étonnent par leur richesse, par leur génie inventif et fécond; mais, après quelques heures passées dans le tumulte du Champ de Mars, avant de rentrer dans le tumulte de Paris, c'est ici qu'il faut venir se reposer un instant. Le lieu semble fait pour y lire la *Vita nuova* de Dante, parmi ces images sereines qui murmurent les choses inexprimées. On en ressort plus robuste et apaisé, emportant la promesse gravée sous ce beau paysage de M. Leader, où les eaux de mer s'éclairent derrière les tombes du village, entre l'église et le mélèze : « Ce soir, il y aura de la lumière... »

Mon Sarmate ne paraissait pas près de finir. Je m'éloignai sans reprendre notre conversation. Quelle saine critique pouvais-je attendre de cet esprit changeant? On comprendra que je n'essaye pas de coordonner ses jugements, ses restrictions, ses goûts contradictoires. Je trouvai préférable de remonter dans les salles du Centenaire et de les parcourir à nouveau, en oubliant toutes les théories d'art et autres vaines recherches. Il y a grand plaisir à étudier tant de chefs-d'œuvre; mais le vrai, l'ineffable et mélancolique plaisir, c'est de s'embarquer pour descendre une fois de plus le cours de ces années qui charrient nos souvenirs, c'est de saluer les ombres qu'on dépasse, triste flotte noire emportée vers l'oubli. Ainsi, durant de belles nuits, le bateau glisse sur le Nil, entre les vieux temples des deux rives; sur leurs murs, la lune éclaire l'ancien peuple, des foules sculptées et peintes, occupées, suivant la coutume d'Égypte, aux travaux et aux divertissements de chaque jour; rois, scribes et laboureurs, on les reconnaît au passage, on les appelle un instant; la lumière équivoque, l'illusion optique du mouvement inverse, tout prête à ce peuple un simulacre d'existence; la vie ne nous donne sur lui qu'un avantage : changer et passer.

VII

LES EXOTIQUES. — LES COLONIES.

15 septembre.

Après qu'il eut visité l'Exposition de 1878, l'hôte que nous fêtions à nouveau cette année, le Schahin-Schah, nota ceci sur son journal : « Si je voulais décrire complètement le Trocadéro et l'Exposition, il faudrait se procurer un registre de la dimension du *Schahnameh* et écrire de ce moment jusqu'à la clôture, chaque jour sans interruption, pendant vingt-quatre heures; même alors, je n'aurais pas achevé la dixième ni la centième partie de ma description, et il resterait une quantité de choses que je ne saurais nullement expliquer. Aucune description, à vrai dire, ne peut donner une idée réelle de cette Exposition. Il faut la voir de ses yeux. J'en suis sorti très las. »

On ne saurait dire mieux que ce roi. Nous avons fait le tour du Champ de Mars, nous commençons à peine à nous y reconnaître, et déjà il le faut quitter. Les campements des peuples exotiques nous appellent à l'esplanade des Invalides. Il n'est que temps. Sur les ormeaux qui abritent les cases africaines, les premiers frissons de l'automne ont passé; les plantes frileuses des tropiques vont rentrer dans leurs serres natales. Hier, les noirs du Congo lâchaient pied; ils se rembarquent au Havre. Quelques jours encore, et l'on devra rapatrier d'autres voisins de l'Équateur, les jaunes de l'Indo-Chine. — Hâtons-nous avant qu'elle s'évanouisse, la féerie géographique d'un été de folie. Elle a réalisé pour nous la tentation de saint Antoine, la sarabande où passaient pêle-mêle, dans le cerveau en délire de l'ermite, les hommes de toute race et de toute couleur, les filles de tout sourire, l'humanité d'outre-rêve avec ses théâtres et ses danses, ses palais et ses princes, ses temples et ses dieux. Sur la place solitaire où les collégiens jouaient à la balle entre des conscrits qui apprenaient le maniement d'armes, il semble qu'on ait concassé en menus fragments l'énorme globe que nous regardions tourner l'autre jour. On a rassemblé là des exemplaires de tous les fils d'Adam, drainés sur toute la surface de cette mappemonde, comme si l'on eût voulu, devant le tombeau de Napoléon, mettre dans les yeux du mort la vision de la conquête universelle.

Car ils relèvent tous à quelque titre du drapeau de la France, ces hommes si dissemblables. Les autres exotiques ont débordé sur le Champ de Mars; on les trouve un peu partout, dans le bazar chinois, dans le bazar indien; des marchands grecs, maronites, arméniens surtout, se sont incrustés, avec leurs étalages identiques, dans chaque réduit des maisonnettes qui racontent l'histoire de l'habitation; mais leur quartier général est à la rue du Caire. Elle aura compté pour une bonne part dans le succès matériel de l'Exposition, la rue désormais légendaire; c'est d'elle que s'enquièrent tout d'abord le provincial et l'étranger, comme on demande la ville chinoise en entrant sur le champ de foire de Nijni. Dans notre

Égypte en miniature, le décor est ingénieux; les perspectives du petit bazar, adroitement ménagées, donneraient une illusion suffisante, n'étaient ces vendeuses d'opérette, chargées de sequins, et qui n'ont pas eu la peine de passer la mer. On a voulu flatter la manie du Parisien, toujours enclin à se représenter l'Orient comme « un pays à femmes », tandis que l'Orient est, par définition, un pays où l'on ne voit pas la femme. On n'y voit en public que les *gazyeh*, les almées, comme nous disons ici (la véritable almée est une chanteuse qui ne danse jamais). Nous en possédons un bel assortiment. Même aux bords du Nil, dans leur cadre pittoresque, à Siout ou à Quénch, chez les braves consuls coptes qui trient pour le voyageur les plus présentables d'entre elles, les *gazyeh* sont un cruel désenchantement. Mais ici, ces créatures sans nationalité, sans âge, rompues de fatigue, qui se trémoussent dans un cadre indécis entre la foire de Tantah et la foire de Neuilly, entre le Marché aux poissons du Caire et le boulevard extérieur...

Ce ne sera pas un des moins curieux souvenirs de l'Exposition, pour les gens familiers avec les scènes du Levant, d'avoir vu notre société élégante s'empiler dans les *musicos* fréquentés là-bas par les matelots d'Alexandrie et de Port-Saïd. Du moins, puisqu'on voulait nous montrer cet aspect de l'Orient, il fallait avoir l'audace de la couleur locale et compléter franchement le tableau avec tous ses accessoires : le rideau de serge, derrière lequel on entend sonner les talaris sur la roulette du croupier maltais; les petites Nubiennes, au guet sur le seuil des portes, d'où leurs appels gutturaux hèlent le passant, et Karagheuz, le vrai, celui autour duquel on fait cercle dans la rue pendant les fêtes du Baïram ; enfin toute la lyre des bas-fonds levantins. Mais dans la rage d'exotisme qui s'est emparée de nous, notre timidité s'arrête à mi-chemin ; aux arènes, nous voulons bien qu'on saigne le taureau, nous ne consentons pas qu'il se défende ; ici, la préfecture de police tolère les ventres, mais avec un peu de gaze dessus.

Il faut aller à la rue du Caire, ne fût-ce que pour entendre le boniment de l'un des industriels qui exhibent ces ventres ; le fils du Prophète ne sait que dix mots de notre langue, mais choisis ; il répète tout le long du jour : « La danse... c'est épatant !... entrez, *mousiu*, c'est le moment psychologique ! » Il faut y aller pour savoir jusqu'où le noble Orient peut descendre quand il se mêle d'être ignoble, et combien le turban peut se ravaler au-dessous de la casquette, lorsqu'il est également à trois ponts. Il n'y a ici de vraiment sincères que ces bons petits ânes, à l'amble infatigable et doux. Quand je les aperçois, il me semble toujours qu'ils vont me conduire à la mosquée d'El-Moahyed, où les tourterelles rousses volent autour de la fontaine, dans le bouquet de palmiers qui croît sous le portique ruiné, et par delà le minaret de Kaït-Bey, au tournant de la rue, vers les tombes des khalifes, silencieusement belles dans la mer de sable... Non, je l'ai trop aimée, cette Égypte abandonnée par nous dans un jour d'inexpiable défaillance, pour la reconnaître sous son déguisement de café-concert. Allons chercher un Orient de meilleur aloi ; nous le trouverons aux Invalides.

Montons sur une des voitures du train Decauville : il n'y a pas d'erreur, c'est bien à Babel que ce train nous porte; pour s'en convaincre, il suffit de jeter les yeux sur ces murailles polyglottes, dans le couloir où s'est réalisé le miracle de la confusion des langues. Ce fut une joie exquise pour le philologue de voir se reproduire ici, dans un laps de temps de quelques semaines, l'opération légendaire qui a divisé le verbe originel en tant de rameaux différents. Au début de l'exploitation, on avait affiché des avis recommandant la prudence aux voyageurs; bientôt, d'autres placards traduisirent ces avis dans les idiomes les plus usuels, l'anglais, l'italien, l'espagnol; par une de ces petitesses dont nous ne savons pas nous défendre, l'allemand était exclu. Quelques jours passèrent, et l'on vit apparaître des langues plus rares, celles des peuples amis, le russe, le hongrois, le roumain, l'hébreu tout d'abord. Un fantaisiste ajouta le malais. Dès lors, il dut y avoir entre les élèves de l'École des langues orientales et les auditeurs du Collège de France une émulation pour proposer de la copie épigraphique. Chaque jour apporta un nouvel idiome, flamand ou scandinave, et des caractères mystérieux, de l'arabe, du sanscrit, du chinois, du japonais. On apposa le grec pour l'arrivée du roi des Hellènes, le persan pour l'arrivée du Schah. Une belle affiche latine vint la dernière. Nous sommes aujourd'hui à vingt langues, et ce n'est pas la fin, espérons-le; on ira jusqu'au chiffre qui fit la gloire de Mezzofanti [1]. Les myopes non prévenus pourraient croire que ce bariolage des murailles est un effet de la période électorale, puisqu'on y lit partout la même chose sur des papiers de

---

[1] A la clôture de l'Exposition, on en comptait jusqu'à trente-cinq, y compris le celtique, la sténographie, le volapük et un rébus.

différentes couleurs; mais dans le vestibule de Babel, les placards ont cette supériorité qu'ils donnent des conseils utiles et qu'ils amusent agréablement l'esprit.

« Les Invalides! Tout le monde descend! » — Il ne pense pas si bien dire, le brave employé; blanc, noir, jaune, le monde entier, ou peu s'en faut, est descendu sur cette aire. Nos architectes ont rivalisé de science et de goût pour que chacun des groupes exotiques y retrouvât un coin de patrie; ils ont bâti une ville chimérique, disparate, telle qu'il s'en ébauche dans les rêves d'un voyageur avec ses souvenirs confondus; l'ensemble amuse le regard, chaque détail l'intéresse, et l'on regrette en sortant de là qu'un peu de cette fantaisie n'ait pas présidé à l'alignement des mornes demeures où l'on nous caserne aujourd'hui.

L'ordonnance du quartier arabe est particulièrement heureuse : le marabout de Sidi-Abd-er-Rahman, les galeries algériennes, le *soukh* tunisien, le patio du palais de la régence, les jardins enclos entre ces édicules, tout cela est charmant. Par ces matins embrumés de septembre, les blancheurs confuses des murailles moresques émergent seules au premier plan, dominées par le minaret du marabout qui s'enlève sur la verdure dans le clair soleil; les marchands du *soukh* s'installent et s'appellent d'une boutique à l'autre; à cette heure matinale, on n'aperçoit aux alentours que des burnous gravement portés, des femmes enveloppées qui regagnent rapidement les grandes tentes, des petits Kabyles s'échappant à demi nus de leurs tanières. Pour peu que l'imagination se replie sur le souvenir, une illusion facile lui montre là quelque éveil de bourgade arabe, sur les côtes d'Afrique ou de Syrie, et la mémoire retrouve l'une après l'autre les images des villes blanches qui se levaient au bord des rades, elle égrène lentement le chapelet de perles pâlies.

Le soir est plus favorable encore à ces voyages de pensée ; il l'était surtout durant les premiers jours de l'Exposition, quand la foule délaissait l'Esplanade pour se porter tout entière au Champ de Mars. Le visiteur qui remontait le flot était alors presque certain de rester seul dans le patio de Tunis, sous les arcades où tombait un rayon de lune ; cette clarté complice déguisait le mensonge des faux marbres, transformait les arbres du Nord, rendait aux aspects ce qui leur manque de grandeur et de lointain. Sur les degrés, le janissaire de la régence fumait, échangeant de rares paroles avec quelques compatriotes ; dans le parterre de fleurs, autour de la vasque où chuchote un mince jet d'eau, les marchands tunisiens et les hommes du douar kabyle erraient par petits groupes ou s'endormaient, accroupis sur les bancs. Plus loin, dans l'ombre du portail gothique et des tours en poivrière qui masquent le ministère de la guerre, un spahi solitaire, le sabre au clair, montait la garde entre les canons ; il rappelait maint tableau où une sentinelle veille ainsi devant le château farouche du Chérif. Tandis qu'une centaine de milliers d'hommes, à cinq minutes de distance, se pressaient sous la Tour et devant les fontaines lumineuses, on pouvait se croire là bien loin de Paris, aux portes de Fez ou de Kairouan.

Le promeneur isolé avançait de quelques pas, et par delà ce monde encore familier qui s'évanouissait derrière lui, il entrait dans un autre monde, inconnu, inquiétant comme un cauchemar : kiosques gardés par des monstres, pagodes aux figures grimaçantes, toits retroussés de la Chine; derrière les portes de bambou, devant les Bouddhas tirés de l'ombre par un reflet de lumière électrique, sur les marches du temple d'Angkor, il apercevait d'autres sentinelles, des noirs immobiles, de petits soldats jaunes qui le suivaient de leur œil oblique; nulle autre vie, dans les ténèbres des maisons irréelles, que la vie énigmatique de ces hommes et de ces monstres, animés par d'autres âmes que les nôtres. Les premiers soirs, encore mal orienté dans le quartier de l'Indo-Chine, le visiteur attardé sentait toutes ses idées se brouiller, il avait hâte de regagner la berge de la Seine, pour s'assurer qu'elle ne porte pas de jonques et ne roule pas sous les palétuviers.

Au plein jour, quand le public afflue, l'Esplanade garde encore quelque chose de ces escales maritimes, sur les routes d'Asie, où les Européens sont aujourd'hui aussi nombreux que les exotiques. Aucune d'elles ne réunit des échantillons plus divers des races humaines, aucune n'a vu des rencontres plus surprenantes : un roi de la côte d'Afrique grignotant des friandises de la Guadeloupe sur l'éventaire d'une mulâtresse, un Sakalave revenant du combat des Peaux-Rouges pour assister au djérid des cheiks kabyles et aux danses de Java, un noir du Sénégal commandant l'exercice à des soldats annamites, un bonze coudoyant un prêtre grec, des Congolais et des Canaques ramant dans leurs pirogues sous les yeux du Schah de Perse et des princes de Tunis... Et les industries bizarres : à côté des Aïssaouas, qui accomplissent leurs mômeries sans se douter que nous avons beaucoup mieux à la Salpêtrière, un Syrien débite, au « Souvenir de Jérusalem », ces boîtes d'olivier où le saint sépulcre alterne avec la tour Eiffel; une indigène de Paris vend dans un kiosque la « crème des croisades ». — Avec la simple énumération de ces peuples contrastés, on remplirait à peu de frais des pages pittoresques, si nous ressentions encore pour ces nomenclatures la passion de nos prédécesseurs romantiques. Un seul homme, qui n'est plus là, aurait eu la main assez puissante pour jeter sur quelque fresque interminable cette assemblée des nations; elle eût suggéré à Victor Hugo la légende de l'espace après celle du temps, des *Orientales* épandues sur tout le globe; son œil de cyclope aurait absorbé l'immensité du spectacle, son à peu près de couleur locale eût parfaitement convenu à ce qu'il y a de factice dans cette exhibition.

Les gens d'aujourd'hui, moins amoureux de sonorités et plus curieux du fond des choses, donneraient très cher pour savoir ce qui se passe dans ces têtes si différemment organisées. C'est une divination difficile. Pour la plupart de nos hôtes, on s'abuserait en espérant qu'ils s'en iront émerveillés de notre grandeur, illuminés par nos idées; c'est là un thème qu'il faut laisser aux amplifications des toasts officiels. Au dire des hommes versés dans la connaissance de l'extrême Asie, nos Annamites apportent ici les dispositions de grands enfants; amusés par les objets nouveaux qu'ils voient, ils sont incapables d'arrêter leur réflexion sur ces objets; égarés par les mensonges inconscients de leur imagination, aveuglés par un préjugé national pareil à celui des Célestes, on les entendra, une fois rentrés chez eux, travestir dans leurs récits tout ce qu'ils décriront, et ils refuseront d'avouer celles de leurs impressions qui nous seraient favorables. Quant aux Arabes et autres musulmans, une longue pratique de ces races laisse peu de doutes sur leur façon de voir; la vision de notre monde s'arrête au bord de leur prunelle, pour ainsi dire, elle ne pénètre jamais jusqu'à leur âme; ils repartiront avec un profond mépris pour nos mœurs, avec la crainte résignée de notre force, avec l'espoir indestructible qu'ils en appelleront un jour. Fréquemment, dans les bazars de l'Esplanade, un Égyptien vient s'asseoir sur le rebord d'une boutique de Tunis, un Touareg fraternise avec un Algérien; la franc-maçonnerie de l'Islam rapproche ces inconnus; je ne répondrais pas qu'au cours de ces entretiens, en plein cœur de Paris, sous nos lampes électriques, les affiliés des Senoussi n'aient point conquis des adeptes et préparé des centres de propagande.

Il est plus aisé d'observer les impressions de nos concitoyens, au contact de la clientèle exotique. Elle éveille, chez beaucoup de bons bourgeois parisiens, un sentiment d'orgueil et de domination comparable à celui du *civis romanus*, quand il passait en revue, un jour de triomphe, les tributaires et les vaincus. Je ne sais s'il fut prononcé, comme on le prétend, ce mot instinctif qui trahirait chez quelques-uns une conception particulière des protectorats : « Voilà nos esclaves! » Si le mot n'a pas été dit, plus d'un esprit est sur la pente qui mène à le dire. Il n'y a qu'à voir de quelle allure dégagée, avec quelle conviction de propriétaire maniant la chose possédée, un employé de l'Exposition, un garçon de café, font marcher les auxiliaires de couleur inférieure qui leur tombent sous la main. Pour nous réhabituer à l'idée de l'esclavage, il ne faudrait peut-être à la chose qu'un nouveau nom plus décent; s'il est vrai de dire que tout arrive, il est encore plus exact d'avancer que tout revient.

Chez les visiteurs descendus des quartiers populaires, le sentiment est plus cordial, on interpelle volontiers et galement ces frères étranges. Qui n'a rencontré sur le quai d'Orsay des voiturées joyeuses, qu'on dirait imaginées pour figurer les cinq parties du monde dans quelque cortège allégorique? C'est un camelot de la Villette qui va traiter chez le marchand de vin ses nouvelles connaissances de Port-au-Prince, de Saïgon et de Bâloufabé. L'autre soir, dans l'allée centrale presque déserte, quatre ouvrières du faubourg, personnes mûres et d'apparence très respectable, achevaient sur le tard leur souper de charcuterie; trois Arabes passèrent, on les invita à s'asseoir; les musulmans s'excusèrent sur le vin et le cochon, au grand étonnement de ces dames, mais ils prirent place fort galamment dans le cercle; l'instant d'après, deux noirs se joignirent à la société; tout ce monde caquetait de la façon la plus amicale, dans la mesure restreinte où le vocabulaire sabir le permettait. Il est bien regrettable pour la philologie que l'Exposition ne dure pas deux ou trois ans; on verrait naître ici, par voie de création naturelle, un langage universel qui ne laisserait rien à faire aux professeurs de volapük.

Parfois, au milieu d'un groupe de Tonkinois assis sur les brancards de leurs pousse-pousse, un brave gardien de la paix s'institue maître d'école; il instruit nos protégés à tracer nos lettres et nos chiffres, imités aussitôt par les petites mains bistrées avec une adresse de singes. Cependant, tous les « enfants de Han » ne sont pas aussi disposés à ces tentatives de fusion. Prise en masse, la foule n'est complètement à l'aise qu'avec les bons nègres, aux faces ouvertes et rieuses; les faces jaunes sont plus fermées, plus de l'autre monde. Dans les cordons de curieux qui se succèdent devant les échoppes du village annamite, l'expression des physionomies est habituellement celle qu'on remarque chez les promeneurs du Jardin des plantes, quand ils circulent devant les cages des fauves. Regards d'Européens et regards d'Asiatiques se croisent sans se pénétrer; ils n'expriment ni sympathie, ni gêne, ils ne portent pas de l'un à l'autre des parcelles d'âme, comme entre gens de même race qui se dévisagent.

Ce mur de séparation morale apparaît bien nettement dans le kampong javanais, malgré notre engouement pour les poupées casquées d'or qui ont fait des fanatiques et des hypnotisés. Dès le premier jour, Paris a raffolé des Javanaises, de leurs grâces colubrines, de ces petits corps souples où la peau semble vidée d'os et de muscles, lorsqu'elle ondule en mouvements tout pareils à ceux des serpents. Notre admiration envahissante a dû paraître lourde aux petites danseuses; elles auront connu le pire ennui des reines, sans les compensations de l'emploi; elles ne peuvent dérober une minute de leur journée à la foule entassée contre leurs paillotes. Il est vrai qu'au début cette persécution ne paraissait guère les gêner; il en serait autrement aujourd'hui, s'il faut croire le mot d'un impresario, mot profond comme un verset de la *Genèse :* « Nos pensionnaires sont déjà corrompues, elles ne se lèvent plus devant les hommes. » Tout chez elles est animal : le dessin de la bouche, sommaire et inintelligent; la voix à fleur de tête, ce pépiement nasillard sous lequel on ne sent pas de pensée. Rien ne donne la sensation de la distance au même degré que leur regard brillant; il vient d'infiniment loin, quand il arrive sur nous; quand il rentre, il s'enfuit infiniment loin, dans l'éblouissement de lumière du ciel équatorial, sur les prairies de fleurs éclatantes qui couvrent la mer, le long des rivages de leurs îles. Ce pauvre monde a toujours froid; les vieilles surtout font peine à voir, grelottantes, claquant des dents au moindre souffle frais; monde attirant et triste, de la tristesse particulière aux romans de Loti. Il y a je ne sais quoi de funèbre dans ces créatures de plaisir, dans leur masque exsangue sous la poudre safranée, jaune comme la mort des pays exotiques, comme la fièvre des beaux étangs pestilentiels. Elles devaient être sinistres, Sariem et Taminah, entre les dalles glacées et sous le jour vert de la Morgue, quand elles se rendirent là pour pleurer Anan, l'un de ces musiciens qui agitent devant elles des sistres de bambou; il s'était laissé mourir en arrivant chez nous; comme un cadavre n'a pas le droit de mettre en deuil le lieu où le public paye pour s'amuser, on porta le Javanais sur le lit de pierre des naufragés parisiens; toute la troupe affolée vint s'y lamenter à la mode du pays, entre deux danses.

La mélancolie qui prend le cœur dans le kampong, on la retrouve à quelques pas de là, faite des mêmes éléments, devant la grande volière où sont encagées des nuées d'oiseaux-mouches du Sénégal; autres bestioles dépaysées, transies, elles frissonnent avec des reflets de pierres précieuses, elles serrent piteusement leurs corps minuscules et se tassent sur leurs perchoirs en longues brochettes superposées; elles aussi murmurent, dans leur babil nasillard, des choses inintelligibles pour le pierrot de la Seine qui volète autour de leur grillage, trivial, indiscret, la plume drue et le sifflet hardi, joyeux de sa liberté sous le ciel accoutumé.

Le théâtre annamite n'a pas eu la même fortune que les ballerines du prince de Solo. On a trouvé son action trop monotone, sa musique trop barbare. Pourtant, si ces féeries lyriques se donnaient à Bayreuth… Des amateurs experts et très respectueux de Wagner m'affirment que, si quelque chose ressemble à la manière du maître, — comme le bourgeon à la branche qui en sortira, — c'est le théâtre annamite; on y discerne le *leit-motiv*, les longs récitatifs de passion, et l'invention du sujet est puisée dans les Niebelungen orientaux. S'il y a quelque vérité dans cette boutade, j'en suis mauvais juge. D'après ce que j'ai pu deviner en écoutant *Lê Hué*, — *la Rose*, — ce drame est fort loin des perfections de Scribe et d'Auber; mais il a plus d'un point commun avec l'inspiration des chants homériques. Des magiciens qui n'ont pas de patrie terrestre arrivent sur une scène représentant le ciel ou les profondeurs de la terre; des sorciers, qui furent des buffles dans une existence antérieure, chantent longuement leurs joies ou leurs inquiétudes; des chœurs plaintifs de suivantes traversent des combats d'hommes et de dieux. Tout cela est d'une fantaisie naïve, d'une liberté de rêve qui rachètent bien les discordances des gongs. L'imagination du spectateur doit suppléer à l'absence du décor avec de courtes indications, comme dans le théâtre shakespearien. Je relève sur la notice une de ces indications : « Les sinuosités du chemin parcouru par les acteurs correspondent aux accidents qui pourraient surgir dans la vie réelle. » Il y a plusieurs personnes qui donneraient le vaudeville le mieux fait pour les suggestions de cette simple phrase. Mais ces personnes sont encore trop peu nombreuses pour que *Lê Huê* fasse concurrence à nos entreprises de divertissements nationaux.

Toutes ces ouvertures sur l'Asie n'offrent qu'un intérêt secondaire, à côté des cérémonies qu'on célèbre depuis quelques jours dans la pagode tonkinoise. Nous devons cette révélation à l'initiative de M. Dumoutier, le savant interprète qui a organisé l'enseignement au Tonkin; il a bien voulu m'aider de ses lumières et me communiquer les notes manuscrites de l'ouvrage qu'il prépare sur le bouddhisme dans l'Indo-Chine; il m'a permis d'y faire quelques emprunts. J'hésite à introduire le lecteur dans le sanctuaire des bonzes; je crains de ne pouvoir plus m'en arracher, tant il passionne l'esprit en lui ouvrant des horizons vastes et nouveaux.

Une chapelle catholique d'Italie ou d'Espagne, très ornée de statues de saints, et dont la décoration, la peinture, la sculpture auraient été confiées par hasard à des ouvriers annamites, telle est la pagode d'Hanoï. Des tableaux de toile peinte sont accrochés aux boiseries; ils offrent des représentations de l'enfer et du jugement analogues aux fresques du moyen âge. Sur le devant de l'autel, le rituel des prières, des offrandes de fruits, des lampes allumées, des baguettes d'encens fumantes, le tison de bois d'aigle qui entretient le feu perpétuel; sur les gradins supérieurs de cet autel, les statues dorées du Bouddha, dans les attitudes consacrées pour les diverses incarnations de la figure divine; les images de Kouanin, la vierge miséricordieuse, et d'Ananda, le disciple préféré. — Descendue de la Chine au Tonkin et dans l'Annam, la pure doctrine hindoue est arrivée dans la péninsule très matérialisée, très mêlée de superstitions païennes, de formules magiques; le taoïsme s'est taillé une large place dans le panthéon bouddhique. Aussi voit-on sur les côtés du temple les effigies de quelques empereurs divinisés, entre autres le Maître du Ciel, l'Empereur de jade, qui habite dans la Grande Ourse; ses deux subordonnés l'accompagnent, le génie stellaire qui préside aux naissances et celui qui préside à la mort.

L'office commence, les bonzes montent à l'autel. On retrouve sur leurs traits ce caractère indélébile que l'état ecclésiastique imprime dans tout pays à la figure humaine. Ce sont, me dit mon guide, des gens convaincus, de bonne vie et mœurs. L'officiant et ses deux acolytes portent des coiffures d'étoffe en forme de couronnes; ils viennent de revêtir des chapes de soie jaune, pareilles à celles de nos prêtres. L'officiant tient dans ses mains jointes un rosaire et une fleur de lotus; en priant, il dirige la fleur vers le dieu. Il se prosterne, récite des litanies et des oraisons, avec une gravité recueillie; les acolytes lui donnent les répons, en frappant sur de petits gongs de bois et de métal. Les bonzes nouent de cent façons leurs doigts entre-croisés; ils figurent ainsi les gestes sacramentels du Bouddha, signes allégoriques des révolutions zodiacales, de la succession des jours et des nuits. De temps à autre, le clergé marche processionnellement autour de l'autel; revenus dans le chœur, les prêtres forment une chaîne aux évolutions rapides; leurs pas dessinent alors sur la natte une figure géométrique, toujours la même; c'est le *taïki*, le signe de la formule où les Chinois ont enfermé tout le sens des choses divines et des choses humaines. Le *taïki* est un cercle dans lequel deux points opposés, générateurs de mouvements en sens contraires, donnent naissance à deux spirales susceptibles de se mêler à l'infini. L'un de ces points représente le principe du bien, de la lumière, de la chaleur, de la vie; l'autre, le principe du mal, de la nuit, du froid, de la mort. Tout naît, existe et se transforme par l'action réciproque de ces deux principes. Le *taïki* traduit aux yeux la conciliation des contraires par le mouvement, l'équilibre du monde moral et du monde matériel maintenu par le jeu des forces opposées. Le symbole chinois contient en puissance toutes les explications de l'univers auxquelles ont abouti chez nous des siècles d'observations expérimentales et d'inductions savantes.

Grâce aux traductions de M. Dumoutier, nous pourrons bientôt étudier les principaux livres de prières. On y discerne deux inspirations de valeur fort inégale. L'une provient du taoïsme dégénéré; elle a multiplié dans ces livres les formules magiques d'exorcisme contre tous les mauvais génies qui guettent l'homme; si l'on dégage l'esprit général de ces formules de leur transcription particulière dans la pensée annamite, on y retrouvera les exorcismes qui remplissent le dossier criminel d'Urbain Grandier et des Ursulines de Loudun. Dans l'autre inspiration, on reconnaît ce qui subsiste du bouddhisme primitif; elle a dicté des prières souverainement belles. Feuilletons le *Passeport pour le ciel*, le rituel funéraire des bonzes. Il contient des oraisons et des préceptes cérémoniaux pour tous les genres de mort, pour le décapité, pour la victime de la foudre, du tigre, du serpent.

Introduit près d'un moribond, le prêtre prodigue des conseils à l'âme, il lui indique les issues par où elle doit sortir du corps, les barques et les ponts qu'il faut éviter ensuite, ceux qu'il convient de prendre parce qu'ils conduisent au mont Mérou. Puis le bonze récite les prières de l'agonie : « Le ciel et la terre sont dans le chaos, l'eau et le feu roulent ensemble en désordre, mais trois fleurs se réunissent sur une seule tige, et le tigre est dompté, le dragon est asservi. Le nuage de cinq couleurs s'étend sur le monde, il contient les cinq éléments. Le Saint apparaît. Le ciel se forme et se tient au-dessus, la terre se dégage et se tient au-dessous ; au milieu sont tous les êtres qui se groupent ou se dispersent. »

Les enfants s'agenouillent auprès du mourant, le bonze répète l'invocation : « Le ciel et la terre sont assombris. Oh! l'âme, sortez! » — Et il dit des versets qui finissent ainsi : « L'Esprit se condense et retourne au néant sans que son influence cesse de régir le monde. Il persiste, invisible, inconnu, incompréhensible, comme serait le reflet dans la mer d'une lune qui n'existerait pas. » — Enfin, l'oraison dite du passage, ou du dernier soupir : « Cette âme, venue on ne sait d'où, va gravir le chemin des trois saints... La lumière, la nature humaine, la nature d'autrui, la nature du ciel, se réunissent en un seul souffle... A cette heure dernière, je confesse toutes mes fautes et demande le pardon; j'ai péché par ignorance, mon cœur était mauvais, ma bouche était impure, que le Bouddha me pardonne. »

Après la mort et la longue série des exorcismes, pendant qu'on accomplit sur le défunt les prescriptions minutieuses du rituel, le bonze récite la prière du fils : « Le nommé N..., reconnaissant des bienfaits de ses parents, qui l'ont nourri pendant les trois premières années de son existence, qui lui ont donné des vêtements et une maison, vient faire le sacrifice, offrir les présents et évoquer leur âme. Les traits de leur visage ont disparu, le son de leur voix s'est évanoui; ainsi le vent d'automne fait tomber les feuilles des arbres, et les papillons vus en songe ne laissent aucune trace. Mais le souvenir est toujours vivant dans le cœur... »
Et les formules pour l'évocation de l'âme continuent : « La vie et la mort sont deux états fort différents, comme le *âm* et le *duong* (les deux principes fondamentaux), et tout aussi incompréhensibles... Les montagnes et les fleuves rendent la distance immense, les jours et les nuits sont tristes dans le Tuyen-daï... L'âme le matin suit la pluie, et le soir elle erre derrière les nuages, chassés par le vent sur les collines ou vers la mer. L'âme s'élève, les esprits (animaux) s'abaissent, l'âme plane dans le ciel, les esprits rasent la surface du sol. L'âme est on ne sait où. L'âme n'entend-elle pas l'évocation? »

Ces trop courtes citations donneront une idée du symbolisme gracieux et profond dont la religion annamite garde l'empreinte. La bonzerie de l'Esplanade nous montre ce symbolisme vivant dans la décoration des sanctuaires et dans la majesté des cérémonies; elle nous montre l'une des adaptations nationales de la doctrine qui régit 500 millions d'âmes, le tiers des hommes.

J'ai marqué ce qui surprend tout d'abord le visiteur, la similitude frappante entre ces sanctuaires, cette liturgie, et l'appareil du culte chrétien dans les pays latins et grecs; similitude qui s'étend parfois aux conceptions essentielles. Quelques lecteurs prendront peut-être en mauvaise part ce rapprochement, qui avait déjà fourni un thème aux railleries faciles du dix-huitième siècle, alors qu'on ignorait comment vivait un bonze et ce qu'il croyait. Quand l'évidence d'un fait ou d'une idée crève les yeux, il ne sert à rien de les détourner; ici comme partout, je crois qu'il est maladroit de laisser l'esprit d'ironie et de destruction tirer avantage de l'évidence; je crois qu'il faut s'emparer résolument du fait ou de l'idée et chercher à les expliquer. Ce n'est pas le moment de vider d'un trait de plume ces graves questions. Contentons-nous de rappeler ce que chacun sait, qu'il y a deux explications de ce parallélisme des religions : l'explication orthodoxe, qui voit partout un reflet des dogmes chrétiens, les vestiges obscurcis d'une révélation originelle; l'explication de la science libre, mais respectueuse du divin, qui voit dans l'univers le foyer d'un vaste travail d'épuration où l'idée religieuse, une sous des vêtements dissemblables, va toujours s'élevant, s'illuminant à mesure qu'elle atteint des races supérieures. Il n'y a aucune incompatibilité radicale entre les deux explications; une vue assez large pour embrasser et concilier ces deux aspects de la vérité, voilà ce qu'il faut souhaiter à tous ceux qui ne sauraient trouver hors de cette vue la paix de l'intelligence.

La curiosité attire le visiteur à l'Esplanade; un autre sentiment l'y retient. Cette partie de l'Exposition témoigne de l'effort considérable que la France a fait au dehors depuis ses malheurs. Tous ces exotiques, avons-nous dit, sont nôtres à quelque degré; ils représentent pour nous de lourdes charges et de grands espoirs. Entrons dans le palais central des colonies, faisons le tour des sections qu'il récapitule, rappelons-nous l'histoire qu'il raconte; si l'on avait voulu nous montrer dans l'édifice une image exacte de cette histoire, il eût fallu le diviser en deux moitiés, donner à la première l'aspect d'un tas de ruines et laisser la seconde en construction. Le tas de ruines, ce serait l'empire colonial d'autrefois, celui qui a sombré à la fin du dernier siècle et au commencement du nôtre; nous en retrouvons ici les petites épaves : quelques lambeaux de terre sur les côtes des Indes et de la Guyane, quelques îles, la Réunion, la Martinique, la Guadeloupe, et des îlots de moindre importance. La construction récente nous parlerait de l'empire colossal que nous sommes en train de refaire, avec ces trois morceaux du globe dont chacun dépasse en superficie le territoire de la mère patrie : la France arabe, au nord de l'Afrique; la France noire, au cœur de ce continent; la France jaune, tout au bout de l'Asie. Et ce nouvel empire s'est élevé en quelques années, si l'on excepte l'Algérie, qui relie l'une à l'autre les deux périodes si tranchées de nos entreprises d'outre-mer.

La conquête algérienne a sa physionomie à part; c'est

un appendice au vieux poème des croisades, un chant d'épopée plutôt qu'une page d'histoire coloniale. Nous avons refait là notre apprentissage de colonisateurs contre toutes les règles du métier; mais notre longue erreur est mêlée à une légende si héroïque, si séduisante pour l'imagination, qu'on n'a pas le courage de la regretter. Qu'elle est déjà loin de nous, cette fantasia de la vie militaire franco-arabe! Elle date, comme un uniforme du 2ᵉ léger dans un tableau d'Horace Vernet. Et pourtant ils sont d'hier, tous ces noms de généraux africains inscrits dans le marabout d'Abd-er-Rahman, et qui sonnent là comme des coups de clairon. Quelques-uns même sont encore d'aujourd'hui; on pourrait rencontrer dans la mosquée, cherchant ses souvenirs, l'un des adversaires d'Abd-el-Kader, et l'on s'étonnerait une fois de plus que nous la laissions se rouiller dans l'inaction, la savante épée qui devrait être la force et la parure de notre relèvement national. — L'exposition algérienne atteste un développement agricole de bon augure; le pays demande une nouvelle fortune à la culture de la vigne; il se présente à nous, cette année, comme une succursale du Bordelais. Mais pourrons-nous corriger les traditions invétérées qui ont consommé le divorce entre l'indigène et ses maîtres? Elles ont fait de notre seule colonie de peuplement une image trop fidèle de la métropole, rongée par la politique, par des passions et des chimères d'autant plus dangereuses que nous n'avons pas toujours peuplé cette terre avec le meilleur de notre sang.

En passant de l'Algérie à son complément naturel, la section tunisienne, on arrive à l'histoire récente, à la méthode nouvelle qui règle l'expansion de l'Europe sur le monde : la demi-conquête, le protectorat. Cette méthode nous a réussi à merveille dans la régence; en peu d'années, sans qu'il nous en coûtât une goutte de sang, nous avons fait là œuvre solide. Quand on parcourt l'exposition de Tunis, où cette œuvre est mise en évidence avec beaucoup d'habileté, il semble qu'on assiste à une résurrection de la puissance romaine, exhumée par nous en même temps que les aqueducs, les citernes, les temples de Suffetula et de Thugga, dont nous avons dégagé les belles ruines. D'où vient ce succès, inespéré au début, reconnu aujourd'hui par tous les gens de bonne foi? Il n'est que juste d'en rappeler la cause. Notre gouvernement, ayant mis la main sur un homme à la hauteur de la tâche, a eu pour une fois le bon sens de lui laisser du temps et de la liberté d'action. Cet homme a su pénétrer l'esprit musulman, il a transformé un vieil organisme sans le briser, sans heurter les mœurs ni exaspérer les préjugés des indigènes; entre ces préjugés et ceux que nos brouillons colportent au dehors, il a préféré respecter les premiers, pour montrer à nos clients que leur intérêt s'accorde avec le nôtre; il a fait de l'administration, et non de la politique d'exportation. La Tunisie est un exemple unique, nous pouvons l'exposer avec fierté; mais il convient surtout de le méditer, pour en tirer profit dans le reste de notre empire; le même procédé de greffe prudente, appliqué avec suite par une main libre d'entraves, donnerait peut-être ailleurs les mêmes fruits.

De la France noire, il n'y a encore que peu de choses à dire. On a vu ses enfants disséminés dans les cases de l'Esplanade; M. de Brazza, qui les inventa, pourrait seul se reconnaître dans l'inextricable fouillis des races qui pullulent entre le Sénégal et le Congo. Quelques-unes nous ont envoyé de beaux spécimens, des gaillards athlétiques, à la physionomie intelligente et avenante; ils auront relevé l'idée qu'on se faisait communément de ces nègres. Sans doute, on ne parviendra jamais à les conduire très haut, mais on les conduira facilement. Lui aussi, ce royaume en formation ne nous a demandé aucun sacrifice sensible; s'il en demandait, j'ose croire qu'il faudrait les faire. Je ne sais pas de document plus instructif, pour qui veut s'amuser à deviner l'histoire du siècle prochain, que la dernière carte d'Afrique dressée à Berlin par M. Liebenow. Il a pris forme, il s'est rempli, ce grand triangle vide dans l'intérieur duquel nous savions à peine tracer quelques lignes indécises, quand les hommes de ma génération étaient au collège; et le cartographe berlinois y a teinté en couleurs les ambitions, sinon les acquisitions effectives de chaque peuple européen. Les Allemands s'attribuent de gros morceaux, entre autres 15 degrés du méridien au-dessous de l'équateur, sur la côte orientale. Le vaste territoire qu'ils revendiquent est limitrophe, par les grands lacs, de l'État belge, de l'État indépendant du Congo, qui va lui-même rejoindre l'Océan occidental. Or on ne sait jamais combien de temps un État aussi lointain restera belge et indépendant; s'il doit perdre un jour ces deux qualités, on verra vraisemblablement la couleur impatiente de M. Liebenow s'étendre sur toute la largeur du continent, d'un océan à l'autre; une barre gigantesque coupera l'Afrique en deux tronçons.

Voilà des prévisions à longue échéance, si l'on peut parler de longues échéances dans ce temps-ci; mais chacun le pressent, avant que le siècle prochain soit très vieux, c'est à l'intérieur de l'Afrique que les grands coups de pioche iront tenter les grands coups de fortune, sans préjudice d'autres coups, peut-être. Il faudra que nous soyons là, parce que nul n'a droit de s'arrêter dans une troupe en marche, sous peine de déchéance. Les adversaires les plus résolus de la politique coloniale ne prouveront pas que nous puissions nous soustraire aux conditions communes de l'Europe; à nous, comme à nos rivaux, elles imposent la fatalité de l'expansion sur le globe.

Cette fatalité nous a poussés en Asie, sur l'autre continent où le géographe pourrait refaire sa carte des convoitises forcées. On a donné dans l'Exposition une large place à la France jaune, et l'on a eu raison; nous sommes de si étranges Athéniens, que les pagodes, les pousse-pousse, et surtout ces petits soldats aux figures féminines, si gentils sous les armes, auront fait plus que tous les volumes et tous les discours pour réconcilier le peuple parisien avec l'épouvantail du Tonkin. Chacun a pu observer aux Invalides cet effet de persuasion par l'amusement. Néanmoins, l'Indo-Chine continue d'être l'outre aux tempêtes; elle est d'un usage si commode pour la polémique intérieure! Nous avons mis un oiseau en cage, personne ne pense à lui rendre la volée, et chacun se défend de le nourrir. Dans cette lamentable histoire, les deux camps adverses ont donné le spectacle d'une égale pusillanimité : les uns en décriant une entreprise qu'ils savaient bien ne plus pouvoir être abandonnée; les autres en hésitant dans cette entreprise par peur de ces criailleries. La passion de parti ne saurait faire excuser l'injustice et l'ignorance qui inspirent, depuis des années, les attaques de la presse radicale et de la presse de droite; c'est toujours la même équivoque; en critiquant des mesures fautives, on soulève le pays contre le principe même de l'établissement. Ce principe restera, je crois, l'honneur de la troisième République, avec tout le plan d'ensemble de l'empire colonial qu'elle a relevé; mais la mollesse d'exécution, les changements de front, les sacrifices quotidiens aux exigences électorales et aux intrigues parlementaires, lui seront durement reprochés.

Quelque opinion qu'on se fasse de ces responsabilités, des événements fortuits nous ont jeté sur les bras un fardeau ou un trésor, comme on voudra; nous devons en tirer parti. Il est malaisé de se former un sentiment sur un pays qu'on n'a pas vu; mais quand on a recueilli les informations d'anciens et bons serviteurs de la France dans ces contrées, on incline à croire que le trésor vaut bien le prix qu'il y faut mettre. Nous avons été chercher le voisinage redoutable de la Chine, dit-on; c'est la vue pessimiste, il y en a toujours une dans les choses humaines; la vue optimiste considère qu'il importe de nous assurer les débouchés commerciaux de cet immense marché. Les Anglais s'efforcent d'y atteindre de leur côté; après les explorations de M. Pavie, on ne saurait douter que les routes les meilleures et les plus courtes soient en notre pouvoir. En dépit des tableaux effrayants et mensongers qu'on nous fait, tous les observateurs dignes de foi s'accordent à représenter ces régions comme favorables à l'établissement de l'Européen, ces peuples comme susceptibles d'être gagnés par une administration avisée et prudente. Quand on apprend à connaître le personnel dévoué qui subit là-bas les à-coups de notre politique, on admire la vigueur et l'excellence des éléments que nous avons à notre service; parmi ces modestes fonctionnaires, comme dans le peuple dont nous observions l'humeur à l'inauguration du Champ de Mars, on découvre d'inépuisables réserves de force, d'intelligence, de bonne volonté; on se rassure, on espère, et l'on ne recommence à s'inquiéter qu'en regardant vers le cerveau qui dirige le pays, en y retrouvant la paralysie constitutionnelle dans le lobe droit, les symptômes de gangrène ou de folie dans le lobe gauche.

Souhaitons du moins qu'après avoir défrayé notre curiosité, l'Exposition exotique nous fasse réfléchir sur les devoirs nouveaux que nous assumons dans le monde, sur le grand changement de ce monde par l'expansion de tous sur tous. A l'Esplanade, comme à la galerie des machines et sous la Tour, tout proclame la rupture de l'ancien équilibre par les nouvelles conditions d'existence qui nous sont faites, par la pénétration réciproque des peuples, le poids social du nombre, la puissance dynamique des forces dérobées à la nature. Tout annonce des bouleversements à côté desquels la révolution d'il y a cent ans n'était qu'un jeu, un germe, si l'on préfère. Comme aux jours qui virent finir la vieille Rome, mais avec une impulsion infiniment plus rapide, plus violente, plus universelle, la fusion des hommes et des idées manifeste une crise de l'histoire. Quand elle agite et mêle ainsi l'humanité, c'est pour lui préparer de formidables coups de théâtre, le passé nous en est garant.

On n'avait pas attendu l'Exposition pour s'en rendre compte; mais dans cette ville œcuménique des Invalides et du Champ de Mars, complétée par la physionomie cospomolite de notre Paris depuis quelques mois, nous avons pu observer ces photographies instantanées, involontaires, que les grands mouvements historiques laissent sur les choses; chez tous ceux qui les auront vues, les inductions philosophiques se seront transformées en convictions entrées par les yeux, et c'est beaucoup pour la plupart des hommes.

VIII

LA GUERRE. — LA PAIX SOCIALE.

LA GUERRE.

1er octobre.

Du haut de la Tour, le regard n'aperçoit d'abord que le gai panorama de l'Exposition, tout lui est image de travail ou de plaisir; dès qu'il se relève sur l'horizon, par delà le joyeux pêle-mêle des jardins, des pavillons, des dômes bleus ou dorés, derrière l'énorme serre vitrée des machines, il découvre un autre monument, masqué aux visiteurs du Champ de Mars par l'écran fragile de tôle et de verre; maison plus ancienne et plus solide, œuvre élégante de l'architecte Gabriel, qui réapparaîtra dans quelques semaines, si l'on jette bas le brillant décor, et demeurera seule; c'est l'École de guerre, embusquée là comme une bête de proie à la lisière d'une forêt. L'arrangement du hasard semble prémédité, tant il est significatif.

De même, sur l'esplanade des Invalides, au centre des campements exotiques et coloniaux, un bâtiment plus sévère domine le pittoresque bazar; tous ces fragments du globe sont venus s'agréger au palais de la guerre; nos hôtes soumis montent la garde à tour de rôle devant la maison mère, sans laquelle ils ne seraient pas ici.

Beau sujet d'antithèses pour la rhétorique humanitaire; elle ne se fait pas faute de geindre sur ces rapprochements, et d'affirmer que ceci tuera cela, que la fusion des peuples par la science et le travail aura raison de l'instinct militaire. Laissons-lui caresser la chimère d'un âge d'or qui deviendrait bien vite, s'il pouvait se réaliser, un âge de boue. Toute l'histoire nous enseigne que ceci est créé par cela, qu'il faut du sang pour hâter et cimenter la fusion des peuples. Les sciences de la nature ont ratifié de nos jours la loi mystérieuse révélée à Joseph de Maistre par l'intuition de son génie et par la méditation des dogmes primordiaux; il voyait le monde se rachetant de ses déchéances héréditaires par le sacrifice; les sciences nous le montrent se perfectionnant par la lutte et la sélection violente; c'est des deux parts la constatation du même décret, rédigé en termes différents. Constatation désagréable, à coup sûr; mais les lois du monde ne sont pas faites pour notre agrément, elles sont faites pour notre perfectionnement. — Entrons donc dans cet inévitable, ce nécessaire palais de la guerre; nous aurons occasion d'y observer comment le plus tenace de nos instincts, sans jamais rien perdre de sa vigueur, se transforme et se plie aux exigences diverses des moments historiques.

Là-haut, dans les salles rétrospectives du second étage, c'est encore la guerre pimpante et empanachée, celle qui fournissait des couplets d'opéra-comique, des sujets de tableau et de tapisserie, qui tournait les têtes avant de les faire casser. Son arsenal emprunte des moyens de séduction à tous les arts; elle fait une large part à l'inspiration et à l'habileté de l'individu, elle s'incarne dans les figures héroïques. Les collections d'uniformes et d'armes anciennes n'offrent qu'un intérêt secondaire; on les a vues dans tous les musées; il y a plus et mieux en face, à l'hôtel des Invalides. Mais la galerie de portraits est longuement suggestive ; elle nous montre l'âme de la profession changeant avec les époques. Chez les capitaines de l'ancien régime, l'exercice du commandement militaire n'imprime point un caractère spécial aux physionomies, pas plus qu'il ne modifie le costume habituel; pour toute une classe, la guerre n'est pas encore une fonction distincte de la vie sociale, elle est l'état naturel, la seule occupation sérieuse et le plus vif plaisir; sauf la cuirasse, dont le peintre les affuble parfois comme d'un attribut mythologique, rien ne distingue un de ces maréchaux de l'homme de cour qui le remplacera demain. Il faut arriver aux généraux de la Révolution et de l'Empire pour trouver un type professionnel caractérisé. A peu d'exceptions près, ces héros ne se piquent pas de simplicité; comme ils se complaisent dans leurs dignités de fraîche date! comme ils s'admirent dans leurs uniformes chamarrés! Dès qu'ils ont passé le seuil de l'atelier, chez David, Gérard ou Girodet, ils sont en scène, ils prennent des poses théâtrales; tel de ces portraits, — Mortier, Bessières, Murat, — n'est pas moins révélateur que l'étonnante conversation entre Bernadotte et Rochechouart, rapportée dans les Mémoires de ce dernier.

Quelques-uns, parmi les survivants de l'épopée, se sont fait peindre sur le tard, dans le fauteuil de pair où la monarchie de Juillet les avait assis; leur transformation est saisissante; embaumés dans la Charte, il semble qu'un esprit soit sorti d'eux, emportant l'auréole. En suivant la série chronologique des toiles, depuis celle où Marceau se dandine avec des grâces de sans-culotte, jusqu'au portrait bourgeoisement solennel de Victor, duc de Bellune, on peut apprendre sans livres un long morceau d'histoire; ces têtes rendent visibles les trois âges sociaux qui ont passé sur elles et les ont modelées successivement, à mesure qu'elles coiffaient le bonnet rouge, le casque timbré d'aigles et changé parfois en couronne, enfin l'autre bonnet. Pourquoi ne nous a-t-on pas apporté de Versailles, avec les tableaux militaires empruntés au château, le portrait de La Fayette peint après 1830, dans le costume et l'attitude de général en chef des gardes nationales? Je suis allé le voir, il vaut le voyage; c'est tout un monde, on dirait le prix de Rome de Henri Monnier. Cavaignac inaugure une autre époque : tête charmante sous son voile de pensée triste; le regard ne peut s'en détacher. Il s'arrête longtemps aussi sur le visage de Hoche, beau comme un jeune génie funèbre; le général bleu a mis sur ses cheveux un doigt de poudre, sans doute à la prière de la Vendéenne qu'il aimait; la tradition veut qu'elle ait esquissé le modèle original de ce portrait, attribué à La Neuville. Mais il faut se défier des traditions avec Hoche; n'est-il pas devenu le symbole des vertus civiques, ce bel ambitieux qu'une histoire aujourd'hui mieux connue nous montre impatient d'étrangler la République et de devancer Bonaparte?

Le voici, le vrai dieu de la guerre, à l'entrée des salles, très vivant dans la statue de bronze où M. Guillaume l'a représenté, encore lieutenant à Brienne; je ne sais de quelles limbes on a tiré cette œuvre remarquable; elle mériterait le grand jour de la place publique, il est regrettable que notre pudeur républicaine le lui interdise. Le bas du visage a déjà toute sa volonté en puissance, mais le front de l'empereur n'a pas encore « brisé le masque étroit »; on sait que la métaphore d'Hugo est rigoureusement exacte : la série des portraits et des bustes montre ce front s'élargissant à mesure qu'il pense pour une plus large part du monde. Devant le dieu, l'autel et les reliques, des armes, des souvenirs de Sainte-Hélène, une mèche de cheveux. On aurait pu, pour cette occasion, ressortir la redingote grise qui émerveilla notre enfance au musée des souverains. Que craint-on? Les imitateurs qui prennent mesure sur cet habit? Ce n'est pas précisément une redingote qu'ils se taillent.

On croira sans peine que la circulation est difficile à cet endroit. Ils sont toujours curieux de lui, les petits-fils de la grand'mère qui l'avait vu. Et il en vient, il en vient! Un aimant attire la foule dans le palais de la guerre : nulle part ses flots ne s'engouffrent aussi épais. Au premier étage tout l'amuse ou l'intéresse; elle stationne, loquace et satisfaite, devant le camp où sont groupés des mannequins de tout uniforme et de tout grade, devant les drapeaux, les tableaux, les grognards de Raffet, les armes des soldats illustres; elle admire la cuirasse de Waterloo, avec son grand trou de boulet par où sortit quelque âme inconnue, et la casquette du père Bugeaud, lamentablement piquée des vers.

Suivons cette foule, tandis qu'elle redescend au rez-de-chaussée, au matériel de la guerre actuelle. L'air des visages change subitement; silencieuse, recueillie devant ces choses redoutables et inintelligibles, la procession défile lentement autour des engins nouveaux et de leurs appendices compliqués; elle défile sans s'arrêter, comme si elle accomplissait un rite, comme si les femmes de ces braves cultivateurs, très nombreux en ce moment à l'Exposition, venaient consacrer aux Molochs de bronze les enfants qu'elles traînent à leur suite. Sur les physionomies reparaît une nuance d'expression qu'on leur voit parfois à la galerie des machines, la stupeur provoquée par la toute-puissance de forces diaboliques.

Et il semble, en effet, que nous rentrions dans un quartier de la galerie des machines. Tous les caractères généraux que nous observions naguère dans les nouveaux engins de production, nous les retrouvons dans les nouveaux engins de destruction : la complication savante, l'absence de tout ornement sur la nudité du métal, l'énergie irrésistible facilement dirigée par le calcul, l'effort collectif substitué à l'effort individuel. Pour compléter l'analogie, l'industrie de la mort forme aujourd'hui une branche de commerce florissante et toute semblable aux autres. Depuis Louis XI jusqu'à 1870, l'État s'était réservé le monopole de la fabrication des armes de guerre; après nos désastres, des besoins urgents le contraignirent de s'adresser à l'industrie privée; la loi de 1885 acheva d'émanciper cette dernière. Nos grandes usines métallurgiques vendent maintenant la force destructrice à qui en veut, elles se sont outillées pour lutter sur tous les marchés du monde avec les Krupp et les Armstrong. Les Forges et chantiers, les maisons Hotchkiss, Bariquand, d'autres encore, exposent leurs dernières inventions. C'est un véritable magasin d'horlogerie de précision, et sur chacune de ces horloges on pourrait graver la devise du cadran d'Urrugne : *Vulnerant omnes...*

Voici des canons-revolvers à tir automatique, des mitrailleuses débitant leurs six cents coups à la minute, une pièce de 40 calibres qui peut envoyer son obus à 21 kilomètres, de Montmartre à Versailles; j'en passe, et des pires. Comme à la galerie des machines, toutes les énergies de la nature, réquisitionnées par toutes les sciences, collaborent au travail. Des canons de marine sont pourvus d'un accumulateur électrique; on presse un bouton; manœuvre, pointage, mise du feu, l'électricité se charge de tout le service. Plus loin, une pompe à air comprimé culbute et replace une énorme pièce de côte, sur affût à éclipse. Des freins hydrauliques suppriment le recul, ou mieux encore, ils l'utilisent pour la remise en batterie. Au dire des gens experts, la balistique n'est devenue une science exacte dans toutes ses parties que depuis quelques années. Jusqu'à ces derniers temps, on tâtonnait encore dans les essais des poudres, des calibres, du poids à donner aux projectiles; il restait des inconnues dans la vitesse et la portée obtenues par les combinaisons de ces trois éléments. Maintenant tout est réduit en logarithmes; le constructeur connaît la puissance de chaque grain de poudre comme le chimiste celle de chacun des gaz enfermés dans ses éprouvettes. On voit ici les vélocimètres du colonel Sébert, appareils d'enregistrement micrographique d'une extrême délicatesse, dont les diapasons donnent 12,000 vibrations par seconde; grâce à leurs indications, l'artilleur suit à chaque instant tous les phénomènes qui se passent dans l'âme d'une pièce, quand le coup part : pressions, retards d'inflammation de la poudre, vitesse du trajet des projectiles, longueur et durée des reculs, etc. — Voilà qui est parfait; nous ne risquons plus de n'être pas tués selon la formule. Mais quelques objections se présentent à l'esprit.

La guerre nouvelle nous apparaît aussi différente de l'ancienne qu'une épure de géométrie d'un tableau d'Horace Vernet. L'arsenal de cette guerre donne l'impression d'un laboratoire dans une école de hautes études; on a simplifié autant que possible l'emploi de ces instruments; mais la théorie de leur mécanisme, indispensable aux chefs, exige des connaissances aussi spéciales, aussi étendues que celles d'un savant vieilli dans les cabinets de l'Observatoire. Et ces instruments changent en moyenne tous les dix ans, condamnés avant qu'ils aient été mis à l'épreuve, remplacés par des inventions plus ingénieuses chez nous ou chez nos voisins. Je veux croire qu'on recrutera toujours un personnel à la hauteur de sa mission; mais n'y a-t-il pas quelque chose d'anormal et d'excessif à demander aux hommes une pareille tension d'intelligence, dans un ordre d'études où l'objet étudié s'évanouit perpétuellement? dans un ordre d'études où l'application pratique ne s'offrira peut-être que durant quelques heures, au cours d'une longue carrière? Et quand ces heures sonneront, essayez d'imaginer ce qui se passera dans le laboratoire. Vous l'ouvrirez à des masses si nombreuses qu'on n'en a pas remué de pareilles, depuis les débordements des peuples barbares. C'est l'autre face de la guerre nouvelle, l'exagération du nombre en raison directe de la puissance destructrice des engins. Dans ces derniers, tout est calculé; mais quel mathématicien calculera jamais leur contre-partie, la poussée de ces masses humaines, les mouvements élémentaires qui les soulèveront, les courants moraux, enthousiasme, panique, déterminés par un coup de clairon ou par un coup de canon dans ces milliards de fibres nerveuses? Vos appareils de précision, qui veulent être maniés avec tout le sang-froid requis pour une expérience scientifique, seront aventurés dans cette tourmente comme ceux d'un navire sur les vagues d'une mer démontée. Parviendra-t-on à concilier l'extrême tension du ressort intellectuel et le déchaînement de la force brutale sous sa forme la plus primitive? En jetant des peuples entiers les uns contre les autres, vous ramenez l'homme, qui ne change guère, aux conditions de ces époques lointaines où la science n'avait pas de prise sur lui.

A ces époques, le nombre fut souvent convaincu d'impuissance. Ceux-là n'ont peut-être pas tort qui prédisent le succès final à un noyau de gens résolus, opérant contre ces multitudes et ces machines savantes comme le boulet qui brise la plaque d'acier; à quelques brigades de cavalerie troublant le jeu des forces compliquées avec l'action de la force la plus simple, la plus maniable, la plus rapide. Il n'est pas bien sûr que la prochaine manifestation du génie militaire soit ce qu'on attend, un cerveau de géomètre habile à lier toutes les coordonnées du problème, capable de mettre en œuvre les instruments que nous lui avons préparés. Le génie est novateur de sa nature; il est, par définition, l'imprévu, le contraire de ce qu'on attend; celui que chaque peuple espère, durant cette universelle veillée des armes, comblera d'autant mieux les espérances qu'il trompera tout d'abord les prévisions; comme tous les grands capitaines du passé, il ruinera le système qui réussissait jusqu'à lui et que les gens entendus proclamaient infaillible; par quelque moyen très simple, par une méthode peut-être très nouvelle et peut-être très ancienne, il trouvera le défaut de la cuirasse que nous forgeons d'avance à sa mesure.

Il n'est pas mauvais que ces doutes, justifiés par les leçons de l'histoire, nous assaillent en ce lieu; ils doivent nous préserver d'une trop grande confiance dans ces engins prodigieux quand nous les voyons chez nous, d'une trop grande appréhension quand nous les apercevons chez les autres. Comme l'écrivait récemment un homme du métier, un seul élément, l'élément humain, reste toujours prépondérant, toujours invariable et néanmoins toujours inconnu. Il serait presque banal d'ajouter que le véritable organisateur de la victoire, ce ne sera pas le ministre de la guerre qui fondra des pièces à longue portée et dressera des plans d'une exécution incertaine; ce sera le ministre de l'instruction publique, l'éducateur, quel que soit son titre, qui améliorera l'élément humain; non pas, comme on le dit trop souvent, celui qui enseignera un peu mieux l'alphabet et quelques autres choses, mais celui qui trempera les cœurs pour la tâche suprême. Le seul bon côté du service universel, c'est l'obligation où l'on est désormais d'élever tous les citoyens comme on élevait jadis ceux de la classe noble, en leur donnant pour idéal supérieur la pratique des vertus militaires. Je me propose d'examiner une autre fois si ce que nous considérons comme un fléau n'est pas le remède naturel aux infirmités d'une démocratie. Pour le sujet qui nous occupe, bornons-nous à constater que l'Exposition de la guerre ne peut pas nous renseigner sur les deux facteurs auxquels tous les autres sont subordonnés : la préparation des hommes; la venue d'un homme.

Quant à ces canons automatiques, électriques, hydrauliques, en rappelant à l'œil le mobilier de l'Observatoire, ils font penser aux mésaventures trop fréquentes des astronomes. A grands frais d'argent, de travail, de patience, les astronomes construisent pendant plusieurs années des instruments admirables, ils établissent des théories infaillibles, pour observer un phénomène céleste de première conséquence qui ne se reproduit qu'à de longs intervalles. La minute attendue arrive : tout est prêt, tout est calculé, tout est prévu; tout, sauf la petite nuée d'orage qui passe dans le ciel, dérobe la rencontre des astres et rend inutile le long effort des pauvres savants. Dieu veuille qu'il se forme en notre faveur, le petit nuage qui décidera de l'événement dans les rencontres annoncées pour la nuit de demain.

Il ne faut pas s'éloigner de cette maison de la guerre sans visiter à sa porte les services hospitaliers. La charité, le dévouement, ce ne sont pas choses neuves; ce qui est neuf, c'est le besoin d'organisation rationnelle que la vertu ressent à notre époque, comme le ressentent toutes les autres manifestations de l'activité humaine. Les femmes de France ont compris qu'elles étaient astreintes au service obligatoire, au même titre que les hommes. Elles apprennent d'une façon pratique leur métier d'ambulancières, elles mettent la science à contribution, elles aussi, pour rendre leur action secourable non moins efficace, non moins rapide que l'action meurtrière du nouvel armement. Le pavillon de la Croix-Rouge abrite sur l'Esplanade les installations de trois sociétés distinctes; je les nomme par ordre chronologique : la Société française de secours aux blessés, l'Association des dames françaises, l'Union des femmes de France. M. Maxime du Camp a raconté le bien qu'elles font et comment chacune le fait. On dit l'émulation un peu vive entre les trois sœurs, d'autant plus vive que nos nuances politiques se retrouvent là sur la charpie. Pourquoi pas? Trois couleurs, c'est le drapeau, et cela n'en fait jamais qu'une dans la fumée de la bataille. Les blessés ne se plaindront pas de la concurrence. Si le lecteur me presse de lui dire quelle est la meilleure des trois Sociétés, je réponds délibérément : celle qui aura le mieux su délier les cordons de votre bourse.

LA PAIX SOCIALE.

A quelques pas du palais de la guerre, on trouve sur l'Esplanade le groupe de l'économie sociale, ou, comme ses organisateurs aiment à l'appeler, « la Paix sociale ». Qui dit paix suppose par là même une guerre antérieure; et en effet, ici comme dans le lieu d'où nous sortons, tout ce que nous verrons sous-entend un autre mode de la lutte pour l'existence; lutte moins violente que les batailles accidentelles du soldat, plus sourde, plus générale, plus continue; lutte du travailleur contre les fatalités économiques, et parfois contre les détenteurs de la richesse, sur lesquels il rejette l'odieux de ces fatalités.

Ces pavillons nous font connaître les palliatifs inventés dans notre siècle pour atténuer le vieux mal du monde. On ne me croirait pas, si je disais qu'ils sont très fréquentés. Beaucoup de gens ne cherchent à l'Exposition, comme dans toutes les choses de la vie, que l'oubli des réalités tristes; ceux-là se hâtent de sortir, quand ils se sont fourvoyés dans ces salles sévères, presque vides, sans autre attrait pour l'œil que des tableaux graphiques, des statistiques, des chiffres, quelques modèles de cités ouvrières. Heureuses gens, qui n'entendent pas sous leurs pieds le bruit de la souffrance et le bruit du danger! Se peut-il qu'un homme de ce temps ne sente pas le besoin d'entrer là? On y étudie les fondations humaines sur lesquelles s'élèvent les merveilles de l'industrie que nous avons passées en revue, on y réfléchit sur un des graves problèmes de la vie terrestre, j'eusse dit le plus grave, si celui qui vient de se dresser devant nous avec les forces défensives de la patrie n'existait pas.

Je confesse ingénument, — et mon cas doit être celui de beaucoup d'autres, — qu'en mettant le pied dans cette section, j'ai été saisi par un vif désir de résoudre la question sociale. Plusieurs raisons m'empêchent de persévérer dans ce dessein. La première, on la devine : je n'ai pas encore trouvé. La seconde, c'est qu'il serait parfaitement ridicule d'entreprendre la cure de l'humanité durant une halte de notre promenade, dans les quelques pas que je puis consacrer à ce compte rendu. Il y a encore d'autres raisons. En pareille matière, le papier devient vite criminel. Quand on croit que tout va pour le mieux dans le plus juste des mondes, on fait très bien de le dire, cela facilite la digestion de ceux qui dînent paisiblement. Quand on croit le contraire, il faut se garder, avec une sainte terreur, de tout ce qui ressemble à la déclamation; c'est un sujet où nul n'est certain de résister à l'entraînement des mots, qui tremblent dans le fond du cœur, demandant à sortir. Il faut même se garer des idées séduisantes, dont on ne voit peut-être qu'un seul côté; elles peuvent faire tant de mal à ceux dont elles se proposent le bien! Quand elles nous tentent, rappelons-nous l'un des épisodes les plus cruels du *Don Quichotte*. Au début de ses aventures, le justicier rencontre un laboureur qui payait les gages de son jeune valet en coups de bâton; il prend feu, arrête l'exécution, menace le rustre et lui fait promettre d'indemniser sa victime, sous peine d'un châtiment exemplaire; puis il s'éloigne, tout réjoui par la pensée qu'il a redressé « un énorme tort ». Il n'est pas sorti du bois que le laboureur reprend le bâton et se venge du fâcheux en redoublant les coups sur le garçonnet; celui-ci pleure et se lamente, tandis que le noble fou continue de chevaucher, en remerciant le ciel de l'avoir choisi pour faire un si grand bien. « Et c'est ainsi, conclut l'impitoyable écrivain, que le tort fut redressé par le valeureux don Quichotte. » La phrase de Cervantes pourrait servir d'épigraphe à tous ceux qui préconisent des panacées pour le mal social, avant de les avoir soumises à l'épreuve de la pratique.

Il n'y a rien de pareil dans la section économique de l'Exposition; elle ne propose à notre attention que de modestes règles d'hygiène, destinées à prévenir ce mal dans une certaine mesure; elle nous montre leurs effets dans les diagrammes qui couvrent ses murs. Je me bornerai à les signaler; si nous découvrons, après examen, qu'une seule de ces recettes est vraiment efficace, incontestable, susceptible de développements qui dépassent les limites d'une expérience individuelle, nous n'aurons perdu ni notre visite, ni notre journée.

Au point de vue historique, la simple inspection des dates qui se succèdent sur les tableaux est pleine d'enseignements; ces dates nous font connaître comment le devoir social a pris conscience de lui-même, et quelles influences ont déterminé ses efforts, pendant trois périodes assez distinctes. Les plus vieilles institutions de patronage ou d'assistance mutuelle commencent de fonctionner aux environs de 1840; on en rencontre fort peu d'antérieures; elles se multiplient à partir de ce moment. C'est le contre-coup du mouvement saint-simonien, dont on ne dira jamais assez l'importance dans la transformation des sociétés contemporaines. Quelques années après 1848, le nombre des institutions augmente, leur vitalité se déclare par la rapide ascension des courbes; la claire vision du péril a stimulé la bourgeoisie industrielle, le sang des journées de Juin n'a pas été versé inutilement. Le développement est régulier pendant toute la durée du second Empire; il s'accélère dans la période où nous sommes; la nécessité d'agir s'est imposée à tous les esprits, elle suggère des combinaisons nouvelles; les essais d'organisation rationnelle du travail apparaissent de tous côtés.

L'Exposition nous montre tout d'abord ce qu'on a imaginé pour faciliter au travailleur une précaution nécessaire : l'épargne. Cette préoccupation avait devancé les autres. La Caisse d'épargne fut fondée en 1818. Les survivants de cette époque racontaient volontiers comment les salons s'insurgèrent contre les philanthropes qui avaient pris l'initiative de cette œuvre, MM. de La Rochefoucauld-Liancourt, Benjamin Delessert et leurs amis. « Eh quoi, leur disait-on, vous trouvez que nos domestiques, nos employés, ne nous volent pas assez? Vous voulez les encourager par l'appât de cette prime? » Le temps a répondu aux salons. La Caisse d'épargne est devenue l'une des maîtresses poutres de notre charpente économique. Nous verrons tout à l'heure comme on s'est récemment avisé du parti salutaire qu'on en pouvait tirer, en la faisant travailler sous une autre forme au bien social. Là vient se déverser en grande partie ce fameux bas de laine que l'Europe nous envie et que tant de gens sont désireux de vider. Le tableau du mouvement des caisses d'épargne a une singulière éloquence; avec de petites lignes noires, il raconte toute notre histoire, toutes nos épreuves. Aux heures critiques, ces lignes se replient sur elles-mêmes. En 1848, un trou profond dans l'échelle ascendante; mais l'arrêt dure peu, la crue recommence aussitôt. En 1870, la dépression est plus creusée, plus prolongée; il semble qu'on voie la pauvre blessée fléchir les reins sous un faix trop lourd, incapable de se relever. Cinq ou six années passent; les colonnes reprennent leur essor, elles remontent plus rapides qu'auparavant, elles se distancent l'une l'autre comme elles n'avaient jamais fait. Dans ces derniers temps, un autre mode d'épargne est venu disputer la faveur du public à la vieille caisse : c'est la *Fourmi;* elle fonde l'accumulation du capital sur des combinaisons un peu différentes, en particulier sur l'achat de valeur à lots. La *Fourmi* expose ici pour nous allécher un fac-similé de ses piles d'écus prolifiques; les jeunes générations ouvrières sont très séduites par cette nouvelle tirelire, qui s'est fait depuis 1880 une clientèle nombreuse.

Passons au groupe des institutions patronales; il occupe la majeure partie de la section. Nos principales entreprises industrielles, nos grandes compagnies et, à côté d'elles, quelques maisons de commerce plus modestes, ont tenu à honneur de publier ici les mesures qu'elles prennent depuis un quart de siècle, — quelquefois plus, souvent beaucoup moins, — pour améliorer la condition morale et matérielle de leurs ouvriers. Les unes montrent des résultats, les autres de la bonne volonté, les plus paresseuses... du respect humain, et c'est déjà un symptôme. Les combinaisons varient avec les localités, avec les habitudes des patrons et de leurs employés; on peut les ramener toutes à quelques types connus : maisons ouvrières données en loyer à bas prix et parfois en nue propriété au bout d'un certain laps de temps, caisses de retraite pour la vieillesse, assurances contre les accidents, primes, écoles, assistance hospitalière. Pour la plupart de ces institutions, il est doux et triste de le constater, l'exemple est venu d'Alsace; le germe de la réforme sociale, c'est le legs de la bonne âme partie. Mulhouse fut un foyer de rayonnement pour la France; le nom vénéré de M. Jean Dollfus se retrouve à l'origine de tous les essais pratiques. C'est encore un Alsacien, M. Lederlin, qui expose à l'Esplanade le modèle d'exploitation industrielle le plus satisfaisant. M. Lederlin a repassé les Vosges pour transporter à Thaon de grands ateliers de teinturerie. Il trouva dans cette localité, en 1872, un pauvre village de 600 âmes; aujourd'hui, les maisons avenantes de la cité ouvrière renferment 3,400 habitants, dotés de tous les services désirables pour l'hygiène de l'esprit et du corps. Thaon serait une petite Salente, s'il faut en croire les chiffres donnés par les comptes rendus pour les naissances légitimes, la mortalité, les salaires, le coefficient de stabilité. Les économistes appellent ainsi le chiffre qui représente le nombre moyen d'années de séjour du personnel dans un atelier. Ils estiment que c'est là le meilleur thermomètre pour apprécier la bonne tenue d'un établissement industriel. La plupart des diagrammes sont dressés de façon que le coefficient frappe l'œil tout d'abord. Plus il est élevé, plus la prévention est favorable à la maison qui sait retenir ses ouvriers.

Le Creuzot, Anzin, Montceau-les-Mines, Blanzy, font bonne figure, surtout par leur souci des logements ouvriers. Je nomme ces grands centres de notre industrie en raison de leur notoriété universelle; je m'abstiendrai de citer d'autres noms parmi les nombreux exposants du groupe. Les diagrammes et les notices ne disent pas tout; il faudrait les contrôler par une étude sur place, pour apprécier les prétentions de chacun à représenter le dernier mot du progrès. D'ailleurs, il ne s'agit pas ici de louer des héros. On se ferait une conception bien erronée du sujet qui nous occupe, si l'on vantait comme un bienfaiteur le chef d'industrie qui accomplit le plus strict de ses devoirs, qui soigne ses intérêts du même coup. L'intérêt seul, si on l'entend bien, commande de perfectionner l'instrument de travail. Presque tous les déposants l'ont reconnu devant la commission, leurs sacrifices du début sont matériellement rémunérés dans la suite.

Je veux pourtant signaler un philanthrope original d'Amérique; il égaye un peu cette salle sérieuse. M. Dolge a passé aux États-Unis, en 1860, avec 8 francs dans sa poche, et fondé une fabrique de feutre devenue bientôt le centre d'une ville comme il en pousse là-bas, — Dolgeville. L'heureux industriel a imaginé d'exposer dans une caisse à parois de verre ses 8 francs en monnaie, sur des liasses de carrés de papier taillés à la mesure des banknotes américaines; si vous voulez bien transmuter par la pensée les papiers blancs en billets de 100 dollars, vous aurez sous les yeux la fortune de M. Dolge, 50 millions de dollars; si vous vous contentez de les prendre pour des billets de 50 dollars, vous verrez également la somme totale qu'il a prélevée sur ses bénéfices au profit de ses ouvriers : 25 millions. J'admire, et une idée horrible me vient : Si l'on se proposait seulement d'attirer mon attention sur l'excellence du feutre fabriqué à Dolgeville! Mais il ne faut jamais supposer le mal, quand on vous montre le bien.

L'ensemble des institutions patronales suggère deux réflexions. La première, c'est que Tolstoï a peut-être émis une de ces vérités décourageantes dont il est coutumier, en affirmant que le premier acte de la réforme sociale doit être de raser les villes et de retourner aux champs. Presque toutes les organisations complètes et vraiment rassurantes sont appliquées en province, autour des établissements industriels indépendants des agglomérations urbaines. Dès qu'on rentre dans les grandes villes, la meilleure volonté n'arrive qu'à des résultats minimes, le coefficient de stabilité s'abaisse avec tous les autres. A cela point de remède, sinon une révolution des habitudes dont le seul énoncé nous transporte en Utopie. — La seconde distinction est celle qu'il faut faire entre les fabriques, mines, usines, suivant qu'elles sont possédées et dirigées par un grand industriel ou qu'elles appartiennent à des compagnies anonymes. Le devoir social est plus fréquemment accompli dans le premier cas, plus rarement dans le second. Il y a des exceptions : j'ai cité Anzin, j'en pourrais citer d'autres; mais elles n'infirment pas la loi, trop facile à expliquer. Le propriétaire qui réside au milieu d'une famille ouvrière, fût-il cuirassé d'égoïsme, est pourtant un homme, fait de chair et de sang; il s'attache à ses humbles collaborateurs, il peut satisfaire des besoins qu'il connaît, son intérêt suffit à lui conseiller le bien. Les administrateurs qui se réunissent autour d'un tapis vert, dans une salle parisienne, pour toucher des dividendes et donner des ordres à un gérant, sont certainement pétris de bonnes intentions; mais l'ouvrier est pour eux une unité de travail abstraite, ils ne sauraient nourrir la préoccupation incessante de son bien-être.

La section suivante est réservée aux institutions de mutualité : sociétés de crédit et de secours mutuels, syndicats professionnels, sociétés coopératives de consommation et de production. Ici le monde ouvrier est livré à ses propres forces, et malheureusement elles ne semblent pas avoir encore toute l'efficacité qu'on désire pour elles. Seules, les sociétés de secours mutuels sont florissantes et très répandues. Le crédit mutuel n'a pas encore poussé de racines chez nous, sauf dans les associations d'épargne et de prévoyance; mais il est abusif de les ranger sous cette dénomination. Quant aux sociétés coopératives, on se rappelle les espérances qu'elles éveillèrent, il y a vingt-cinq ans : la question sociale paraissait résolue. Elles n'ont pas justifié toute notre attente. Bien acclimatées sur quelques points, en particulier dans la région du Nord, les sociétés de consommation ont peine à s'implanter ailleurs; les sociétés de production qui ne liquident pas en déficit après peu de temps sont des phénomènes rares. Le type le mieux approprié aux besoins et à l'humeur de la classe ouvrière paraît être l'institution fondée et soutenue par le patron, mais d'où celui-ci s'efface discrètement pour laisser la gestion aux intéressés.

La participation aux bénéfices a les honneurs d'un pavillon spécial, où elle mène grand bruit. On regretterait de la décourager, mais il faut bien avouer que, à part trois ou quatre types d'industries en participation, qui mériteraient d'être discutés, cette enseigne ne déguise le plus souvent que des augmentations de salaires. Ne soyons pas trop sévères, néanmoins, pour ce mot cabalistique; les patrons affirment dans leurs dépositions que son effet moral est considérable. Un des principaux couvreurs de Paris, qui avait à se plaindre de fréquents vols de plomb, constate que les détournements ont cessé depuis que ses ouvriers sont participants; ils respectent ce qu'ils estiment leur bien commun [1].

---

[1] Je dois ajouter qu'un homme d'une haute compétence, M. Charles Robert, se montre beaucoup plus optimiste, dans

Un autre pavillon reproduit l'aménagement des principaux cercles populaires. Jusqu'à présent, les classes laborieuses n'ont guère récompensé les efforts que l'on fait pour les attirer dans ces lieux de réunion. Le cercle Franklin, au Havre, est l'un des mieux installés; je n'ose affirmer qu'il prospère. Nos mœurs ne s'y prêtent pas. Il faut le regretter, surtout pour le cercle de l'Union chrétienne. Aux États-Unis et en Angleterre, cette société compte ses adhérents par dizaines de mille, elle possède des *clubs* où elle pourrait inviter la chambre des lords; tout ce qu'on peut dire de la tentative faite à Montmartre, c'est qu'elle est très honorable.

Pour la plupart des promeneurs, la visite de la section économique commence et s'achève dans les petites maisons rouges des mineurs du Nord, où l'on va admirer la propreté méticuleuse des braves ménages flamands. Ces habitations nous ramènent à la question des logements ouvriers, la seule sur laquelle je veuille appuyer dans ce compte rendu; c'est à elle que je faisais allusion plus haut, en promettant au lecteur que nous ne perdrions pas notre journée; là, et là seulement, une expérience récente vient de nous donner l'espérance d'un immense progrès social, immédiatement réalisable, avec la conviction qu'il est possible.

Il y a deux solutions pour le logement ouvrier; la solution parfaite, c'est la petite maison avec jardinet, type de Mulhouse, du Creuzot, de Noisiel, louée d'abord, puis amortie et possédée en propre par une seule

---

l'excellente conférence qu'il a publiée sous ce titre : *Le contrat de participation aux bénéfices.*

famille. Cet idéal ne peut être atteint jusqu'à présent que dans les petites et moyennes villes ou autour des usines rurales; encore faut-il ajouter que la question de propriété se heurte à l'éternelle pierre d'achoppement : notre loi de succession. S'il y a plusieurs enfants, la maison à peine acquise est vendue à la mort du père; elle valait 4,000 à 5,000 francs; les frais de mutation s'élèvent à 200 francs! Reste la solution imparfaite, la seule possible actuellement dans les grandes villes et surtout à Paris, en attendant qu'un réseau de communications plus pratique permette d'expérimenter l'habitation ouvrière dans la banlieue; cette solution, qui constitue déjà un progrès inappréciable, c'est d'offrir à la classe laborieuse, au lieu des taudis immondes où elle est exploitée, anémiée, démoralisée, des appartements d'un prix modéré, abondamment pourvus d'air, de lumière et d'eau, avec un système spécial de dégagements qui la protège contre les promiscuités malsaines.

M. Peabody a multiplié dans Londres des maisons bâties sur ce plan. Quelques hommes d'initiative ont commencé à l'imiter en France, à Rouen, à Marseille, à Lyon, à Paris enfin, où la Société philanthropique a ouvert depuis un an deux de ces immeubles, aussitôt assiégés par les gens du quartier, à Montrouge et à Grenelle. Je renvoie pour plus de détails au livre de M. Picot[1], qui s'est fait chez nous l'apôtre de cette réforme; le nom de l'ouvrier dit assez la valeur de l'œuvre. — Mais là n'est pas encore l'idée neuve, aux conséquences

---

[1] *Un devoir social : les logements d'ouvriers,* par M. G. PICOT. Paris; Calmann Lévy.

incalculables : les fondations particulières ne seront jamais que des gouttes d'eau dans l'Océan. L'idée, elle a jailli du cerveau, — non; du cœur, — de quelques administrateurs des caisses d'épargne, à Strasbourg, à Lyon, à Marseille; ils se sont avisés de prendre dans leurs caisses des sommes variant entre 150,000 et 500,000 francs pour bâtir les premiers groupes. L'opération était parfaitement légale, conforme aux statuts, puisqu'il s'agit d'un placement sur première hypothèque, à 4 pour 100. Supposez maintenant qu'on répète et qu'on généralise cet emploi de fonds, d'abord avec l'argent des caisses d'épargne, ensuite avec celui qui dort dans les autres dépôts publics, enfin avec les réserves inépuisables du grand bas de laine. Le placement est du genre qu'affectionne l'épargne nationale, plus rémunérateur que les rentes sur l'État ou les actions de chemins de fer, et de toute sécurité. Le locataire ouvrier acquitte son loyer par mois ou par semaine, avec une exactitude constante; ici mes affirmations ne sont pas fondées sur des notices d'Exposition, mais sur une enquête faite à Lyon et sur une expérience suivie à Paris. Ainsi l'argent de tous peut servir au bien de tous, en y trouvant son juste profit dans la mesure accoutumée et même au delà; il suffirait de quelques promoteurs dévoués, comme furent ceux de la Caisse d'épargne, qui fonderaient dans les mêmes conditions un établissement analogue, la Banque populaire des logements ouvriers. L'idée a le rare mérite de ne pas renfermer une parcelle d'utopie; elle ne saurait effrayer l'économiste le plus timoré, elle ne viole aucune des lois qu'il révère, elle ne demande rien à l'Etat; une première expérience l'a sanctionnée. Aucune autre ne pourrait faire davantage pour la reconstitution de la famille, pour le bien-être et la moralité du travailleur.

Quand on lui aura assuré un foyer salubre et propice à l'éducation d'une famille, il faudra bien s'occuper de l'autre réforme urgente, de maintenir l'enfant le plus tard possible à ce foyer, et la femme toujours. L'enfant et la femme à l'usine, voilà ce qui nous fera taxer de barbarie incompréhensible par un prochain avenir. Nous ne voyons pas encore le moyen d'effacer cette tare de notre civilisation. Je persiste à croire que ce moyen est caché quelque part dans la galerie des machines, dans cette force nouvelle qui nous y attirait, qui promet la division indéfinie du travail mécanique et son transport à domicile. Si la machine fait cela, elle payera à la femme en un seul bienfait tous les maux qu'elle lui a causés; et la force électrique, la force mystérieuse qui accomplira cette réparation, sera désormais la force sainte.

Mais j'ai promis de m'en tenir aujourd'hui au possible, au présent, au certain. En quittant « la Paix sociale », il est équitable de reconnaître que ce beau nom n'est pas tout à fait usurpé. Sans doute, pour ne pas être dupe, il convient de biffer 25 pour 100, 30 pour 100, si l'on veut, des triomphes affichés sur ces murs; il faut ouvrir très large le compte du trompe-l'œil, de la manie des statisticiens et, qui sait? de la réclame. Où ne se glisse-t-elle pas? Il restera encore de quoi faire dater notre Exposition, sur ce point comme sur tant d'autres : des succès réels, des efforts méritoires, un éveil récent et sérieux de la conscience du devoir social dans l'élite du patronat. Ces hommes intelligents le comprennent, pour sauve garder leurs positions menacées, il en faut céder quelque chose. Hier encore, on s'assemblait ici en congrès pour la fixation légale du jour de repos hebdomadaire. Le branle est donné partout. L'Église à son tour incline sa puissante force morale vers le berceau populaire d'où elle est sortie. Il y a deux ans, celui qui écrit ces lignes l'adjurait d'entrer dans la voie où marchent les catholiques des États-Unis. Depuis lors, elle s'est prononcée prudemment, à diverses reprises; témoin le bref du cardinal secrétaire de la Propagande à M. Decurtins, l'éloquent apôtre de la réforme sociale dans les cantons suisses, l'homme qui fait le mieux comprendre le mot de Le Play : « L'intelligence de la science sociale procède du cœur encore plus que de l'esprit »; témoin le cardinal Manning, dont l'ascendant mettait fin, l'autre semaine, à la plus formidable des grèves.

Personne n'échappe au mouvement; je n'en veux d'autre preuve que le langage des hommes les plus réservés, responsables de grands intérêts et attachés sur certains points aux doctrines de l'ancienne économie politique. Qu'on juge de la différence entre les formules mécaniques, matérialistes, qui étaient naguère tout son vocabulaire, et la belle page que je lis en tête du *Rapport* de la section lyonnaise d'économie sociale. Parmi tous les matériaux réunis dans le pavillon de l'Esplanade, brochures, comptes rendus, statistiques, prospectus, ce *Rapport* est la pièce monumentale. Avec méthode, avec clarté, il montre l'ensemble des efforts accomplis dans une grande ville pour y organiser une vie sociale plus tolérable. La page que je veux citer vient ici comme la conclusion naturelle de mes courtes observations. Je cède la parole à son auteur, M. Aynard; je ne me flatterais certes pas de dire plus vrai ni de mieux dire :

« L'erreur serait de croire qu'en économie sociale on peut se contenter de la simple justice, c'est-à-dire de l'observation stricte de lois économiques qu'on croit inexorables. Les lois économiques sont certaines et doivent être obéies; elle règlent par la liberté et soumettent à une concurrence nécessaire les mouvements du travail humain. Mais ces lois ne sont que le résultat de l'expérience et de l'observation, qui les découvrent comme le meilleur moyen de développer et de féconder le travail; elles ne sont point inviolables à la manière des grandes lois physiques. Si elles sont fondées sur la nature, on peut leur appliquer le mot de Bacon sur l'art : c'est que, pour les appliquer, l'homme doit s'ajouter à la nature. Lois non écrites et dépourvues de sanction apparente, elles doivent être suivies par chacun en interrogeant une conscience mise en présence de Dieu. User d'un homme et user d'une machine seront des choses éternellement différentes aux yeux de la morale; il n'est point de lois fatales, naturelles, ou, à plus forte raison, économiques, qui puissent autoriser celui qui emploie à ne pas remplir son devoir envers celui qu'il emploie. L'économie sociale ne serait qu'une statistique raisonnée, si elle ne s'appuyait point sur ces principes. Pour nous, en fondant le travail affranchi sur le spiritualisme, en réclamant le part de la conscience et de la pitié dans la lutte des intérêts matériels, nous ne faisons que suivre la plus ancienne et la plus haute des traditions lyonnaises. Arrivés au point dangereux de civilisation où nous sommes, avec toutes nos richesses, nos sciences, nos lois humaines et justes dans leur généralité, nos libertés entières, il n'y a point à regretter le passé ou à se jeter au-devant d'un avenir chimérique. Il ne reste plus une révolution à faire, si ce n'est la révolution morale, qui peut seule faire lever de nouveau sur nous l'immense et splendide aurore de justice, d'humanité et de paix que nos pères ont entrevue en 1789. »

Un collège électoral, pris d'un accès de bon sens, vient d'envoyer à la nouvelle Chambre l'homme qui a écrit cette page. Souhaitons qu'il ait souvent l'occasion de la commenter et qu'il la fasse pénétrer dans l'esprit de ses collègues. Si la plupart d'entre eux raisonnent de même, s'ils comprennent qu'à l'heure présente le catéchisme du bon député tient dans ces deux points : en s'éveillant, penser à ce qu'on voit à l'Exposition de la guerre; en s'endormant, penser à ce qu'on voit à « la Paix sociale », — nos nouveaux mandataires rapprendront à beaucoup d'entre nous une habitude un peu négligée, celle de chérir les représentants de la nation; ils feront oublier à beaucoup une autre habitude, celle de souhaiter malemort à la République; ils lui gagneront tous les hommes de bonne volonté, pour peu qu'ils sachent les prendre par la raison et par le cœur.

S'il en devait être autrement, on pourrait prédire sans être prophète que les élus d'hier risquent d'emporter avec eux la graine de l'espèce; le peuple les qualifierait comme leurs aînés, il interpréterait à sa façon l'énergique parole du *Livre des Proverbes* sur les hommes « qui se remplissent le ventre avec le fruit de leur bouche ». — *De fructu oris viri replebitur venter ejus.*

DEVANT L' « HISTOIRE DU SIÈCLE ».

15 octobre.

Des foules accourues des deux hémisphères continuent à envahir l'Exposition. Pour nous qui l'avons vue dans sa fleur printanière et dans l'éclat de sa nouveauté, ce n'est plus cela. Les jours d'octobre sont diminués et pâles, les choses fanées, tout parle de la fin prochaine. Notre curiosité satisfaite se détourne vers d'autres préoccupations; le charme est rompu. Pourtant de grands voyages de découverte resteraient à faire dans cette Exposition que nous croyons connaître; celui qui s'était promis de l'étudier ici la quittera avec le remords de n'en avoir presque rien dit. Mais il n'a point la prétention de changer les cœurs dans Athènes. Leur naturel est inconstant; ils ont violemment aimé la belle merveille, pendant quelques mois; les plus fidèles lui gardent de l'intérêt; les autres glissent à l'indifférence. On aurait désormais mauvaise grâce à leur détailler les perfections d'un objet dont ils se sont dépris. Le soir de la distribution des récompenses, nous n'en aurions pas trop voulu à la main prévoyante qui eût changé l'illumination en incendie et brûlé tous ces palais dans une fête d'apothéose. Un Néron, un tyran artiste, n'y aurait pas manqué; il eût épargné à ce qui l'avait séduit la tristesse et l'humiliation de finir, la dérive lente au pays froid de l'oubli. Ce serait une méthode sage et pieuse de brûler tout ce qu'on aime, pendant qu'on aime encore.

L'Exposition se proposait de nous montrer le siècle révolu, d'en glorifier le point de départ et le point d'arrivée. Employons ces derniers jours à l'examen rétrospectif auquel tout nous invite. Pour nous reporter à cent ans en arrière, on a accumulé au Champ de Mars et en maint autre endroit les collections historiques, les restitutions architecturales. Ce siècle se raconte lui-même, au jour le jour, dans les peintures et les estampes de la galerie des Beaux-Arts; le drame initial est remis en scène, un peu défiguré par les arrangements de parti pris, au musée de la Révolution; les tableaux panoramiques de MM. Gervex et Stevens font défiler sous nos yeux presque tout le panthéon du Centenaire et quelques échappés de la fosse commune. Les auteurs de ces tableaux ne songeaient peut-être qu'à nous amuser; par cela seul qu'ils ont été des photographes exacts, sans intention doctrinale, leur œuvre est éminemment philosophique. Entrons dans cette rotonde du jardin des Tuileries, où « l'histoire du siècle » est écrite par les ombres des morts et continuée par les effigies des vivants. Essayons de vérifier les idées qui firent mouvoir ces ombres.

Nous serons aidés dans notre recherche par les travaux récents des historiens, des publicistes; à l'occasion du jubilé, les écrivains ont fait l'exposition des idées, comme les peintres l'exposition des figures. En dehors des vieilles écoles d'apologie ou de dénigrement, quelques esprits impartiaux ont apporté des conclusions personnelles très fortement motivées ; il convient de citer en première ligne la *France du Centenaire*, de M. Goumy, les *Principes de* 1789, de M. Ferneuil, le *Centenaire de 1789*, de M. Georges Guéroult ; rappelons-nous aussi deux livres plus anciens, mais qui sont toujours neufs par les franches vérités qu'ils proclament : la *France contemporaine*, de M. Lorrain, le *Péril national*, de M. Frary. Sauf M. Guéroult, qui se rattache à la tradition saint-simonienne, la plupart des ouvriers de l'heure actuelle travaillent dans le profond sillon creusé par M. Taine, avec ses *Origines de la France contemporaine*. Les disciples de Le Play continuent de porter témoignage pour ce grand mort ; les problèmes soulevés par le Centenaire sont débattus dans la *Réforme sociale* avec l'esprit et la méthode du maître auquel se réfèrent pieusement MM. Delaire, Focillon, Mazel, Boyenval. N'oublions pas, enfin, sous peine de commettre une injustice trop fréquente, les *Libres opinions morales et politiques* ; ces opinions, M. Émile Montégut les a semées dans le domaine public, et ceux qui en usent ne savent pas assez qu'il faut les rapporter à ce penseur original. — Cependant l'enquête reste ouverte : nulle déposition n'est inutile, pourvu qu'elle soit de bonne foi ; celle qu'on trouvera ici espère se faire lire à ce titre ; elle ne vaut que par le détachement d'un spectateur qui cherche uniquement à s'éclairer.

Devant les images évoquées sur la toile du panorama, une première question se pose. Ces morts ont-ils encore une personnalité réelle, invariable, distincte de la nôtre, à nous qui les regardons ? ou ne sont-ils que des masques de théâtre sous lesquels notre esprit s'insinue pour leur faire jouer un rôle dans les pièces de notre invention, au gré de nos conjectures et de nos passions du moment? Voici par exemple le groupe des conventionnels : quand j'appris à les connaître, — je suppose que plus d'un lecteur est dans le même cas, — ils étaient des scélérats vomis par l'enfer pour étonner le monde de leurs crimes. Plus tard, ils ont repassé sous mes yeux tels que Michelet et le poète des *Girondins* les avaient modelés : des Titans dont les actes restaient discutables, mais auxquels on ne pouvait contester la grandeur, l'héroïsme, l'auréole surhumaine. D'autres maîtres survinrent; nouveau changement : les montagnards sont devenus des hommes médiocres, des rhéteurs et des sectaires très peu différents de ceux que l'on rencontre dans tous les temps, quand on fréquente les lieux publics où ils se rassemblent; quelques-uns sincères dans leur sottise cruelle, d'autres hypocrites, tous entraînés par les événements, par l'intérêt, par la peur. Il y a toute apparence que cette dernière opinion est définitive pour nos contemporains qui sont bacheliers; elle concorde avec leur conception générale du monde; mais rien ne prouve que ces figures énigmatiques ne se présenteront pas aux générations à venir sous quelque nouvel aspect. — Ainsi, pour la plupart de ces acteurs historiques, dès qu'ils ont un peu de recul, en dépit de l'adage, ils sont morts tout entiers; nous incorporons nos idées dans leurs simulacres, et de même que leurs éléments physiques, rendus à la terre, ont repris de nouvelles formes dans notre chair, de même leurs âmes sont métamorphosées dans les nôtres; nous ne saurons jamais ce qu'elles furent, puisqu'elles n'existent plus qu'en nous et par nous; nous ne pouvons pas les dissocier, un Allemand dirait : les *objectiver;* ce serait barbare, mais clair. — Cet aveu est le premier devoir de l'historien; il trompe ses lecteurs ou se trompe lui-même, s'il n'admet pas l'interposition d'un mirage entre les événements et lui; ses jugements ne peuvent être vrais que de la vérité de convention particulière à son époque.

Sous le bénéfice de ces réserves, revenons au panorama. J'ai dit que les peintres avaient fait œuvre philosophique, au moins pour quelques périodes où ils ont bien dégagé la note dominante; elle leur était imposée par l'obligation de grouper au premier plan les illustrations les plus authentiques. Comparons les deux groupes qui ouvrent et ferment le cycle, des deux côtés de la statue symbolique placée sous ce double millésime : 1789-1889. Dans le premier, un homme écrit sur ses genoux; c'est l'abbé Sieyès; il écrit la Déclaration des droits; les constituants l'entourent et se penchent sur lui; ils inspirent, discutent, développent ces axiomes de métaphysique politique. — Dans le dernier groupe, un vieillard écrit encore; c'est un savant, M. Chevreul. Il note des observations scientifiques; d'autres savants sont réunis entre leur doyen et M. Pasteur, isolé comme il convenait. Historiens, naturalistes, médecins, tous ces maîtres ont consacré leur vie à l'étude de la nature ou de l'homme par les méthodes expérimentales. Complétons cette réunion en y replaçant une figure absente, celle de l'historien philosophe qui a une large part dans le gouvernement de l'intelligence française; et comme nous ne vivons pas exclusivement sur le fonds national, ajoutons-y les savants étrangers dont les doctrines exercent le plus d'influence sur notre pensée, tout au moins Herbert Spencer et Darwin. L'opposition sera encore plus frappante entre les deux familles d'esprits qui personnifient les forces vives et les directions intellectuelles de la société, à cent ans d'intervalle.

En parcourant rapidement les étapes intermédiaires, nous allons voir les propositions métaphysiques du début s'incarner dans les hommes et se traduire dans les faits; en arrivant aux témoins du temps présent, nous verrons ces propositions aboutir à un ordre d'idées qui sera leur négation formelle.

Donc, Sieyès et ses collaborateurs écrivent leur roman philosophique sur le modèle légué par Rousseau; ils y codifient le rêve idéal de leurs contemporains. Le héros de ce roman, c'est l'*homme*, l'homme tel que la nature a dû le former, héros aussi imaginaire que Saint-Preux ou Émile. Les romanciers-législateurs tracent le plan du paradis terrestre où vivra désormais cet être de raison, dans la communauté de ses pareils sensibles et vertueux. On n'attend pas ici une critique neuve et complète de cet ouvrage d'imagination. La démonstration concluante de M. Taine suffit à nos besoins actuels; il est peu probable qu'on la reprenne avec d'autres méthodes avant quelques années. MM. Goumy et Ferneuil viennent de la corroborer sur certains points de détail. Mais puisque nos causeries demandent à l'Exposition des leçons de choses, je rapporterai une des impressions les plus vives que j'aie reçues au Champ de Mars.

Un jour de cet été, j'entrai dans le pavillon de la Ville

13.

de Paris, du côté où se trouvent les installations scolaires. On a exposé là le matériel d'une classe pour les tout petits enfants, ceux des écoles primaires élémentaires. Au-dessus des pupitres, sur une belle pancarte accrochée au mur, l'évangile de notre pays, la Déclaration des droits de l'homme, était tracé en grosses lettres. Ainsi l'a voulu Talleyrand; dans le rapport à la Constituante sur l'organisation de l'enseignement, il met au premier rang de son projet l'étude de la Déclaration, et, comme le remarque M. Ferneuil, « il semble faire de l'enfant un animal politique, venu au monde tout exprès pour connaître et servir la Constitution ». — Voilà donc le seul viatique donné à ces petits pour le difficile voyage qui les attend dans la vie; voilà ce qui forme l'âme de notre peuple. Je m'assis sur un de leurs bancs, et je m'y oubliai de longues heures, cloué là par une vision obstinée; mon pays et mon siècle m'apparaissaient, sortant tout entiers de la pancarte fatidique, construits en porte à faux sur cette feuille de papier.

Je relisais vingt fois chaque ligne, m'efforçant en toute sincérité d'y trouver un établissement solide pour porter ce poids énorme, la vie sociale d'une grande nation, et chaque fois je revenais aux mêmes conclusions : tout ce que je lis sur ce mur est beau, est généreux, est désirable, mais c'est un rêve. A la rigueur, dans une cellule de cloître, pour une communauté de saints, cette règle serait recevable; elle présuppose la sainteté et les vœux de grand renoncement. A des sociétés humaines, on peut la proposer comme un idéal de perfection; mais il n'est au pouvoir de personne d'organiser les mouvements de ces sociétés d'après ces principes imaginaires. Pour être applicables, il leur manque trois choses : un support, un correctif, une sanction. Un support : l'homme tel que ces principes l'exigeraient, tel qu'il n'existe pas et n'a jamais existé. Un correctif : une seconde table de la loi qui prescrive au peuple ses devoirs en regard de ses droits; ce correctif, il figurait jadis sur les murs de l'école : c'était le Décalogue; replacez-le en face de la Déclaration, et sur ces deux tables vous pourrez peut-être édifier quelque chose. Une sanction enfin : qui jugera les litiges que cette charte est contrainte de prévoir, malgré son optimisme?

Elle me répond : « Le principe de toute souveraineté réside essentiellement dans la nation; la loi est l'expression de la volonté générale. » — Je ne le nie point; mais je creuse ces mots, j'essaye en vain d'en faire sortir une sanction pratique. Qui départagera la nation quand elle est divisée? Où et comment se déclare la volonté générale? — Dans la volonté des majorités, disent les commentateurs du dogme. — Ici, l'histoire tout entière se dresse contre eux; elle réplique : Monarchie ou république, aristocratie ou démocratie, un État n'est jamais gouverné que par une minorité. Je prends une élection, quel que soit le mode de suffrage, j'en prends cent, j'en prends mille : l'élu ne représente que le vœu d'un tiers, en moyenne, quelquefois d'un quart des électeurs. Souvent une fraction presque égale a émis le vœu contraire; une troisième fraction a réservé son opinion, que nul n'a le droit de préjuger. Ainsi le gouvernement des minorités est la règle, sans exceptions. En principe, et d'après la loi naturelle de sélection, cette règle est juste, parce que la minorité gouvernante est nécessairement la partie la plus active, la mieux organisée dans la nation, parce qu'elle est *prépondérante;* le jour où elle cesse de l'être, une autre minorité la remplace. Mais que devient la sanction platonique édictée sur notre papier? Que devient-elle surtout le jour où, dans la nation divisée, une partie en appelle du suffrage légal au droit de la force? Qui décide? Le succès de la force; l'opinion victorieuse sera demain la loi, « la volonté générale ».

Je relis encore la Déclaration; j'écarte tous les raisonnements pour ou contre dont on a encombré mon esprit; je tâche de vérifier ces assurances décevantes avec le seul secours de mon expérience personnelle, telle que j'ai pu l'acquérir en m'observant moi-même, en observant ceux de mes semblables que je connais le mieux, en étudiant les enfants que j'élève. La Déclaration sous-entend cet axiome fondamental sur lequel repose toute la philosophie de ses inspirateurs, et sans lequel elle n'aurait aucun sens : Tu es né bon. — L'expérience répond : Je ne suis pas bon, je suis un composé de bons et de mauvais instincts, ces derniers prédominent quand je ne sens pas un frein.

La Déclaration dit expressément : Tu es né libre et l'égal de tous. — L'expérience répond : Je suis né esclave de toutes les fatalités physiques, morales, sociales. Je ne suis pas libre parce qu'il me faut du pain pour vivre; toute mon existence est subordonnée à cette nécessité première; qui peut me donner ou me refuser du pain est virtuellement mon maître. Dans le gouvernement de moi-même, chaque fois que je fais usage de ma liberté illusoire, je reconnais la justesse du mot de saint Augustin : *Volens quo nollem perveneram;* en voulant, j'allais où je ne voulais pas. Dans mes rapports avec mes semblables, chaque fois que je fais usage de cette liberté, ou, pour parler exactement, chaque fois que j'agis, mon action limite la liberté d'autrui, et cette limitation est un commencement de dommage. La Déclaration m'accorde le droit de faire tout ce qui ne nuit pas à autrui; qui peut dire à quel moment le dommage devient nuisance? Elle me permet d'imprimer tout ce qui me plaît; d'un seul mot, en certain cas, je puis provoquer la baisse des valeurs et atteindre des milliers de familles; d'un autre mot je puis pousser à une guerre, à une révolte, qui feront de nombreuses victimes; tout cela impunément, si ma plume est adroite; et ces exemples sont pris entre mille.

Je ne suis pas l'égal de tous. Je vois autour de moi des inférieurs et des supérieurs. Depuis ma naissance, j'obéis aux uns et je commande aux autres. Chaque mouvement que je fais ou qu'ils font sur l'échelle sociale déplace nos situations respectives, augmente ou diminue la mesure de nos droits; disons le vrai, l'éternel mot : de nos privilèges. Le seul changement apporté par la Déclaration, c'est une substitution de forces à l'origine des privilèges; ils ne sont plus conquis à la pointe de l'épée, ils sont acquis à prix d'argent. Surtout, et pour l'égalité comme pour la liberté, je ne suis pas l'égal de qui peut me donner ou me refuser du pain.

— Eh quoi ! dira-t-on, c'est confondre les questions; les rapports économiques sont une catégorie,

les rapports civils et politiques en sont une autre.
— Attendez cinquante ans après la promulgation de ce document; la logique interne des choses se chargera de vous démontrer que les questions sont connexes, ou plutôt qu'il n'y en a qu'une pour la plupart des hommes, la question du pain, tous les droits promis étant de nulle valeur sans le droit de vivre. Tant que des prescriptions divines n'interviennent pas pour régulariser les rapports économiques, — et ces prescriptions, je n'en vois aucune trace sur ce papier, ni alentour sur ce mur d'école, — le dispensateur de mon pain possède la source de la force, et la force tend inévitablement à l'abus; je ne puis rétablir un certain équilibre de liberté et d'égalité que par une réaction de ma force brutale contre sa force d'inertie. Ceci est la loi de nature, non point de celle qu'imaginait Rousseau, mais de la vraie nature, antérieure et supérieure à tous les échafaudages métaphysiques; loi souveraine, sanction dernière, dès que vous ne lui opposez plus une conscience pliant devant un Dieu.

Le dialogue peut continuer longtemps ainsi, entre la Déclaration et l'expérience, entre l'idéal et la réalité. On se méprendrait si l'on cherchait ici quelque hostilité contre cet idéal. Il honore le cœur, sinon le sens pratique, de ceux qui l'ont conçu. Nos pères de 1789, — nul ne peut répudier cette expression collective, puisque toutes les classes de la nation rivalisèrent d'entraînement dans ces idées généreuses, — nos pères de 1789 valaient peut-être mieux que nous. De tout temps les hommes se sont trompés, mais jamais ils ne se sont trompés avec de meilleures intentions. Il ne s'agit donc pas de faire leur procès, ni de discuter la beauté de leur rêve, si beau qu'il en est fou. D'ailleurs, à ce moment encore, la Déclaration des droits baignait, pour ainsi dire, dans le déisme ambiant, qui voilait ce qu'elle a de factice et d'incomplet. Pour qu'on vît bien son infirmité et comment elle est suspendue dans le vide, elle et tout ce qu'on bâtit sur elle, il fallait que cette atmosphère religieuse fût dissipée. On ne l'a bien vu, le néant de notre base sociale, qu'après cent ans de destructions consécutives; cent ans pendant lesquels notre France a chancelé de convulsions en convulsions, faute d'un point fixe où se reprendre, d'un terrain solide où assurer sa marche. Elle se dressait à mes yeux, contre le mur de l'école, crevant à chaque effort le morceau de papier, raccommodant ses lambeaux pour le crever encore, comme le crèveront à leur tour ces pauvres petits êtres, les enfants du peuple qu'on va rendre à l'incertitude du sort, qu'on va rendre à la misère, munis de cette pompeuse feuille de route.

Et de nouveau ici, devant la toile peinte qui raconte nos annales tourmentées, en regardant tous ces passants fameux qui ont dépensé tant de bonne volonté, de génie, de talents, pour ne rien fonder de durable, pour nous laisser une patrie rétrécie et toujours incertaine du lendemain, je crois les voir marcher sur le frêle papier tendu en l'air, qui tremble sous leurs pas, qui se déchire sans cesse et laisse choir notre fortune. Tout le siècle court de tout son poids sur ce sol chimérique, et l'on s'étonne qu'il bronche!

Suivons sa course. — Il a déjà dépassé ce groupe d'hommes noirs qui semblent réunis pour parler sur une fosse. En vingt-neuf mois, les constituants ont détruit la création de dix siècles; de cette France, qui était la veille encore un organisme malade, sans doute, mais un organisme vivant, ils ont fait une table rase où ils reconstruisent l'édifice symétrique de la raison pure, la maison neuve prête à recevoir l'homme naturel. Comment les contemporains eux-mêmes jugèrent cette œuvre, on nous le disait l'autre jour, en citant la déposition d'un républicain étranger, Gouverneur Morris : « C'est l'opinion générale et presque universelle que cette constitution est inexécutable [1]. »

Après le défilé des gens du tiers, nous apercevons dans une perspective fuyante d'arrière-plan, sur un fond de verdures claires et d'habits aux nuances tendres, quelques ombres pâles, le Roi, la Reine, les courtisans; dernière apparition du passé sur le bord du gouffre où il tombe. De nouveaux venus l'y poussent. Ceux-ci ne sont plus des rêveurs, comme les précédents; soucieux et rudes, ils parlent, ils agissent avec des gestes violents, les gestes de la « folie rationnelle », ainsi que l'a nommée un écrivain sagace. Ils entendent bien compléter le roman esquissé par leurs devanciers, ils cherchent le héros annoncé, l'homme tel qu'il doit être après qu'on lui a déclaré ses droits. Ne le trouvant pas, ils commencent à s'irriter. Leur irritation croît avec l'inutilité de leur recherche. Si cet homme, ce citoyen exemplaire, ne répond pas à leur appel, c'est que des méchants usurpent sa place, le cachent et l'oppriment. Le seul remède est l'extermination de ces méchants; l'âge d'or viendra

---

[1] *Un témoin américain de la Révolution française*, article de M. LAUGEL, dans la *Revue des Deux Mondes* du 1ᵉʳ septembre 1889.

ensuite. Et ils exterminent, avec choix d'abord, bientôt avec rage, au hasard, toujours pour faire la place libre à l'homme selon leur cœur. Beaucoup sont sincères dans leur foi, tout pareils à l'inquisiteur de jadis; le même zèle les anime à purger la terre des mécréants, pour n'y laisser régner que la pure doctrine.

En outre, leur éducation les oblige à faire de l'archéologie pratique; du jour où ils ont proclamé la République, il va de soi qu'elle doit être calquée sur les meilleurs modèles, ceux de Sparte et de Rome, et qu'il la faut sauvegarder avec les procédés impitoyables des anciens. « Collégiens attardés, acharnés à un éternel concours en discours français », dit M. Goumy; « écoliers qui, en quittant les bancs, veulent tout rapporter à la mesure des Grecs et des Romains », avait déjà dit leur contemporain Morris, ils tirent toute leur conception du monde, à travers Rousseau, de Plutarque et de Tite-Live. Le pire, c'est que nous n'avons pas de peine à les comprendre, ayant continué de recevoir la même éducation, le même « esprit classique », du moins jusqu'à ma génération. Quand elle était au collège, quand les bruits du dehors nous apportaient l'écho de quelque harangue d'un des Cinq, nous nous représentions les événements du second Empire avec l'optique apprise dans Tacite, nous prêtions de bonne foi à M. Garnier-Pagès, protestant contre le tyran des Tuileries, la figure morale, les idées et le langage de Thraséas. Il est facile de vanter les bienfaits du latin pour la haute culture intellectuelle; mais on oublie trop le revers de la médaille : ces historiens latins et grecs auxquels nous devons tant de belles pensées, nul ne pourra jamais calculer ce qu'ils ont fait couler de sang et foisonner d'erreurs politiques.

Les massacres continuent, Sparte ne renaît pas, l'homme naturel tarde toujours à se montrer; les convoitises, les colères, les rancunes inexpiables divisent les réformateurs; ils se reprochent mutuellement leurs déceptions, ils s'exterminent les uns les autres. Au 9 thermidor, le carnage est à peu près achevé. Il a fait justice de quelques fauves. On expose, au musée de la Révolution, ces merveilleux crayons où Vivant-Denon croquait en traits rapides les silhouettes de Carrier, de Fouquier-Tinville, pendant qu'ils écoutaient leur sentence au tribunal ou qu'ils passaient sur la charrette; ce sont des physionomies de bêtes de proie forcées après une traque; elles justifient les comparaisons animales dont se sert M. Taine quand il les flétrit. Mais à côté des monstres authentiques, on ne peut s'empêcher de penser que la coupe sombre abattit les moins méprisables de ces maniaques, les plus convaincus, ceux qui se croyaient vraiment appelés à régénérer l'humanité.

Après thermidor, je ne vois plus sur cette toile que la lie, les bas intrigants, les jouisseurs désabusés, heureusement relevés par le voisinage des gloires militaires. Les gens du Directoire ne se soucient guère de continuer le roman de 1789, et la nation fait comme eux; déçue par ce premier essai des principes, elle n'aspire qu'au repos. Dès lors, il est facile de prévoir comment finira le premier acte de l'émancipation du genre humain : par l'égalité sous un despote, de l'autre côté du lac de sang. Tous les observateurs sans préjugés sont fixés. « Toutes les opinions se ramifient à l'infini;

mais le premier qui sera en état de se faire roi et de promettre une tranquillité prochaine les absorbera toutes... Que Carnot ou le duc d'Orléans, que Louis XVIII ou un infant d'Espagne soient rois, pourvu qu'ils gouvernent tolérablement, le public sera content. » C'est le sentiment de Mallet du Pan. Morris voit de même, et plus juste : « Quel que soit le sort de la France, dans un avenir éloigné, et laissant de côté les événements militaires, il semble évident qu'elle sera bientôt gouvernée par un simple despote. » L'Américain se trompe seulement en laissant de côté les événements militaires : il n'est pas moins évident que le maître viendra de là. Les candidats à l'emploi sont déjà nombreux : Bonaparte l'emporte.

Notre bonheur voulut que le futur despote fût d'abord le génie le plus sage, le plus complet, le plus actif dont l'histoire fasse mention. Il reconstruisit la France presque aussi vite que les idéologues l'avaient démolie. La maison restaurée est discutable, soit; mais quelle fortune de retrouver une maison, quand on campait sur un amas de ruines! Le consulat est peut-être le seul moment du siècle où notre pays ait connu un gouvernement national, c'est-à-dire uniquement occupé du bien commun par des moyens pratiques, assez fort pour fondre les anciens partis, assez clairvoyant pour faire une juste part aux prétentions opposées de chacun, pour choisir dans les idées anciennes et dans les idées nouvelles. Il faut une dose rare de passion politique pour refuser au 18 brumaire les conditions qui créent la légitimité d'un acte violent : l'attente de tout un peuple, l'indignité du pouvoir chassé, l'efficacité du pouvoir substitué. — Le tableau qui nous arrête rend bien le coup de lumière de cet incomparable matin.

Au premier plan, l'homme arrive; ce n'est pas celui qu'attendaient les constituants, et pourtant ils l'ont préparé de toutes pièces en cherchant le leur; c'est l'homme que la nature et l'histoire engendrent inévitablement, quand on soumet un État à certaines expériences. Derrière lui, le tumulte superbe des cavaliers de toute arme, les masses héroïques venant du fond de l'horizon, par l'allée de Saint-Cloud; une joie de couleurs et de vie, après les scènes dégoûtantes et sombres; la France à cheval et casquée, après la France légiférante, discourante, guillotinante. Et l'on se rappelle l'inoubliable page où le jeune Ségur raconte la révolution décisive qui se fit dans son âme, alors que las de son époque et de lui-même, découragé, sans but, le cœur vide de croyances, tout prêt au suicide, un hasard l'amena aux Tuileries, le 18 brumaire, et mit sous ses yeux ce même tableau.

« La grille du jardin m'arrêta. Je me collai contre elle; je plongeai d'avides regards sur cette scène mémorable. Puis je courus autour de l'enceinte; j'essayai toutes les entrées; enfin, parvenu à la grille du Pont-Tournant, je la vis s'ouvrir. Un régiment de dragons en sortit, c'était le neuvième; ces dragons marchaient vers Saint-Cloud, les manteaux roulés, le casque en tête, le sabre en main, et dans cette exaltation guerrière, avec cet air fier et déterminé qu'ont les soldats lorsqu'ils vont à l'ennemi, décidés à vaincre ou à périr. A cet aspect martial, le sang guerrier que j'avais reçu de mes pères bouillonna dans toutes mes veines. Ma vocation venait de se décider; dès ce moment je fus soldat; je ne rêvai que combats et je méprisai toute autre carrière[1]. »

La page pourrait être signée : la France de 1800. Le jeune enthousiaste exprime les sentiments de tout un peuple; comme Ségur, ce peuple va suivre pendant quinze ans le régiment qui passe. La France s'est donnée à un homme qui est à la fois l'incarnation mystique et la négation de sa chimère; empêchée pour un temps d'expérimenter sur elle-même toutes les conséquences de cette chimère, elle se console en la portant dans son havresac aux quatre coins du monde; missionnaire qui va prêcher aux infidèles la foi qu'il ne peut plus pratiquer chez lui. C'est la première métamorphose du virus révolutionnaire, et l'effet en est double : atténué en un sens par la vertu de la discipline militaire, il est fortifié par cet amalgame avec les plus nobles sentiments, par cette transfiguration dans une gloire dont il peut réclamer sa bonne part. Les principes de 1789 ont reçu leur brevet de vie, puisqu'ils ont pu organiser un État puissant et ordonné, — à la condition d'en être proscrits aussitôt après leur gestation. Ceci explique comment Napoléon, fils parricide, mais fils de la Révolution, restera après sa mort l'idole du parti qu'il a muselé; c'est le dieu des vieilles peuplades syriennes, funeste à ses fidèles et revendiqué par eux contre les ennemis du dehors, parce qu'il est l'expression de la foi nationale. De son vivant et vers la fin, les fidèles surmenés le maudissent; la France épuisée demande grâce et le laisse tomber; à peine il est tombé, elle

---

[1] SÉGUR, *Mémoires*, t. I, chap. v.

revient à lui et le relève; elle ne se résigne à l'abandonner qu'après avoir constaté, par une dernière épreuve, que sa monomanie conquérante est incurable.

Faut-il compter la vie de cet homme au passif ou à l'actif de la Révolution? C'est encore, ce sera peut-être toujours un sujet d'irrésolution cruelle pour les historiens. Si on leur permet de distinguer, et si leur opinion est sincère, tous applaudiront à l'avènement du consul et admireront son œuvre; beaucoup déploreront celle de l'empereur et ratifieront sa déchéance. Même sur ce dernier chef, ceux qui se sentent en communion avec toutes les fibres françaises hésiteront souvent dans leur jugement; un acquittement révolte notre bon sens; une condamnation blesse des instincts en désaccord avec la froide raison, mais enracinés au plus profond de notre être. Tant de mal, mais tant de gloire! Un dommage réel, un gain idéal, une légende odieuse à toutes les mères, chère à tous les hommes! Ce cas mystérieux est incommensurable, au vrai sens du mot, il n'a pas de commune mesure avec les cas habituels. Quiconque veut le juger en est puni par l'impossibilité de conclure. Le seul verdict qui réponde au sentiment général, ce sera toujours quelque phrase bien bête, empruntée au répertoire de Bouvard et Pécuchet : « Quel malheur que Napoléon ne se soit pas arrêté après Tilsitt! » — C'est inepte, dira-t-on; essayez de trouver mieux sans soulever une moitié de nous-mêmes contre l'autre.

Avançons dans le siècle, moins dramatique désormais. Nouvelle révolution, nouveau décor. Celui-ci nous montre les rois de la Maison de France, et pêle-mêle autour d'eux, les vieux cordons de l'Ordre sur des poitrines républicaines, les nouveaux habits sur les seigneurs de l'ancienne cour. Deux mondes que l'ambition mêle par en haut, mais qui ne se rejoindront plus par en bas. Tout les sépare, les intérêts, les pensées, et même, chose navrante, les morales patriotiques. On a publié dans ces derniers temps beaucoup de mémoires ou de correspondances d'émigrés. Il n'est plus permis d'ignorer aujourd'hui que ces hommes très loyaux, sinon très éclairés, croyaient accomplir le plus strict des devoirs en prenant les armes pour leur roi contre leur pays rebelle. Ils suivaient la loi féodale, qui lie le vassal au seigneur et non à la terre. La conduite opposée eût été forfaiture. Si nous faisions de la casuistique, nous devrions plutôt réserver nos sévérités morales pour ceux qui ne commirent pas le crime dont leur conscience particulière leur faisait un devoir. Reprocher aux émigrés de n'avoir pas préféré la nouvelle notion de patrie à l'ancienne notion de fidélité, c'est comme si l'on eût reproché à un savant, au temps de Galilée, de tenir pour le système de Ptolémée, alors que les deux explications de l'univers étaient encore en conflit. Sauf les tout jeunes gens et quelques esprits de haut vol, la plupart de ces vaincus, de ces dépouillés, rentraient en France avec le désir de restaurer le passé, tout le passé, avec la conviction qu'ils feraient œuvre de féaux sujets en s'y employant.

Cette menace raffermit les principes de 1789, enseigne de l'autre camp. La génération révolutionnaire et impériale, devenue sceptique sur leur vertu intrinsèque, y tenait comme à la sauvegarde de ses intérêts; la génération nouvelle, qui n'avait pas goûté leurs fruits amers, était séduite à son tour par leur beauté abstraite. Pourtant, les constituants auraient eu peine à reconnaître leur idylle, tant elle avait déjà changé de physionomie. Les principes s'accommodaient des corrections napoléoniennes, afin de pouvoir invoquer le grand nom. En se compliquant d'intérêts matériels, ils s'étaient à la fois consolidés et rétrécis. Imaginés pour émanciper l'humanité, ils tendaient à devenir un instrument de règne au service de la bourgeoisie. La sécheresse voltairienne éliminait de la Déclaration la sentimentalité de Rousseau; l'athéisme donnait un sens agressif aux articles rédigés par les déistes de 1789 dans un sentiment de tolérance. En faisant l'éloge académique de Henri Martin, M. Jules Simon a défini avec une exactitude piquante le libéral de la Restauration : « Il était ce qu'on appelait alors un libéral; ce qui voulait dire qu'il regrettait l'Empire et qu'il n'aimait pas les Jésuites. » — Pour souder les deux sociétés antagonistes, il eût fallu le génie d'un Napoléon dans le cœur d'un Bourbon. L'histoire, même l'histoire de France, ne fait pas un miracle tous les quinze ans; elle se contente de faire une révolution. Les principes mirent par terre un trône de plus. Passons au suivant.

A juger par les hommes qui se pressent ici sur la toile, ce quartier du siècle est prestigieux, tout autant que le premier; des éclairs de pensée au lieu d'éclairs d'épées. Dans cette élite inspirée, écrivains, poètes, artistes, la fermentation politique de 1789, militaire de 1800, s'est changée en fermentation intellectuelle; mais si l'on regarde bien à la source de leur inspiration, c'est déjà, pour les plus hautes consciences, le désespoir au réveil du rêve, la recherche d'un autre idéal. Chacun dans sa langue, ils disent tous, avec mélancolie ou avec colère : « Le siècle ne nous a pas tenu les promesses de nos pères. » Et comme ils ont encore toutes les ardentes illusions de la jeunesse, ils n'abdiquent pas, ils cherchent la réalisation de ces promesses dans le ciel de l'imagination ou dans celui des idées pures. Tandis qu'ils s'isolent sur les sommets, au-dessous d'eux, — et ceci, la toile ne nous le montre pas, — les principes continuent leur travail logique dans la masse de la nation, de façon différente aux deux étages de la maison.

Le premier étage, la bourgeoisie souveraine, nous en avons la vision frappante à l'exposition des Beaux-Arts, devant les deux tableaux de Heim, la *Remise de la Charte par les Chambres*. Je ne sais pas de chefs-d'œuvre plus suggestifs que ces deux peintures ordinaires. Elles racontent notre première transformation sociale, au sortir du chaos révolutionnaire et après l'intermède militaire de l'Empire : la reconstitution d'une aristocratie par la richesse. Toute réunion d'hommes, qu'elle le veuille ou non, est toujours en travail d'une aristocratie, qui puise ses éléments dans la force prépondérante à l'heure où elle se constitue. Or, sur la table rase, il n'est resté qu'une puissance indiscutable, permanente, l'argent. L'ancien ordre de choses opposait à cette puissance naturelle des contrepoids nombreux, affermis par l'hérédité : privilège de la naissance, prééminence de l'état militaire, du sacerdoce, des charges de cour et de magistrature. Après la disparition de ces contrepoids, après le grand effort de la Révolution pour établir l'égalité théorique, l'argent est monté d'une poussée irrésistible au sommet du corps social, comme monte au-dessus du taillis un arbre en pleine sève, quand on abat les voisins qui lui disputaient l'air et la lumière. M. Goumy impute ce calcul aux gens du tiers, quand ils repoussent à la Constituante la proposition d'une Chambre haute. « Les bourgeois n'eussent plus été les seuls maîtres de l'État, ce qui était pour eux la raison d'être et la fin de la Révolution. »

Je crois qu'il fait tort au désintéressement des premiers idéologues. Mais le mot est devenu juste pour leurs héritiers, mis en possession. A ce moment, après 1830, les principes de 1789 ont rendu tout ce qu'ils pouvaient rendre pour le tiers. Leur œuvre est achevée, il n'y a plus qu'à arrêter leur végétation turbulente. La nouvelle aristocratie jouira de l'institution révolutionnaire, comme faisait l'ancienne, quand, ayant rejeté les charges de l'institution féodale, elle ne retenait plus que les bénéfices compensateurs de ces charges. La liberté devient « les libertés », libertés de la presse, de la tribune, etc. « Libertés de luxe, qui ne servent qu'aux classes dites libérales », comme le remarque M. Lorrain dans sa *France contemporaine*. Moyens d'établissement de la nouvelle aristocratie, libertés de carrière, dirai-je pour ma part; instruments perfectionnés mis au service de chaque ambitieux qui ne se contente pas d'un métier utile : pour peu qu'il ait quelque habileté de plume ou de parole, il sera tenté de faire carrière avec les outils forgés par ses aînés à cet usage.

Oui, mais les gens de l'étage inférieur, du quatrième état? A leur tour, ils apprennent à lire la Déclaration des droits; ils lui demandent leur part; non pas les libertés de luxe, mais le seul droit qui ait un prix réel à cet étage, le droit à la vie facile, et pour y arriver, le droit au vote. Après 1830, les principes, qui ont fini de travailler pour les inventeurs, commencent seulement leur travail pour les autres. A la première secousse qu'ils provoquent dans le sous-sol, l'édifice bourgeois croule sur sa base précaire, l'argent; car s'il n'y a pas de base plus naturelle, après la force pure, il n'y en a pas de plus précaire, puisque chacun a l'espoir de la déplacer à son profit. La révolution de 1848 est faite de concert par l'ennui lyrique des gens d'en haut, qui ne savent plus de quoi nourrir leur rêve, et par la révolte des gens d'en bas, qui demandent à nourrir leurs corps.

Voici les chefs de la nouvelle alliance, Lamartine, Ledru-Rollin et leurs acolytes, sur ce coin de tableau où ils passent si vite. Caliban n'est pas encore de taille à lutter avec ses maîtres. Mais du premier coup d'épaule il a fait craquer la Déclaration; il lui a arraché une de ses conséquences nécessaires, le suffrage universel; il l'a mise en demeure, puisqu'elle est la prophétie vague qui promet à tous toutes les satisfactions, de donner l'égalité idéale, celle des biens, et le droit essentiel : le droit au travail, comme disent ceux qui raisonnent un peu, le droit aux jouissances, comme pensent ceux qui sentent et ne raisonnent pas, le grand nombre.

La bourgeoisie se ressaisit; dans son apeurement, elle a recours au remède qui avait réussi cinquante ans plus tôt : ces principes qu'elle chérit et qu'elle redoute, par lesquels elle domine et qui la menacent de ruine, elle les confie à un gardien autoritaire, avec mission de les conserver précieusement, mais de ne pas les laisser vagabonder. Elle n'a retrouvé que le nom du premier gardien, sans le génie. Le second 18 brumaire s'accomplit, avec moins d'éclat, de poésie, d'assentiment enthousiaste; dirai-je avec moins de légimité? Je n'en sais trop rien; ces consultations sont oiseuses, comme la recherche de la boussole sur un bâtiment désemparé, d'où un coup de mer l'a emportée pour jamais. Il ne reste au pilote qu'à guetter les étoiles incertaines, pour s'orienter un instant dans l'inconnu.

A partir de ce point, devant le cortège qui achève de se dérouler jusqu'au bout du panorama, on ne peut plus se flatter d'observer exactement. J'ai vu vivantes ces figures; les unes ont disparu dans l'ombre de la mort, qui avance lentement sur cette toile; les autres agissent encore. A partir de ce point, on juge avec les préventions du cœur; ce n'est plus juger, c'est sentir. Et quelles sensations aiguës, quand l'illusion du souvenir vient s'ajouter à l'illusion créée par une habile mise en scène! Ils respirent, ceux qui depuis longtemps ne marchaient plus à nos côtés; le temps aurait-il donc reculé? Nous nous retrouvons au milieu d'eux, aux anciennes heures, mais avec la faculté de prévoir l'avenir, d'assigner à chacun sa destinée. Destinée tragique, pour beaucoup!

Oublions ces figures obsédantes, poursuivons derrière elles le développement des principes abstraits; ils ont leur vie indépendante, en quelque sorte; on les voit cheminer à l'intérieur de ces fantômes, qui ne sont que leurs instruments d'une minute. — Durant la période du second Empire, nos principes ont continué leur travail au dedans, sans doute; mais surtout ils ont opéré au dehors. M. Sorel a exposé dans ses livres, d'une façon définitive, la loi de leur évolution en Europe. Il a montré comment l'idée de liberté, semée par nous dans tous les champs du monde au commencement du siècle, y a poussé sous une autre forme, l'idée de nationalité. Il y a cent ans, la France était le seul grand agrégat solide sur le continent. Depuis lors, des corps d'une densité égale ou supérieure se sont formés autour de nous. Nous leur avons d'abord donné l'âme; ensuite, par un attachement instinctif aux enfants bâtards de notre idée mère, nous les avons aidés à grandir. Le moment devait venir où ils se retourneraient contre nous, où ils nous rapporteraient notre semence en moisson de baïonnettes. Il est venu. Reconnaissons, avec l'auteur du *Péril national*, qu'il est puéril et injuste de charger un seul coupable; le coupable, nous l'avons tous été, et l'on perd son temps à rechercher si l'heure pouvait être différée; un peu plus tôt, un peu plus tard, elle devait sonner, tant l'éventualité de ce choc en retour était fatale. Ainsi, tandis qu'ils désagrégeaient la France à l'intérieur, nos principes transformés conspiraient contre elle à l'extérieur. Voilà des émigrés qu'on ne s'avise point d'incriminer; voilà les traîtres qui sont rentrés cette fois dans les fourgons de l'étranger.

Si nous nous en tenons aux apparences, il semble que cette date lugubre, 1870, marque du même coup le dernier degré de nos misères et le triomphe définitif des principes dissolvants. Depuis lors, on s'est remis de plus belle à extraire toutes leurs conséquences. Officiellement et en façade, ils règnent sur notre vie sociale. Tout récemment, dans les cérémonies organisées pour fêter

14.

leur jubilé, devant un grand concours de peuple et de hautes autorités, une Raison est venue, comme il y a cent ans, chanter des choses dans ce goût :

Homme qui par nous seras dieu...

Oh! pourvu qu'il n'y eût là personne du pays où dans leurs fêtes, sous les armes, ils chantent le choral de Luther!

« En résumé, — disait un homme qu'on n'accusera pas d'être un détracteur aveugle du temps présent [1], — en résumé, la propagation de l'erreur par la classe dirigeante, le succès momentané de onze révolutions violentes, le règne éphémère de seize constitutions écrites et la désorganisation incessante de la société, sont les traits principaux de ce siècle. On a pu de bonne foi y voir, au début, une ère nouvelle de prospérité. On ne saurait désormais y méconnaître les caractères de la décadence... Tous les peuples ont grandi, pendant que la France s'abaissait. »

Le verdict de M. Le Play est juste, si l'on ne considère que notre vie politique. Il serait sans appel, si la France n'avait exposé en 1889 que cette vitrine devant laquelle nous nous arrêtions naguère aux Arts libéraux, et qui renferme les chartes successivement issues de la Déclaration des droits; si elle n'avait exposé que cette esquisse de son histoire récente, où elle apparaît incapable de supporter une discipline et de maintenir sa vieille primauté dans le monde par l'appli-

---

[1] LE PLAY, *Corresp. sur l'Union de la paix sociale*, sept. 1872. — Sa démonstration est reprise avec beaucoup de vigueur par M. Focillon dans la *Réforme sociale* du 1er mai 1889.

cation de ses forces à un dessein soutenu. Mais à côté de ces tristes produits, tout le reste de l'Exposition nous a fourni une preuve magnifique de vertu laborieuse et de santé intellectuelle; nous l'avons constatée avec joie, à chacune de nos visites, et il faut se la rappeler pour ne pas quitter « l'Histoire du siècle » sur une vue découragée. Remettons aux étrangers le soin d'adoucir le jugement de M. Le Play. — « En résumé, disent-ils, la France, cette lumière malade, n'a jamais eu plus de vitalité intime; elle réunit encore toutes les conditions qui assurent à une race le premier rang et la longévité. Mais une mauvaise fée lui a jeté un sort qui surexcite et paralyse en même temps l'énergie de ce peuple; depuis qu'un mal secret le ronge, il se montre habile à toutes choses, sauf à réorganiser son existence sociale; le mal lui ravit tout le bénéfice d'admirables efforts et menace de terrasser à la longue sa vigueur naturelle. »

Il nous reste à voir si l'infirmité est guérissable et s'il y a quelques symptômes de convalescence. J'espère en trouver la preuve dans nos conclusions. Je demande au lecteur qui voudrait bien me suivre de se rappeler et de compléter par la pensée le dernier tableau de la procession séculaire, le groupe des maîtres de l'esprit contemporain, si heureusement opposés au groupe initial, à celui d'où est sortie la Déclaration des droits. Ils recueillent là les échos et les leçons du siècle. Nous les interrogerons sur l'état présent des idées dans une dernière étude, au moment où se ferme l'Exposition du Centenaire.

X

DERNIÈRES REMARQUES.

I

1ᵉʳ novembre.

Devant l'« Histoire du siècle », nous avons suivi à travers toute cette histoire le travail logique des principes de 1789. Restés en face du dernier groupe contemporain, celui des maîtres qui ont aujourd'hui pouvoir sur notre intelligence, nous nous sommes promis de questionner ces savants, ces historiens, pour savoir si leur symbole actuel est toujours d'accord avec les principes qui continuent de régir l'institution sociale.

Jusqu'à une époque récente, l'autorité du dogme révolutionnaire avait peu souffert des attaques doctrinales dirigées contre lui. Depuis Bonald et de Maistre, quelques voix isolées lui opposaient la conception théologique de l'homme; guidée par des regrets politiques, inféodée à tout un passé enseveli pour jamais, l'école traditionnelle ne prêchait que des convertis; la masse du pays restait sourde à ces voix qui criaient du fond d'une tombe des vérités éternelles, éternellement désagréables à notre orgueil. La protestation théologique n'a pas cessé de suivre les principes triomphants; mais elle les suivait en diligence, tandis qu'ils disposaient des chemins de fer. D'ailleurs la conscience religieuse avait le choix entre cette protestation rigide et les transactions du catholicisme libéral, qui se réclamait de 1789. Quant au spiritualisme éclectique, philosophie officielle de la bourgeoisie française, il fut un serviteur respectueux du dogme national; fils du dix-huitième siècle, lui aussi, il déplorait souvent les écarts de son frère, mais il n'en faisait pas moins bon ménage avec cet aîné. En dehors de la petite école traditionnelle, négligée par les grands courants contemporains, toutes les oppositions se bornaient à discuter quelques conséquences des principes, en s'inclinant devant eux; on rejetait certains fruits trop difficiles à digérer, on se serrait de plus belle contre l'arbre qui les portait.

Cette quiétude prit fin avec l'entrée en scène d'une philosophie moins complaisante que l'éclectisme, plus radicale dans ses démolitions. Des esprits qui avaient fait leurs preuves dans la liberté de pensée se permirent de scruter la nouvelle religion laïque; comme ceux-là n'étaient pas suspects de routine, comme ils ne parlaient point au nom d'une autre orthodoxie, on les écouta : un schisme naquit avec eux. L'un des premiers, il y a trente ans, M. Renan écrivait ce qui suit, dans la préface des *Essais de morale et de critique :*

« J'avais encore sur la Révolution et sur la forme de société qui en est sortie les préjugés ordinaires en France, et que de rudes leçons devaient seules ébranler. Je croyais la Révolution synonyme de libéralisme, et, comme ce dernier mot représente assez bien pour moi la formule du plus haut développement de l'humanité, le fait qui, selon une trompeuse philosophie de l'histoire, en signale l'avènement m'apparaissait comme sacré. Je ne voyais pas encore le virus caché dans le système social créé par l'esprit français; je n'avais point aperçu comment, avec sa violence, son code fondé sur une conception toute matérialiste de la propriété, son dédain des droits personnels, sa façon de ne tenir compte que de l'individu et de ne voir dans l'individu qu'un être viager et sans liens moraux, la Révolution renfermait un germe de ruine qui devait fort promptement amener le règne de la médiocrité et de la faiblesse, l'extinction de toute grande initiative, un bien-être apparent, mais dont les conditions se détruisent elles-mêmes... Ce qui importe par-dessus tout, c'est que l'attachement fanatique aux souvenirs d'une époque ne soit point un embarras dans l'œuvre essentielle de notre temps, la fondation de la liberté par la régénération de la conscience individuelle. Si 89 est un obstacle pour cela, renonçons à 89. »

Ce cri trouva de l'écho, il courut sur les sommets de l'intelligence. Mais les opinions individuelles, de si haut qu'elles tombent, peuvent être mises sur le compte du dilettantisme, elles n'entament pas facilement un préjugé populaire; il n'est déraciné que par un autre préjugé. Or ce dernier se créait lentement. A ce moment de l'histoire des idées, les sciences expérimentales étaient en grand crédit; elles avaient accaparé les meilleures forces intellectuelles, en France et dans les autres foyers du travail européen; elles donnaient le branle à toutes les catégories de la pensée. Des théories scientifiques, renfermées jusqu'alors dans le cabinet de leurs inventeurs ou dans un petit cercle d'adeptes, se communiquèrent au monde civilisé et se fixèrent vers cette

époque dans quelques formules courantes. Il se créa un symbole philosophique commun à tous ceux qui remuaient des idées; on peut en résumer les principaux articles en quelques lignes. J'expose, je ne discute pas.
— L'univers, cristallisation incessante d'une volonté obscure, est le théâtre et le résultat perpétuellement changeant d'un jeu de forces. La même définition s'applique à l'homme, cellule de ce vaste organisme. L'homme n'est pas libre; soumis à l'empire du déterminisme universel, il poursuit inconsciemment le développement de sa nature intime; cette nature le mène à ses fins par une suite de duperies ingénieuses. L'individu ne saurait être considéré isolément; distrait de la série, il n'a pas plus de valeur et de signification que l'anneau séparé de la chaîne; produit de la race, du milieu et du moment, il n'est explicable que par l'hérédité et la collectivité. Son effort personnel, ajouté à l'effort héréditaire, tend à créer sans cesse l'inégalité par la sélection. La sélection s'opère par la lutte implacable de tous contre tous, par le triomphe du plus fort, — ou, si l'on fait intervenir une notion morale, du meilleur, les deux mots ayant le même sens en morale naturelle, — sur le plus faible, sur le pire. La force est de la vertu accumulée, *virtus,* adaptation d'un être à sa fin particulière. Il n'y a donc pas lieu de dire que la force prime le droit, ce qui est un non-sens, mais que la force crée le droit. La loi de sélection est contrariée par une loi antagoniste, l'atavisme, ou tendance du type primitif à reparaître; dans l'homme, le retour de l'animalité primitive est une menace constante pour la société. En histoire comme en biologie, les états anté-

rieurs reviennent sous des formes nouvelles, la concurrence illimitée est la condition du progrès, l'apparition d'un organe justifie son emploi, le droit des espèces et des individus est proportionnel à leur puissance vitale.

Il serait superflu d'insister sur les conséquences sociales de ces doctrines; elles pivotent autour de trois points fondamentaux, le déterminisme, la sélection par l'hérédité, le droit de la force. — Liberté, égalité, fraternité. Sommes-nous assez loin de la philosophie qui inspira la Déclaration des droits? Comment cette philosophie a-t-elle abouti à une négation formelle de ses prémisses? Par une marche très logique sous les contradictions apparentes. La raison pure, lâchée dans l'univers avec des pouvoirs illimités, ne devait plus s'arrêter dans son œuvre critique. Elle a ruiné l'un après l'autre tous les établissements du passé; elle a tout détruit, ne respectant que l'idole en qui elle s'adorait elle-même. Un jour est venu où cette création du rationalisme est restée seule intacte, dans le désert de croyances fait autour d'elle; l'instrument critique, incoercible de sa nature une fois qu'on l'a mis en mouvement, ne trouvait plus devant lui d'autre sujet d'analyse. La raison a retourné son scalpel contre l'idole; qu'on me passe l'image familière, elle lui a ouvert le ventre, et elle a vu qu'il n'y avait rien dedans. Les phénomènes démontrés par l'expérience sont aujourd'hui la seule source de certitude qui ait le don de persuader la raison; c'est sa marotte actuelle. Ces phénomènes protestaient à l'unanimité contre la conception de l'homme et des choses humaines sur laquelle nous avions bâti notre maison géométrique. Ainsi est née la crise des principes de

1789; ils sont pris entre deux feux, entre la protestation théologique, qui les suivait de loin, et la protestation scientifique, qui s'est dressée subitement en face d'eux.

Les savants, très peu enclins de nos jours à généraliser leurs doctrines, ne prétendent pas en tirer une philosophie sociale; beaucoup d'entre eux reculent devant les conséquences extrêmes énoncées plus haut : ceux mêmes qui les acceptent se refuseraient à les transporter de l'histoire naturelle dans l'histoire humaine. Il suffit à notre propos qu'ils ne puissent pas nier la légitimité de ces conséquences, ni le penchant de l'esprit public à en faire la règle universelle des jugements. Il y a dans l'esprit public, à toutes les époques, une force plastique et généralisatrice; elle tend invinciblement à modeler l'ensemble des idées et la conduite de la vie sur les principes qui ont pour eux l'apparence de la certitude et la séduction de la nouveauté. Comme le régime des eaux détermine, dans chaque région d'un pays, le caractère et les productions du sol, ainsi les idées épanchées de quelques cerveaux donnent à chaque moment de l'histoire sa physionomie particulière. Notre temps doit la sienne à l'infiltration des théories scientifiques, au besoin d'imiter en tout les procédés de la nature. Pour définir cette physionomie, on emploie tour à tour les mots de *positivisme*, de *naturalisme*, de *réalisme;* ils sont d'une exactitude médiocre; tenons-nous au dernier, faute d'un terme plus compréhensif.

Ce serait un regard restreint, celui qui n'apercevrait la transformation réaliste que dans la littérature et dans les arts; elle agit partout; elle se déclare dans nos affaires publiques par la substitution croissante des ingénieurs aux avocats; elle a éclaté dans les affaires de l'Europe par le triomphe d'un homme; cet homme a réussi à changer et à maîtriser l'Europe, parce qu'il incarnait la forme d'intelligence actuellement toute-puissante. La lutte de M. de Bismarck et de Napoléon III pourrait s'appeler la lutte du réalisme et de l'idéalisme; c'est un état d'esprit qui a succombé pour un temps avec le vaincu de Sedan. Depuis la chute de l'Empire, nul n'a plus fortement agi sur notre pays que Gambetta; il eut dans une certaine mesure le sens des temps nouveaux, il essaya d'approprier la formule révolutionnaire aux méthodes modernes; mais le fond du tempérament restait classique, girondin. Je viens de relire des discours de Gambetta en les comparant à ceux du chancelier d'Allemagne; la comparaison est d'autant plus frappante que tous deux parlèrent quelquefois à la même heure : le discours de Romans, par exemple, fut prononcé le surlendemain du jour où le chancelier avait exposé au Reichstag ses vues sur le socialisme. Entre la parole de l'homme d'État allemand et celle du tribun français, les différences sont de même nature, tout aussi caractérisées, qu'entre un livre ou un tableau de l'école réaliste et l'œuvre d'art d'il y a quarante ans, entre une boutade de Schopenhauer et un développement oratoire de M. Cousin.

J'entends les protestations indignées : « Eh quoi ! voudriez-vous inoculer à l'esprit français, en place des généreuses ambitions de 1789, ce qu'il y a de plus dur et de plus déplaisant dans la pensée germanique? » — Nous retombons dans l'erreur accoutumée, la prétention de façonner les hommes sur un idéal séduisant, au lieu de les prendre comme ils sont. Je voudrais tout autre chose, mais je constate. Je constate que depuis 1870, — en ne donnant, bien entendu, à cette date qu'une valeur très approximative, car il est impossible de fixer une date à l'origine des transformations morales, — l'élite intellectuelle des jeunes générations se présente à l'observateur avec un nouvel ensemble de qualités et de défauts; disons, pour ne rien préjuger, d'acquisitions et de pertes. Si ces acquisitions et ces pertes proviennent d'influences germaniques ou américaines, turques ou thibétaines, s'il faut s'en désoler ou s'en réjouir, la question n'est pas là pour le moment. Dans cette élite, tous les esprits se sont assimilé le symbole qu'on essayait de résumer plus haut. Pour la plupart, ils n'ont pas puisé aux sources, ils n'ont jamais lu les inventeurs des doctrines qui agissent sur eux; ils n'en sont pas moins pénétrés, souvent à leur insu, par les idées répandues dans l'air ambiant. De même, à la fin du siècle dernier, beaucoup de gens qui n'avaient jamais ouvert l'*Encyclopédie* ni le *Contrat social* vivaient de la pensée générale créée par ces livres. Acquise aux théories scientifiques, la jeunesse règle ses jugements sur toutes choses d'après ces théories, en vertu de la force plastique dont nous parlions.

Vis-à-vis de ce qui nous occupe, les principes de 1789, l'indifférence d'une grande partie de cette jeunesse ne saurait faire doute. Je ne prétends point qu'elle soit hostile à l'état politique qu'on rattache aux principes; oh! pour cela non, et nous y reviendrons tout à l'heure. Mais elle n'a plus foi dans le dogme fondamental; les maîtres qu'elle écoute le plus volontiers lui en ont démontré l'insuffisance, par le seul procédé de raisonnement auquel elle soit sensible, la leçon des faits. A l'inauguration de la Sorbonne, parmi ces jeunes gens qui applaudissaient de si grand cœur la République et son premier magistrat, je gage que si l'on eût mis en cause la valeur philosophique de la Déclaration des droits, elle eût trouvé bien peu de défenseurs. Les logiciens la discutent; les autres laissent dormir en paix des erreurs historiques désormais dénuées d'intérêt pratique.

Il semble que ce soit la disposition la plus habituelle dans nos grandes écoles; quand on veut les stimuler sur ce chapitre, on a autant de succès que si l'on demandait à un pommier de porter des glands. A l'occasion du Centenaire, la Faculté de droit de Paris avait mis au concours ce programme : « Formuler les principes de 1789 en matière de droits publics, écrire leur histoire, examiner leur autorité en France, étudier leurs destinées à l'étranger. » — Les juges n'ont reçu qu'un seul mémoire, insignifiant sans doute, puisqu'ils n'ont pu décerner ni prix ni mention. Un éminent professeur de l'École s'en plaignait en ces termes, dans son rapport : « Ce n'est pas la première fois que la Faculté constate la faiblesse relative des mémoires destinés au concours de droit constitutionnel... Tout ce que demandait la Faculté, c'était de voir où en était l'édifice à l'heure actuelle. Elle regrette encore une fois de n'avoir trouvé personne qui ait sérieusement tenté cette œuvre. Peut-être sera-t-elle plus heureuse au prochain centenaire. » — Attendons. Il y a des ormes tout proches, au jardin du Luxembourg.

La foi est-elle plus vivace parmi les champions qui combattent pour les principes de 1789, à la tribune et dans la presse? Sans être bien avant dans le secret des coulisses, il n'y a pas un Parisien qui ne sache avec quel scepticisme facile on « lâche » les principes, dans l'abandon d'une franche causerie, après l'article rédigé ou le discours prononcé. La parole et la plume trouvent encore des arguments à leur service, on les loue comme un mort officiel; mais dès que le cœur s'ouvre, regardez au fond : le mort est bien mort. En marquant ici cette contradiction habituelle entre la fermeté du langage et la faiblesse de la croyance, telle que chacun a pu l'observer, rien n'est plus loin de ma pensée qu'un reproche d'hypocrisie. La presse est aujourd'hui le premier pouvoir public; elle sent sa responsabilité, elle est tenue à ces conventions de protocole, à ces professions solennelles dont aucun pouvoir ne saurait se dispenser; il est très naturel qu'elle parle comme les cours et les cabinets, où l'on se doit à soi-même, à l'heure des plus cruelles irrésolutions, d'affirmer l'unité et la continuité des vues. Un peuple a mis dans une arche le signe et la sauvegarde de sa nationalité; pour ceux qui gouvernent ce peuple ou qui ont mission de lui parler, les bons usages et les convenances veulent qu'ils chantent des hymnes devant l'arche, qu'ils dansent au besoin, tout en étant renseignés sur le vide du meuble sacré. Mais le doute qui a gagné les lévites ne tarde pas à descendre dans le peuple; il fait des progrès rapides, quand il est aidé par l'esprit réaliste, dont c'est la spécialité de briser les arches. Pourtant, si la foi aux principes de 1789 devait persister quelque part, c'était parmi les classes populaires; là, ils ne peuvent être l'objet d'un examen rationnel, ils se réduisent à quelques mots cabalistiques, synonymes d'émancipation et de bonheur. Le peuple commence-t-il à se détromper? Son humeur actuelle vient de se révéler par un engouement où l'on discerne un peu de tout, excepté le pieux souci de la Déclaration des droits.

Ainsi, en 1889, l'année commémorative du Centenaire nous retrouve dans un état de perturbation morale très semblable à celui de 1789; aujourd'hui comme alors, il y a lutte entre les idées officielles et les idées réelles, entre les principes affichés dans les actes publics et ceux qui opèrent un travail efficace dans le for intérieur. Nous voyons à distance comment l'ancien régime reçut un coup mortel, le jour où l'on représenta le *Mariage de Figaro;* on écrira peut-être dans cent ans que l'institution révolutionnaire fut aussi grièvement touchée, le jour où pour la première fois on a professé en France la doctrine de Darwin.

A la veille des états généraux, un observateur superficiel pouvait se méprendre sur l'ébranlement profond de la société française; l'ancien régime subsistait, intact en apparence; la royauté commandait au nom du droit antique, elle était obéie par ses organes; le peuple idolâtrait son souverain, les témoignages contemporains sont formels à cet égard. Cependant la majesté de l'étiquette ne cachait plus que le néant; dans tous les esprits pensants, conducteurs de la société, la philosophie avait détruit les racines de l'arbre encore debout. On allait rendre à Versailles des hommages de bienséance, comme sous Louis XIV, mais on rentrait à Paris en s'entretenant des changements inévitables; chacun pressentait une révolution qui ferait passer dans la pratique sociale les théories maîtresses des intelligences.

De même aujourd'hui. Les principes qui triomphèrent alors ont à leur tour la possession d'état ; ils sont gravés sur tous nos murs, ils président à la confection des lois ; on les célèbre dans les cérémonies ; ils protègent des intérêts ; mais leur vertu est épuisée ; leur décadence fait l'entretien public des écrivains, l'entretien secret des politiques ; d'autres principes, produits d'une philosophie nouvelle, les ont remplacés dans les intelligences directrices. Chacun se demande ce qui sortira de l'évolution attendue ; les uns la croient imminente, d'autres la voient moins prochaine ; mais il n'est pas douteux que la force plastique fera son office une fois de plus, qu'elle façonnera des institutions en harmonie avec les idées régnantes.

II

Si rien ne devait amender ces idées, nous ne gagnerions pas au change. Qu'on relise les articles du symbole scientifique ; ils semblent inventés pour servir de préambule au code du despotisme et de la violence ; ils peuvent justifier toutes les férocités de l'égoïsme, tous les caprices de la force heureuse. Transportée du domaine de la science sur le terrain des faits sociaux, l'expérience concluante s'appelle le succès, et cette équivalence tend en effet à s'établir dans les esprits. Notre philosophie de la nature, dernier effort d'une civilisation raffinée, le Grand Turc l'appliquait sans la connaître, quand il y avait encore un Grand Turc. Le rêve métaphysique du siècle passé proposait aux hommes un idéal irréalisable ; il leur a procuré quelque allégement, au prix de l'anarchie, de l'instabilité, d'un excès d'individualisme incompatible avec la garantie sociale et la grandeur nationale. Le réalisme physique de notre siècle ramène les hommes à la stricte imitation de la nature; il rétablirait un ordre sommaire, au prix de la servitude, du fatalisme, d'un retour à la vie animale du troupeau.

Pour conjurer ces conséquences, il faudrait que la nouvelle théorie des rapports humains fût complétée par le correctif qui a manqué à l'ancienne; il faudrait qu'un principe moral, représentant la réaction de la conscience contre la dureté des lois naturelles, vînt adoucir ce qu'il y aurait d'intolérable dans une législation inspirée par les seuls enseignements de la physiologie. Ce principe moral, faute duquel la Déclaration des droits pend dans le vide avec tout ce qui est sorti d'elle, ce principe qui peut seul donner un fondement solide à la notion du devoir, on le chercherait en vain dans tout le monde des idées rationnelles; l'humanité ne l'a jamais ressaisi que dans le fort où il réside, dans le sentiment religieux.

Je ne viendrais pas à ce sujet s'il ne donnait lieu à une constatation de fait; elle doit trouver place dans notre rapide enquête sur quelques tendances du temps présent. — A côté du grand courant qui emporte les esprits, depuis tantôt un quart de siècle, vers le réalisme théorique et pratique, les spectateurs attentifs ont vu naître, durant ces dernières années, un courant contraire en apparence. Comment le qualifier? Réveil religieux? L'expression est trop affirmative, si l'on entend par là une restauration de la discipline chrétienne. Mysticisme? Le mot a mauvaise réputation, la littérature en fait un usage immodéré, souvent avec peu de discernement. Au lieu de chercher des qualifications d'une exactitude douteuse, consultons les maîtres que leurs fonctions mettent en rapports constants avec la jeunesse; tous tombent d'accord sur les observations suivantes :

L'esprit de nos grandes écoles, de celles même qui passaient de tout temps pour les citadelles de l'irréligion, subit des modifications sensibles. Chacune d'elles compte un groupe de jeunes gens très décidés dans leurs convictions religieuses; pour les autres, pour la majorité incrédule, ces convictions sont l'objet d'une curiosité bienveillante. L'humeur, autrefois générale, qui s'appelait le voltairianisme, devient un phénomène très rare. Les générations nouvelles abordent les questions religieuses, comme les autres problèmes scientifiques, avec sérieux et sans prévention; elles les soumettent à leurs méthodes habituelles d'investigation. Là comme partout, les arguments de passion ou d'ironie ont peu de prise sur elles; les conclusions tirées des faits déterminent seules les opinions. La disposition la plus fréquente peut se résumer ainsi : « Nos aînés écartaient d'une façon trop sommaire tout un ordre d'idées qu'ils jugeaient antiscientifiques; il faut voir. »

Les enseignements orthodoxes ne persuadent guère cette jeunesse; ils commencent par condamner en bloc tout le système de vérités provisoires sur lequel elle vit. Le résultat serait autre, peut-être, si ces enseignements revendiquaient les parties les plus fermes des doctrines en faveur, s'ils montraient comment ces doctrines rentrent, avec une transposition de vocabulaire, dans l'explication théologique de l'univers : le déterminisme, dans les notions de grâce et de prédestination ; l'hérédité avec toutes ses conséquences biologiques, dans le péché originel, dans la réversibilité des mérites et des fautes; la sélection, dans le rachat par les œuvres; les duperies de la nature, dans les tentations de la matière; la volonté collective de l'univers, dans le concept de la Providence. Ce n'est pas le lieu d'appuyer sur ces indications; c'est assez qu'elles suggèrent quelques titres de chapitres pour un livre qui doit être déjà ébauché dans un cerveau de notre temps; la phase intellectuelle où nous sommes l'appelle; ce livre ne fera que développer la page fameuse où Joseph de Maistre traçait d'avance les grandes lignes du système darwinien, avec le seul secours de la révélation théologique. — Chez un certain nombre de nos jeunes contemporains, ces curiosités de l'esprit se doublent du sentiment, quelque nom qu'on lui donne, qui fait fléchir la raison devant l'intervention possible du divin, sans qu'elle se résolve à se soumettre aux conséquences dogmatiques.

On admet communément qu'il faut chercher dans la littérature les préoccupations d'une société; à la condition de distinguer à chaque époque, dans le fatras de la production courante, un petit nombre de livres documentaires par le jour qu'ils jettent sur la marche des idées. Les opinions les plus opposées ne varient guère sur le choix de ces livres. Pour l'année où nous sommes, tous les critiques nommeraient en première ligne une œuvre supérieure, le *Disciple;* beaucoup voudraient y joindre une étude intime d'une rare sincérité d'accent, le *Sens de la vie*, de M. Rod. Or les deux ouvrages finissent de même, sur la première phrase de l'oraison dominicale; les personnages analysés par les deux écrivains murmurent cette prière, comme le dernier mot de leurs angoisses dans la poursuite de la vérité. La rencontre est significative; elle n'étonnera aucun de ceux qui ont suivi de près le mouvement littéraire depuis cinq ou six ans.

Certaines préférences en matière d'art sont tout aussi instructives. Au Salon de cette année, le cri public désignait pour la première récompense le tableau de M. Dagnan-Bouveret, les *Bretonnes au pardon*. Quelques semaines après, l'*Angélus*, de Millet, reparaissant dans une vente, soulevait des transports d'enthousiasme; les connaisseurs, qui placent plus haut d'autres peintures du même maître, ne comprenaient rien à cet engouement. La fortune de ces deux toiles s'expliquerait mal par l'habileté d'exécution, égale ou supérieure dans des œuvres rivales qui nous laissent plus froids, et il ne semble pas qu'on se soit rendu compte du sentiment auquel obéissait le public, à son insu. Dans l'un et l'autre cas, il acclamait le « tableau de sainteté » tel qu'il nous le faut aujourd'hui, la représentation discrète d'une émotion religieuse dans des âmes simples.

Les manifestations de tout ordre prêteraient à des remarques pareilles pour les milieux de haute culture. Si nous descendons dans la masse de la nation, il n'y a qu'une voix sur la volonté qu'elle vient de signifier; elle ne veut plus s'associer à la campagne antireligieuse; et dans le monde politique, où l'on voit toutes choses sous un angle particulier, il n'est bruit que de tolérance, de transactions.

J'avoue ne pas bien comprendre ces mots, ni les subtilités qu'ils couvrent ; il est douteux qu'un grand pays, très entêté de logique, les comprenne beaucoup mieux. La question se pose plus franchement. D'une part, on croit à la nécessité de fortifier le principe de la vie morale : les uns par attachement traditionnel, les autres parce qu'à force de voir chanceler l'édifice social, ils ont été conduits à chercher une pierre d'angle pour le consolider. D'autre part, l'un des anciens partis qui ont divisé la France considère ce principe comme un ennemi qu'il faut abattre à tout prix, pour lui substituer une idée philosophique. Quand les hommes de ce parti désavouent l'intention qu'on leur prête, quand ils prétendent s'en tenir à des règlements de police, c'est leur faire injure que de les prendre au mot, de même qu'on est injuste pour eux en ne voyant dans leurs actes qu'un vulgaire esprit de tracasserie. Leur entreprise avait sa grandeur. Changer l'âme d'un peuple, en remplaçant dans chaque hameau l'église par une maison d'école, ce n'est pas une conception étroite. Mais l'expérience l'a condamnée, le pays se refuse à la substitution projetée. Comme le pays ne peut pas rester dans le vide, comme une législation purement compressive du principe moral est un non-sens et une chimère, si elle ne parvient pas à faire triompher un principe opposé, les compromis ne sont pas viables.

Ils placent l'État dans une posture humiliante, tant elle est bizarre ; tous les discours qu'il tenait naguère encore au clergé peuvent se ramener à cette drôlerie : « Je vous institue et je vous paye pour enseigner certaines doctrines, reconnues d'utilité publique ; mais comme j'ai horreur de ces doctrines, comme j'entends travailler contre elles, je vous casse aux gages si vous soufflez mot dans les moments graves, ceux-là mêmes où, pour bien gagner mon argent, vous devriez rappeler à vos ouailles que la doctrine comporte certains devoirs de conduite. » — L'Église enseignant un talent d'agrément, comme le piano, dont on ne doit jouer qu'aux heures de loisir; la source même de l'éducation morale mesurée à l'enfant comme on dose un poison, quand on est forcé de l'administrer à un malade; ce sont là des conditions trop artificielles pour être durables. Proscrire ou encourager, il n'y a pas de milieu pour la puissance publique, quand elle se trouve en face du principe sur lequel est fondée toute la théorie de la vie.

Est-ce à dire qu'il faille prévoir un retour offensif de je ne sais quelle théocratie, tyrannique pour les opinions dissidentes? L'énoncé d'une pareille crainte fait sourire, quand on regarde la société contemporaine. Il est permis de croire que beaucoup de philosophes indépendants, mais soucieux d'accroître la force nationale, se mettraient facilement d'accord sur les conditions du problème, si on les définissait de la façon suivante :

En matière d'éducation, il y a deux axiomes consentis par tous : l'enfant doit être laissé en dehors des controverses de l'homme fait; l'enfant doit recevoir un principe moral approprié à son intelligence, très simple et très fort, avec une sanction très claire. Ces axiomes dictent son devoir à l'État, qui est chez nous le principal éducateur. L'État, dira-t-on, n'est pas juge des doctrines religieuses. Il est encore moins bon juge des doctrines scientifiques; elles seront peut-être ruinées par d'autres au siècle prochain; cependant, aussi longtemps qu'elles fournissent une base à l'enseignement, l'État travaille à leur diffusion en multipliant les chaires, les écoles; il s'efforce de propager des notions dont il ne garantit pas la qualité, dont il accepte la discussion en dehors de l'école, mais qu'il estime préférables à l'absence de notions, à l'ignorance. L'État ne risque rien à raisonner comme font presque tous les particuliers. L'homme le plus rebelle aux croyances reçues voit surgir devant lui une responsabilité redoutable, quand vient le moment d'élever son enfant; presque toujours, il raisonne ainsi : « Je n'ai pas le droit de faire une expérience sur cet enfant; son esprit réclame des affirmations et non l'exercice prématuré de l'instrument critique; n'ayant pas de certitudes personnelles à lui offrir, je lui dois les certitudes qui ont satisfait jusqu'ici le commun de ses semblables; je dois avant tout le rattacher à la tradition humaine et nationale. Plus tard, quand il sera homme à son tour, son intelligence livrera le grand combat; elle choisira sa voie, suivant son degré de développement. Mais dans l'ignorance où je suis des vents et des soleils qui détermineront la direction de l'arbre futur, je dois au jeune plant le tuteur nécessaire à sa croissance normale; le désordre de la forêt succédera assez tôt à la régularité de la pépinière. » — Regardons autour de nous; instinctifs ou raisonnés, ces principes dirigent la conduite de la plupart des pères, quels que soient leurs sentiments, lorsqu'ils n'abandonnent pas au hasard l'éducation de leurs enfants. L'État, qui est la somme des volontés particulières, ne peut que s'y conformer. Plus que personne il a mission de maintenir la tradition humaine et nationale; son office est de lier fortement à la base la gerbe qu'on lui confie, sauf à se désintéresser ensuite des divergences ultérieures.

Ces conclusions, je le reconnais, vont directement contre la formule en crédit, la neutralité de l'école; formule spécieuse, car ce mot de neutralité ne signifie pas ici la tolérance mutuelle que se doivent les diverses confessions : jamais une difficulté ne s'élève de ce chef; il signifie l'éviction de l'élément religieux. Si des conclusions défavorables à la neutralité sont justifiées par le bon sens et par la pratique constante de presque tous les non-croyants, est-il sage de s'attacher à une formule sociale que chacun de nous transgresse dans l'habitude de la vie? Est-il vraisemblable que cette formule subsiste longtemps? Je laisse à la raison du lecteur le soin de répondre.

La première éducation terminée, chacun a la faculté de penser et de vivre à sa guise; mais il reste une dette envers l'éducateur. C'est la loi fondamentale de notre société que chacun sacrifie quelques-unes de ses préférences au bien du plus grand nombre. L'expérience universelle prouve que l'institution religieuse, quelque opinion qu'on se fasse sur sa valeur absolue et sur ses abus possibles, est efficace pour procurer ce bien, et le vœu du plus grand nombre en réclame le maintien. Il y a pour toutes les intelligences un devoir de charité, et en quelque sorte de courtoisie morale, à tenir compte de ce vœu dans leurs conceptions particulières. L'Angleterre nous donne à cet égard un grand exemple. C'est peut-être le pays où la pensée indépendante a produit les plus remarquables travaux, depuis un demi-siècle; mais dans ces travaux, la liberté des conclusions s'allie tout naturellement avec une déférence respectueuse pour les besoins religieux du corps social. Le savant moderne ne se demande pas si un besoin est fondé en raison ; l'existence de ce besoin en crée la légitimité. Nul ne pourra s'offusquer si l'État réserve une place importante à la religion dans les services qu'il offre à tous.

Et comme la pire maladresse est de traiter en ennemi celui à qui l'on ouvre sa maison, la dignité même de l'État veut qu'il entretienne avec son allié des rapports prévenants et cordiaux. Ce doivent être les rapports d'une famille avec son médecin ; on ne le consulte pas pour chaque vétille ; on ne le tient pas toujours pour infaillible ; quelques-uns font profession de ne pas croire à la médecine et se passent des conseils du docteur ; néanmoins il est l'oracle du foyer, le confident de la femme, le gardien de la santé des enfants; dans les cas graves, la plupart des hommes n'hésitent pas à se remettre entre ses mains. Vis-à-vis de cet hôte indispensable, il n'y a pour le chef de famille qu'une attitude possible, la confiance amicale.

Entre toutes les raisons qui militent pour le bon accord, il en faut signaler deux, spéciales au moment présent.

La première est d'ordre intérieur. Notre société est menacée par des revendications violentes contre lesquelles elle n'a d'autre défense que la force pure, en un temps où cette force se déplace lentement et s'accumule dans les mains qui revendiquent. Nous venons d'examiner les principes de la vie civile ; nous avons vu que non seulement ils sont impuissants à protéger la société actuelle, mais qu'ils se tournent fatalement contre elle, pour lui faire subir le sort qu'elle a infligé à sa devancière, au nom de ces principes. La religion offre son secours. On ne me fera pas l'injure de se méprendre sur l'idée exprimée ici ; il ne s'agit pas d'utiliser l'Église comme un engin pour museler le peuple. Il s'agit de lui laisser expérimenter l'arbitrage où elle croit réussir. Depuis quelque temps, elle se prépare à ce rôle, elle intervient chaque jour plus délibérément dans les questions sociales. On doute fort de la vertu de sa recette ; peut-être avec raison. Mais en avons-nous une autre ? Sauf les grandes phrases, chacun sait bien que nous n'en avons pas. N'y eût-il dans l'action religieuse qu'une chance sur cent, n'y eût-il qu'un retard et une atténuation des secousses à prévoir, on serait impardonnable de paralyser cet auxiliaire.

Le second motif est d'ordre extérieur. En revenant d'inaugurer l'Exposition, nous avons salué avec joie la force prodigieuse que la France révélait au monde. Mais nous faisions nos réserves ; nous disions qu'il y a plusieurs catégories de forces dans le monde. Comptons-en trois principales. D'abord la force industrielle, économique, celle qui provient du travail ; elle est puissante de nos jours, et c'est la nôtre. Ensuite, la force militaire, brutale, comme on dit souvent, et le mot n'est juste qu'à demi. J'espère bien que nous la possédons aujourd'hui ; mais dans l'opinion de l'Europe, et jusqu'à preuve du contraire, cette seconde force a son maximum autre part que chez nous ; du moins l'Europe agit comme s'il y avait chose jugée à cet égard. Reste la force spirituelle, dont l'Église est dépositaire; on est parfois tenté de la négliger, tant ses éléments sont impalpables; et pourtant, au cours des années récentes, elle a contre-balancé les autres; elle a contraint ces dernières à traiter d'égal à égal avec un rien matériel qui domine tout. L'équilibre du monde actuel repose sur le jeu de ces trois forces; une politique avisée doit fonder ses calculs sur leurs combinaisons. La force spirituelle, un moment sollicitée par la militaire, est redevenue libre après désillusion; nous serions maintenant dans des conditions très favorables pour l'allier à la nôtre, si notre politique se faisait avec des réalités et non avec des passions.

Reportons-nous à l'inauguration solennelle, au Champ de Mars; supposons la cérémonie rehaussée aux yeux des étrangers par le concours des dignitaires de l'Église, par la présence même du nonce romain. Ce résultat pouvait être préparé par quelques années d'entente amicale, décidé avec un *Te Deum* après la *Marseillaise*. L'hypothèse n'a rien de chimérique; les républicains de 1848 l'eussent réalisée, s'ils avaient fait une exposition. Je le demande à tous ceux qui ont l'usage du clavier diplomatique : ces ambassadeurs dont l'absence nous a chagrinés, quel n'eût pas été leur embarras en pareil cas? L'abstention devenait impossible pour plusieurs d'entre eux; si quelques-uns y avaient persisté... je ne voudrais pas risquer ici une parole aventurée, mais vraiment, les places laissées vides n'auraient guère attiré les yeux.

Les considérations qui précèdent s'adressent aux esprits désintéressés de la foi, mais exempts de haine. Je n'ai pas la naïveté de croire qu'elles persuadent des hommes encore chauds de la bataille, retranchés derrière leurs partis pris. D'autres temps et d'autres hommes viendront, peut-être très vite. Une fois déjà, dans notre histoire, après les longs déchirements de la conscience nationale, la génération de l'édit de Nantes a rendu possible ce qui eût paru invraisemblable aux générations de la Saint-Barthélemy et de la Ligue. Si la jeunesse est telle qu'on la dépeint, ils ne se feront pas beaucoup attendre, les cœurs calmes et libres qui accompliront l'œuvre de demain.

III

Tout en reconnaissant l'efficacité du principe religieux, un grand parti préconise un autre remède pour nos maux; ce parti met sa confiance dans une formule de politique contingente : la monarchie restaurée, avec les principes de 1789. Je m'incline devant l'espérance robuste qui concilie les deux termes de cette proposition. Nous avons entendu les historiens, les philosophes, les critiques : favorables ou contraires aux principes de 1789, ils sont tous d'accord sur le développement de ces principes dans notre histoire; soit qu'ils applaudissent aux révolutions subséquentes, soit qu'ils les déplorent, ils concluent avec M. Goumy : « Tout cela sort de la date que nous célébrons comme le fruit sort de l'arbre. » Devant l'évidence du pouvoir destructif, il se trouve encore des architectes pour essayer de reconstruire avec des blocs de dynamite. Quand ils disent : « Revenons à 1789 », — on est toujours tenté de leur demander : A quel mois? et même à quelle année, car des esprits accommodants consentent à ne couper la chaîne logique qu'en 1790, en 1791... Le cauchemar provoque parfois une illusion très pénible : on essaye de se retenir sur une paroi à pic, on cherche une aspérité où s'accrocher, avec l'espoir de déjouer la loi fatale de la pesanteur. Certains rêves politiques, hélas! les plus honnêtes et les plus beaux, donnent une sensation analogue.

Le plus grand obstacle à leur réalisation, c'est la conviction où nous sommes tous, après une expérience séculaire, qu'un nouvel essai peut réussir momentanément, mais qu'il aurait à bref délai le sort des précédents. Parmi ceux-là mêmes qui mettent la main à l'ouvrage, combien disent dans leur for intérieur : « Essayons encore une fois de faire tenir le château de cartes. » — La sagesse, la vertu, les talents, tout ce qui promet cette fois un événement plus heureux, tout cela ne prévaut pas dans nos esprits contre la leçon du passé, contre une loi de chute qui semble tenir de la nécessité des lois physiques. Si quelqu'un venait nous dire : « Restaurons la monarchie absolue, avec toutes ses conséquences », — nous serions surpris; nous serions peut-être moins sceptiques. Tous les revirements sont possibles, avec le grain de foi qui transporte les montagnes et les trônes. Mais où est le dernier grain de foi, de la vraie foi du charbonnier, depuis le 24 août 1883? Dans les lierres de Goritz.

Ce qui reste de foi politique dans notre peuple est au service de la République; et l'on ne peut constituer un peuple qu'en utilisant la somme de foi qui vit encore en lui. Pour se convaincre de l'attachement des Français à cette étiquette de gouvernement, il n'était pas besoin des dernières élections; cet ordre de démonstrations est peu concluant, le lendemain apporte parfois une démonstration contraire. La conviction s'est créée, chez plusieurs d'entre nous, en observant ce peuple dans les occasions où son âme se montre en liberté. Elles nous ont été souvent offertes, depuis les funérailles de Victor Hugo, où le sentiment général de la foule se dégageait avec tant de clarté, jusqu'à l'inauguration de la Sorbonne, où le vœu de la jeunesse instruite se déclarait aussi nettement. En d'autres circonstances, dans des manifestations populaires dirigées à leur insu contre l'existence de la République, l'attachement à la République ne se révélait que mieux. Après chacune de ces journées, qui n'est rentré chez soi avec une impression indéfinissable par des mots, incommunicable par des raisonnements, mais absolument déterminante, et que nous traduisions ainsi : « La formule est pour longtemps indestructible; on y pourra tout mettre, même les choses les plus douloureuses aux vrais républicains; mais on ne pourra pas la changer. »

On est conduit ainsi à l'opinion exprimée par le feu duc de Broglie, dans ses *Vues sur le gouvernement de la France :* « S'il arrive, disait-il, que plusieurs prétendants se rencontrent, inégaux en titres aux yeux de la raison et de l'histoire, mais égaux ou à peu près en chances de succès, dans ce cas, il sera sage de préférer la République à la guerre civile; ce sera, dans ce cas encore, le gouvernement qui divise le moins et qui permet le mieux à l'esprit public de se former, à l'ascendant légitime de grandir et de triompher en définitive. Il sera donc, au besoin, sage de s'y résigner. » L'illustre homme d'État ajoutait : « Il sera sage en même temps de ne considérer le régime républicain que comme un pis aller, comme un état de transition. » — C'est à peu près ce que répètent aujourd'hui beaucoup de voix découragées, et les échos ne nous parlent que de résignation, d'espérances qui se réservent.

Ce langage, autorisé par des opinions considérables, répond sans doute aux nécessités de l'heure présente, telles qu'on les voit dans les milieux politiques. Se fera-t-il entendre sans peine en dehors de ces milieux? Les esprits sont si divers! Ne parlons point des soldats qui veulent rester sous les armes, en selle pour la bataille. Rien de plus naturel et de plus explicable. Parlons de ceux qui veulent bien désarmer, et qui réfléchissent autant qu'on peut réfléchir dans une position fatigante, entre deux selles.

Il y a les esprits simples, inhabiles à concevoir des « espérances qui se réservent ». Ceux-là se disent que la République serait vraiment bonne fille, si elle écoutait ce doux propos : « J'aime ailleurs, mais je réserve mes espérances; voulez-vous que nous fassions bon ménage, jusqu'à l'heure où je pourrai vous jeter dehors pour introduire ici celle que j'aime? » Le peuple est comme la femme; il a un flair merveilleux pour pénétrer ceux qui lui cachent quelque chose en lui parlant d'amour.

Il y a les cœurs fiers, qui pratiquent difficilement cette humble vertu, la résignation. Ceux-là comprennent mal qu'on entre dans une barque pour s'asseoir tristement à l'arrière et se laisser mener où l'on ne veut pas; ils comprennent qu'on y entre d'un pied ferme, pour saisir le gouvernail, conduire la barque où l'on veut, dans le vent que l'on croit bon; mais ceci n'est possible qu'avec l'assentiment de l'équipage, et l'équipage ne donne son assentiment qu'à ceux qui le persuadent de leur loyauté, qui lui répondent du salut de l'embarcation; et l'on ne persuade qu'avec ce que l'on a de plus vrai dans le cœur. — C'est toujours le même cercle; on y tournerait longtemps.

Il y a les sceptiques, j'entends ceux qui ne seront pas tout à fait damnés, parce qu'ils ont encore deux idées fixes : le souci de la grandeur nationale, le souci des souffrances populaires; ils se demandent si les autres opinions ne sont pas des boulets au pied, très mal commodes à qui veut travailler pour ces deux idées.

Il y a surtout les enfants. On en a quelquefois. Cela arrive encore. On les mène à l'église, où ils entendent chanter : *Domine, salvam fac rempublicam.* Pour eux, tout ce que le prêtre prononce est véridique et sacré. Quel trouble dans ces petites têtes, quand ils entendent maudire sur le seuil ce que le prêtre recommandait à la bénédiction de Dieu! Il y a bien les explications complaisantes de la philologie : *respublica*, la chose publique, etc. Oui, mais l'enfant est comme le peuple : il ne saisit que les notions droites et simples; l'image de la patrie ne peut s'incarner à ses yeux que sous une forme concrète, présente, invariable; ce qu'il doit aimer, il l'aime tout entier, comme cela est. Faut-il le dissuader d'aimer, l'instruire au doute, lui apprendre à « réserver ses espérances », déjà? Avec celui-là, on ne biaise pas, il ne comprend pas la stratégie parlementaire, lui : sa nature veut qu'il se donne ou qu'il se refuse d'un seul coup... Oh!

pour ceux qui ont déjà traîné sur la route, ce n'est pas une affaire de finir comme on a commencé, dans un aimable dilettantisme, en causant avec un sourire des espérances de l'hiver prochain. Mais il est permis d'hésiter avant de dévouer encore une génération à l'isolement, à la séculaire et lamentable procession des émigrés à l'intérieur.

Je n'ai parlé que des difficultés soulevées par les résistances de l'esprit ou par les angoisses de la conscience. Si nous passions au chapitre des intérêts, ne pensez-vous pas qu'il nous retiendrait plus longtemps? Et toujours pour arriver à la même conclusion : la République a de beaux jours en perspective, si elle n'est menacée que par ses adversaires.

Mais alors, diront quelques personnes, c'est la consécration des principes de 1789! — A moins que ce ne soit tout le contraire : le seul moyen de guérir ce qu'ils avaient de funeste, en ne gardant que leurs vertus vivifiantes. Ferai-je partager une idée qui peut sembler d'abord paradoxale? Je l'ignore, et pourtant j'avais hâte d'arriver à ce point. Plus d'un lecteur a dû me croire bien aveugle, s'il a pensé qu'en dénonçant le défaut de l'instrument de réforme, je n'apercevais pas tout ce qu'il y a de grand, de bon, et en tout cas d'irrévocable dans le changement du monde. On pourrait discuter longtemps la question de savoir si les gains véritables du dix-neuvième siècle sont dus à l'action des principes, ou s'ils ont été réalisés malgré cette action, par la force naturelle de notre race, par le progrès nécessaire de la civilisation, par les grandes conquêtes scientifiques, et j'ajouterai par le développement constant de l'esprit évangélique, la Déclaration des droits n'étant qu'un exemplaire déchiré et mal copié de cette déclaration antérieure. Épargnons-nous une vaine discussion, accordons aux principes tous les bons résultats que leurs défenseurs réclament pour eux.

Serait-ce donc la première fois qu'un poison aurait produit des effets admirables, avant de détruire le corps sur lequel il agit? Mais toute l'histoire des organismes animaux et toute l'histoire des sociétés ne montrent pas autre chose. Il n'y a pas deux opinions, que je sache, sur le principe du pouvoir absolu, tel que Louis XIV en avait exagéré les conséquences : ce système funeste portait en soi son germe de ruine rapide. Cependant il n'y a pas deux opinions sur la grandeur de la France, telle que Louis XIV l'avait faite. Il n'est pas un de nous qui n'admire, qui ne regrette la magnificence et la puissance de notre pays, durant cette période. Il n'est pas un de nous qui ne blâme le vice de l'organisation sociale, qui ne voie comment le terrain, trop dégarni et trop foulé, s'effondrait sous les pieds du monarque déifié. De même pour le siècle qui finit; malgré le vice de notre organisation ou par l'effet de ce vice, comme on voudra; il fut grand autrement, mais il fut aussi grand, j'ose le dire, que le siècle de Louis XIV; il marquera davantage dans l'histoire générale.

Ce que nous appelons une grande époque, n'est-ce pas très semblable à un homme qui ne respirerait que de l'oxygène pur? Il ferait des choses merveilleuses tant qu'il vivrait, seulement il ne vivrait pas longtemps. Sous Louis XIV, on respirait l'oxygène d'un absolutisme sans frein; de notre temps, on a respiré l'oxygène d'un individualisme sans frein. Mettons au compte de ce stimulant un prodigieux épanouissement scientifique, intellectuel, économique, une facilité de vie matérielle que l'homme n'avait jamais connue, et l'ivresse joyeuse de l'individu complètement émancipé. Mais il faut payer la note des terribles chimistes qui ont procuré cette ivresse; la monnaie, ce sont des révolutions et des provinces perdues; ce serait peut-être l'indépendance nationale et la sécurité sociale, si nous ne savions pas nous dégriser à temps.

Heureusement, un principe malsain ne tue pas à coup sûr. Ici encore, la physiologie s'accorde avec l'histoire pour nous enseigner que les virus, mortels en certains cas, s'atténuent, s'éliminent ou se transforment en d'autres cas. Tout ce qu'il y a de chimérique dans notre Déclaration des droits, on l'avait déjà inscrit, en 1776, dans le préambule de la *Déclaration d'indépendance des États-Unis d'Amérique;* cependant les mêmes erreurs n'ont pas produit les mêmes ravages dans une autre race; les maladies qui travaillent cette grande République sont d'une tout autre nature que celles dont nous avons souffert. Notre virus révolutionnaire s'épuise; le discrédit intellectuel des principes de 1789 en est la preuve. Son opération s'achève, avec tout ce qu'elle comportait de bon ou de mauvais. Il reste de cette opération une substance nouvelle, produit naturel que nul ne peut songer à modifier, et qu'il faut apprendre à traiter.

C'est la démocratie, une grande démocratie qui cherche confusément à s'organiser. Sans doute, elle gardera quelque résidu des principes qui contribuèrent à la créer; mais du jour où il sera prouvé que ces principes ont subi une transformation essentielle, nous serons fondés à parler de leur mort, en langage courant. La mort est-elle autre chose qu'une transformation? L'histoire de chaque peuple se déroule autour de quelques idées; elles ne meurent jamais, à proprement parler, mais elles se métamorphosent de telle sorte qu'on en peut attendre, après un certain laps de temps, des effets tout opposés à ceux qu'elles avaient produits dans le passé.

La France démocratique de 1889 diffère de la France immédiatement issue de 1789, autant et plus que cette dernière différait de la France de Louis XIV. Les recettes, monarchiques ou jacobines, qui répondirent aux exigences de ces époques disparues, ne sont plus applicables à une nation renouvelée. Parmi nos anciens partis, les uns se flattent de restituer l'autorité telle qu'elle existait il y a cent ans; les autres s'efforcent de perpétuer l'esprit et les traditions révolutionnaires, après que ces agents de dissolution ont accompli leur œuvre. Il est probable que nos enfants jugeront ces tentatives comme nous jugeons celles des hommes qui voulaient ressusciter l'ancien régime aux environs de 1820; ils s'étonneront de ces illusions différentes, mais également attardées.

On peut prévoir que d'ici à peu d'années notre jeune démocratie réclamera des reconstructions à pied d'œuvre, comme celles qu'une société nouvelle rendit nécessaires après 1800. Aussi ai-je de la peine à comprendre l'enseigne à la mode, la république conservatrice. Le mot est mensonger, en présence d'un état politique et social que chacun de nous critique, sauf les quelques bénéficiaires qui en vivent. C'est la république réformiste qu'il faudrait dire, pour parler un français loyal et clair, qui serait mieux entendu. Sous ce rapport, le parti radical montre un instinct assez juste des changements inévitables; mais il se méprend quand il croit satisfaire à nos besoins avec des passions mesquines et des programmes surannés; ouvrier de ruine, il est incapable de reconstruire, étant rebelle à toute discipline et à tout principe moral.

Nous ne pouvons pas deviner ce que sera l'organisation future de la démocratie française, puisqu'elle est placée dans des conditions que l'histoire n'avait pas encore présentées. Elle trouvera sa forme et ses organes avec beaucoup de tâtonnements, comme toute création qui s'acclimate dans un milieu nouveau pour elle. Nous pressentons seulement qu'il faudra, durant une période assez longue, compter avec trois éléments irréductibles : le suffrage universel, le service militaire également universel, la formule républicaine.

Le suffrage universel, nous ne pourrions pas vivre avec lui, si l'on en croit ce que disent tout bas ses serviteurs les plus empressés; ils en parlent comme de ces despotes d'Asie qu'on maudit en les flattant, et contre qui l'on médite toujours un coup de poignard qu'on n'ose pas donner. J'ai moins mauvaise opinion de l'épouvantail, à la condition qu'on n'y recherche pas un ressort délicat de gouvernement, mais une sorte de régulateur mystique des autres ressorts, au sens de l'adage : *vox populi, vox Dei*. A ceux que ces mots feraient sourire, je demande humblement l'explication d'un contraste singulier qu'ils auront certainement médité.

Si l'on examine, à l'instant de la délibération, un acte isolé des pouvoirs *raisonnables*, ministères, Chambres hautes ou basses, etc., cet acte est presque toujours justifié par des motifs plausibles; il marque du discernement, souvent de l'habileté. Mais si l'on prend, au bout d'un petit nombre d'années, une série de ces actes raisonnables, c'est à n'y plus rien comprendre : tout a tourné contre les intentions des gouvernants, tous leurs desseins ont échoué, le hasard pur n'aurait pas fait pire.

Dans les manifestations du suffrage universel, l'ordre de ces phénomènes est renversé. Une élection isolée est presque toujours baroque; tous les gens sages conviennent qu'elle n'a pas le sens commun; mais si l'on considère l'ensemble des élections durant une période un peu longue, cet ensemble témoigne d'un instinct de conservation et parfois même d'un bon sens qui rendent la raison stupide.

Qu'on se rappelle les grandes étapes du suffrage universel depuis vingt ans : il n'a cessé de chercher un gouvernement, avec une bonne volonté digne d'un meilleur succès. Au lendemain des catastrophes, il nomme une assemblée monarchique, avec blanc-seing pour faire la monarchie ou tel autre gouvernement que les docteurs politiques jugeraient le meilleur. Il attend avec patience, sept ou huit ans. Rien ne vient. Je sais combien les circonstances étaient difficiles, je n'ai garde de récriminer; mais enfin, on ne lui donne rien, et il est excusable, lui qui voit si gros, de n'avoir pas saisi le fin des querelles entre les centres. Un autre personnel lui promet un port dans la République : le suffrage universel essaye les services de ces nouveaux législateurs, avec sa docilité habituelle. Effrayé de leurs imprudences, tourmenté par leurs vexations, il marque un retour vers les « conservateurs », en 1885. Cette fois encore, les temps étaient si néfastes qu'on ne put rien faire pour le malade. Il n'avait pas tâté des vrais radicaux; il incline dans cette direction : on le plume, on blesse son honnêteté. La grosse caisse bat; il y court, en désespoir de cause. Condamnez-le, si vous pouvez jurer que vous n'irez jamais chez une somnambule ou chez un zouave, quand tous les médecins patentés se seront déclarés impuissants à vous guérir d'une douleur aiguë. Trompé une fois de plus, le suffrage universel vient de nous crier : « Je ne sais plus à qui m'adresser, je ne cherche même plus; pour Dieu, qu'on me mette des cataplasmes et qu'on me laisse travailler en paix! »

Soyons justes : le plus raisonnable et le plus savant d'entre nous, eût-il fait d'autres démarches, durant ces vingt ans, eût-il cherché avec plus de méthode et d'impartialité? — Et l'on dit que ce peuple est ingouvernable! Comme les moutons, qui vont bêlant après un pasteur, laissant un peu de leur laine à chaque main! Mais peut-être leur reproche-t-on de ne pas savoir inventer eux-mêmes la meilleure tondeuse.

Le service militaire universel jouera un rôle décisif dans notre reconstitution sociale. Le legs de la défaite, le lourd présent de l'ennemi, peut être l'instrument de notre rédemption. Nous ne sentons aujourd'hui que ses charges; j'en attends des bénéfices incalculables : fusion des dissidences politiques, restauration de l'esprit de sacrifice dans les classes aisées, de l'esprit de discipline dans les classes populaires, bref toutes les vertus qui repoussent toujours à l'ombre du drapeau. Seul, il peut nous donner ce que réclamait le sage Littré, dans les dernières pages qu'il ait écrites avant de mourir. « Je prêche toujours la même doctrine qui, comme je l'ai dit, m'a été inculquée par J. Stuart Mill : c'est qu'en démocratie il importe de reconstituer, non une aristocratie fermée, ce qui est impossible, mais une aristocratie ouverte, et de lui emprunter tous les correctifs qu'exige la domination démocratique. » — Cette aristocratie indispensable à toute société qui veut vivre, l'argent est seul à la fonder aujourd'hui; ce que l'argent crée à lui tout seul est mouvant, énervé d'avance. Il ne faut pas trop compter pour cet office social sur l'élite intellectuelle; une loi curieuse lui refuse la condition première d'une aristocratie, la continuité héréditaire; dans toute notre histoire, si féconde en grands noms intellectuels, on n'en compterait pas dix qui aient fait souche. Il ne faut compter que sur les défenseurs du sol, attachés à ce sol. — Il est probable que la nouvelle loi militaire retiendra de plus en plus sous le drapeau, dans nos provinces, les enfants de la bourgeoisie peu enclins aux carrières libérales; ayant la facilité de gagner promptement l'épaulette, ils prendront goût au métier. Si la loi est complétée par un recrutement régional effectif, il se formera entre ces officiers et les soldats de leur province des liens de patronage, d'autorité durable, une hiérarchie continuée dans la vie civile, bref un cadre social, une petite caste terrienne et militaire pareille à celle qui a fait la grandeur de la Prusse.

Si cette espérance ne devait pas se réaliser, il est un

autre bienfait que nous devrons certainement au service universel : un chef dans les moments difficiles, un pouvoir fort et dirigeant, faute duquel nous sommes une victime désignée aux coups du dehors. C'est chose inconcevable que nos Chambres, avec les sentiments qu'on leur connaît, aient pu voter une loi qui engendrait infailliblement ce dont elles ont le plus de crainte, un chef d'État militaire. C'est chose inconcevable qu'elles n'aient pas aperçu cette conséquence électorale : tous les nouveaux électeurs, désormais, sortiront de la *classe;* ces jeunes gens dont l'opinion se formait jadis sous l'influence du juge de paix, de l'avocat, du médecin de canton, ils apporteront dorénavant l'opinion de la caserne, formée sous l'influence de l'officier. Qu'un de ces officiers sorte du pair, qu'il acquière, pour un motif ou pour un autre, les sympathies des *classes* qui auront servi sous ses ordres, ces classes reviendront dans leurs foyers en tournant les yeux vers lui : son nom sera forcément matière à scrutins.

J'aurais mauvaise grâce à insister; la preuve est trop récente. Mais pour faire saisir la transformation rapide de notre état social par la loi militaire, il faut isoler le fait le plus significatif de notre temps : cette année, à Paris, dans les circonscriptions les plus radicales, avec les programmes les plus avancés, deux anciens ministres de la guerre ont brigué la députation. Qui eût prédit cela il y a dix ans aurait fait rire à ses dépens. C'est un danger, il est terrible; mais avec tout ce qu'il y a de bon et de sain dans notre pays, dans notre armée, on a autant et plus de droit d'en attendre un Washington qu'un Soulouque. Deux fois déjà, en 1848 et de nos jours, la République a eu des chefs militaires; elle n'eut jamais de magistrats plus loyaux, plus attachés au devoir. En d'autres circonstances, avec des dons appropriés au moment, un chef semblable peut être l'espoir de tous les bons citoyens.

Un mot, enfin, du dernier élément qui semble irréductible dans notre état social, la formule républicaine. Cela nous paraît étrange, à nous autres gens d'étude qui attachons si peu d'importance aux formules, sachant qu'elles recouvrent la mue perpétuelle des choses. Mais c'est ainsi. Le grief le plus sérieux contre cette étiquette, pour les esprits non prévenus, c'est la défiance qu'elle inspirerait à l'étranger, en ces années graves où nous devons compter avec tous. Je puis me tromper, et très fort; mais voulant dire ici toute la vérité, je résume l'impression qui m'est restée d'un long séjour à l'étranger : une République bien conduite trouvera en Europe les alliés indiqués par les circonstances; les principes révolutionnaires n'en trouveront point, du moins parmi les puissants. Je n'oublie pas les instructions prophétiques données au comte d'Arnim; mais elles souhaitaient une République désorganisée par les principes révolutionnaires. Ma distinction revient à ce dilemme : Si nous voulons garder notre dogme de peuple messie, avec son prosélytisme et sa menace morale, il n'y a rien à faire; si nous voulons être une République comme les autres, comme la grande sœur d'Amérique, nous aurons audience partout. Je ne méconnais point ce qu'avait de flatteur, pour notre orgueil, cette situation unique de prêtres du dogme; tant que nous pouvions l'imposer, c'était parfait. Ces jours ne sont plus. Il faut traiter d'égal à égal. Si nous consentons à rentrer dans le dogme humain, universel, on traitera.

Reste la répulsion que la formule républicaine rencontre au dedans. Chez beaucoup, cette répulsion est profonde, enracinée. Que faire? Il y a quinze ans, on disait : « La France appartiendra au plus sage. » Je crois bien que l'auteur du mot ajoutait tout bas : « Le plus sage, ce sera moi. » Je crois même qu'il continuait, plus bas encore : « Le plus sage, et le plus malin... » — C'est souvent vrai. Néanmoins, je préfère cette tournure : La France se donnera à qui l'aimera le mieux. A qui l'aimera comme il faut aimer, en sacrifiant beaucoup de soi. Ce peuple tient à un mot : c'est peut-être naïf, mais il y a aussi quelque chose de touchant et de fort dans cet attachement à un idéal. Accordez-lui la formule, et il vous aidera sans peine à y mettre ce que chacun de vous rêve de meilleur. Je vois bien venir la grande objection : « Mais la République ne s'ouvrira jamais. » Qu'entend-on par là? La défense acharnée d'un parti vainqueur? Je ne suis pas grand clerc en politique parlementaire; pourtant je gagerais tout le premier que ce parti ne cédera jamais. Cela, c'est dans la nature des choses, et des hommes, qui est de ne point partager ce que l'on détient. Mais l'erreur est de ne pas aller au réservoir des eaux profondes, et de considérer uniquement les bulles éphémères qui ont émergé à sa surface. Oubliez-les donc pour un temps! Allez droit au peuple, demandez-lui ce que vous voulez pour son bien, pour la patrie, pour vos croyances et vos justes intérêts; il vous donnera beaucoup, si vous le persuadez que vous ne toucherez jamais à l'étiquette qu'il chérit, si vous le persuadez que vous avez le ferme propos de réaliser des réformes sociales et non l'ambition de faire votre fortune politique. Mais vous ne le persuaderez sur ce point que si votre promesse sort du dernier repli de votre âme.

Je reviens toujours au cercle où tourne notre raisonnement; j'y reviens à satiété, dans ces dernières pages où tombe une conviction absolue. Avant de la traiter d'ingénue, qu'on me cite un essai complet, probant. — Nous avons vu le semblant d'essai; encore une fois, je ne m'étendrai pas sur ce triste sujet. *Res sacra miser.* Mais il est bien permis de croire que l'essai fut tout en parade. Et cependant, au premier appel d'une voix que le peuple estimait désintéressée et véridique, sous le tumulte des passions factices ou mauvaises, vous vous la rappelez, la traînée de poudre, et tous les cœurs se jetant d'eux-mêmes à celui qui semblait répudier tous les partis pour ne connaître que le parti de la France. Si ces cœurs avaient trouvé, non point du génie, non pas même de l'habileté, mais un cœur ferme et sincère, digne de recevoir tous ceux qui s'offraient à lui... qui signerait aujourd'hui les mandats de caisse et les brevets de croix? — Lecteur, je ne sais qui vous êtes et ce que vous pensez; je ne sais ce que vous répondrez si vous me lisez tout haut, devant un autre; mais si vous lisez tout bas, lecteur de France, votre réponse m'est connue.

ÉPILOGUE

20 novembre.

Ces considérations nous ont entraîné loin de la tour Eiffel et de la galerie des machines. Avant la clôture du Centenaire, il fallait faire autour de l'Exposition, pour les idées, ce que nous avons fait dans le Champ de Mars pour les monuments et les métiers; il fallait étudier les nouvelles architectures, les nouvelles forces. Tandis que ce travail nous occupait, la belle féerie s'est évanouie.

J'achève ces lignes en revenant d'une dernière visite à la défunte. Comme des fourmis qui vident un cadavre, les déménageurs emportent le peu qui reste dans le squelette de l'Exposition; les terrassiers bouleversent le sol. Joies et merveilles de ce printemps, que tout cela est déjà loin! Dans la ville enchantée à laquelle on n'adressait qu'un reproche, l'excès des plaisirs qu'elle offrait à ces foules toujours renouvelées, la solitude est navrante et lugubre l'abandon, sous le ciel noir de novembre. Était-ce donc un rêve, la vision disparue? Des rêves aussi, nos forces retrouvées, notre grandeur que nous ne nous lassions pas de contempler dans ce miroir?

Non. L'image peut disparaître, elle a produit ses effets utiles. Je ne sais si les résultats commerciaux de l'Exposition seront ceux qu'on espérait; c'est là un point d'importance secondaire. L'Exposition fut avant tout une manifestation morale. La France a repris conscience de sa valeur, de son énergie latente, du but véritable qu'elle doit assigner à ses efforts, au lieu de les disperser en agitations stériles. Elle s'est soumise au jugement du monde entier; d'abord défiants ou sceptiques, les juges sont venus; vaincus par l'évidence, les plus hostiles ont rendu un arrêt de réhabilitation. Sur la foi de ce qu'on leur dit de nous, sur la foi de ce que nous en disons nous-mêmes, beaucoup de ces visiteurs venaient s'égayer au spectacle d'une folle; ils ont dû s'incliner devant une bonne ouvrière. L'Europe est unanime à saluer notre triomphe. Jouissons-en, sans oublier ce qui lui manque. Remercions tant d'ouvriers dévoués qui l'ont fait, depuis ceux qui en furent l'âme jusqu'aux plus humbles bras. J'ai bien senti ce que nous leur devions, en causant avec les étrangers nos hôtes; pour la première fois depuis vingt ans, il nous revenait, ce sentiment de vie et de fierté que dut éprouver Lazare en remontant du tombeau.

Il s'est fait un plus grand, un meilleur miracle, dans cette enceinte du Champ de Mars; il s'est opéré un rapprochement sensible entre les enfants de la France. Les plus obstinés poursuivent leurs vieilles querelles; mais dans le très grand nombre de ceux que réunissaient là de communes admirations, de communs espoirs, les mains se sont cherchées pour se joindre. Enfin l'Exposition aura été la fête des choses jeunes, le point de ralliement de tous ceux qui vont à l'avenir. On l'avait imaginée pour célébrer d'anciennes légendes et des doctrines contestées ; dès le premier pas, en y entrant, chacun de nous a éprouvé la même impression ; tout ce qu'on voyait là parlait de changement et de rénovation ; dans cette représentation du monde actuel, on devinait un travail général de métamorphose, des formes et des idées neuves, écloses ou près d'éclore. Sous le cénotaphe du siècle révolu, on discernait la figure encore confuse d'un siècle naissant.

Ce petit livre ne prétend pas la dessiner, il ne s'attardera pas à chercher des conclusions qui dépasseraient son cadre. Le coup de canon de la clôture lui a marqué la fin de sa tâche. Il est né, aux premières heures de l'Exposition, du vif sentiment de curiosité et du joyeux entrain qui nous animaient tous à ce moment. Il s'est associé sans réserves et de tout cœur à l'allégresse nationale. Si l'auteur a touché, en terminant, à des idées plus moroses, s'il s'est appliqué à signaler, sous notre prospérité matérielle, les sourdes causes morales qui la menacent, ce n'est point pour réagir contre le mouvement de son temps ; il souhaiterait plutôt le précipiter, avec la certitude que les nouveaux courants nous portent vers une ère de guérison et de relèvement. Ce matin, je voyais sortir de l'Exposition les derniers tombereaux qui charrient les décombres ; ils emportent pêle-mêle à la voirie les vieux matériaux hors d'usage, les bâtisses éphémères du brillant décor où nous avons vécu un instant. Tandis qu'ils achèvent le déblai, on trace déjà derrière eux, entre les édifices durables, les lignes des beaux jardins où les enfants de notre peuple viendront jouer, à la saison prochaine. Je regardais faire les journaliers; ils poursuivaient méthodiquement leur ingrate besogne; ruines anciennes ou ruines d'hier, ils attaquent les décombres avec lenteur, avec prudence, mais sans hésitation, sans relâche et sans remords.

FIN.

www.ingramcontent.com/pod-product-compliance
Lightning Source LLC
Chambersburg PA
CBHW071341150426
43191CB00007B/809